복음에 뿌리를 내려라

GROUNDED IN THE GOSPEL
by J.I. Packer and Gary A. Parrett

Copyright © 2010 by J.I. Packer and Gary A. Parrett
Originally published in English under the title
Grounded in the Gospel
by Baker Books,
a division of Baker Publishing Group,
Grand Rapids, Michigan, 49516, U.S.A.
All rights reserved.

Korean Edition published by Word of Life Press, Seoul 2010
Translated and published by permission.
Printed in Korea.

본 저작물의 한국어판 저작권은 Baker Books와 독점 계약한 생명의말씀사에 있습니다.
신저작권법에 의하여 한국 내에서 보호 받는 저작물이므로 무단 전재와 무단 복제를 금합니다.

복음에 뿌리를 내려라

ⓒ 생명의말씀사 2010

2010년 12월 21일 1판 1쇄 발행

펴 낸 이	김창영
펴 낸 곳	생명의말씀사
등 록	1962. 1. 10. No.300-1962-1
주 소	110-101 서울 종로구 송월동 32-43
전 화	(02)738-6555(본사), (02)3159-7979(영업부)
팩 스	(02)739-3824(본사), 080-022-8585(영업부)
기획편집	구자섭, 손영실, 장주연
디 자 인	오수지
제 작	신기원, 오인선, 홍경민
마 케 팅	이지은, 선승희, 박혜은
영 업	박재동, 김창덕, 김규태, 이성빈, 김덕현
인 쇄	영진문원
제 본	정문바인텍

ISBN 978-89-04-03125-2 (03230)

저작권자의 허락없이 이 책의 일부 또는 전체를
무단 복제, 전재, 발췌하면 저작권법에 의해 처벌을 받습니다.

복음에
뿌리를
내려라

Grounded in the Gospel:
Building Believers the old-fashioned way

제임스 패커 & 게리 패럿 지음 | 조계광 옮김

생명의말씀사

Contents

머리글 : 기독교의 진정한 뿌리를 찾아가다 | 6

Chapter 01 : 과거의 방식으로 신자를 양육하라 | 27
제자 양육의 역사적 전통 / 교리 교육을 등한시하는 최근의 추세 / 과거의 지혜로 미래를 열어라 / 복귀와 회복의 징후 / 교리 교육이란 무엇인가 / 이 책의 범위 / 용어 사용에 관한 문제

Chapter 02 : 교리 교육은 성경에 근거한 개념이다 | 47
구약성경에 나타난 교리 교육 / 신약성경에 등장하는 '카테케오'라는 용어 / 카테케시스'와 관련된 신약성경의 다른 용어들 / 신약성경에 등장하는 교리 교육 문서 / 교리 교육을 명령하는 신약성경

Chapter 03 : 교리 교육의 황금기를 경험하라 | 77
교리 학교의 발전 / 근본으로 돌아간 종교 개혁자들 / 청교도 시대의 교리 교육 / 교리 교육의 쇠퇴 / 결론

Chapter 04 : 교리 교육, 내용인가 과정인가 | 117
내용인가 과정인가 / 교리 교육의 다섯 가지 원천과 틀 / 요리 문답의 네 가지 요소 / 믿음의 세 가지 측면 / 길의 두 가지 근본 원리 / 교리 교육의 유일한 초점 / 결론

Chapter 05 : 복음은 교리 교육의 출발점이다 | 151
성경에 기록된 복음의 핵심 / 복음의 본질과 의미 / 복음과 바울에 관한 '새로운 관점' / 복음을 목회 사역과 신앙 교육에 적용하는 방법 / '복음 알파벳' / 결론

Chapter 06 : 믿음의 세 가지 측면 | 191
다림줄 역할을 하는 복음 / 역사적 증거 / 성경적 증거 / 사회심리학적 증거 / 길, 진리, 생명 / 관계 지향적인 교리 교육

Chapter 07 : **복음의 신앙 안에서 성장하라** | 225
영적 성장을 위한 성경의 비전 / 자연적 성장과 영적 성장 / 참 복음 안에서의 성장 / 옛 모델과 현대적 적용 / 예수님을 찾아가는 여정 / 신앙 교육을 위한 일곱 가지 헌신 / 결론

Chapter 08 : **교리 교육의 선 긋기와 편 고르기** | 243
가장 중요한 일을 먼저 하라 / 관대한 태도 / 편 고르기 / '너희가 들었으나 나는 너희에게 이르노니' / 문화라는 요리문답 / 결론

Chapter 09 : **교리 교육을 어떻게 할 것인가** | 265
세 가지 측면과 세 가지 단계 / 교육 과정의 세 가지 형태 / 첫째 단계 - 예비 교리 교육 : 복음 소개하기 / 둘째 단계 - 정식 교리 교육 : 복음에 뿌리내리기 / 셋째 단계 - 지속적인 교리 교육 : 복음 안에서 성장하기 / 지속적인 교리 교육을 위한 교리의 기본 틀 / 결론

Chapter 10 : **교리 교육을 회복하라** | 293
개념의 명료성 / 내용에 대한 확신 / 교리 사역의 포괄적 원리 / 거짓과의 싸움 / 교육의 흥미를 돋우는 지속성 / 교리 교사 양육 / 교리 교육에의 헌신

부록 : **교리 교육 찬송가의 예** | 330
주 | 340

|머|리|글|

기독교의 진정한 뿌리를 찾아가다

이 책을 함께 집필한 우리는 세대와 교파와 문화가 전혀 다르다. 패럿은 자유교회 소속의 미국인으로 패커보다 수십 년 연하이고, 패커는 영국 출신의 저명한 성공회 목회자로 현재 캐나다에서 살고 있다. 그렇지만 교리 교육에 관한 뜨거운 관심이 우리를 하나로 묶어주었다.

복음주의 기독교 교육학자인 우리는 온 교회가 교리 교육을 핵심 사역으로 받아들여 모든 연령층의 신자를 양육해야 한다는 데 동의한다. 하지만 안타깝게도 오늘날 교리 교육은 크게 쇠퇴한 상태다. 우리는 복음주의 진영에 성숙하지 못한 신앙이 광범위하게 퍼진 이유가 여기에 있다고 생각하고, 교리 교육에 관해 새롭게 인식하고 복구하는 과정을 거쳐 그것을 신앙생활의 기본 훈련으로 확립하는 데 힘을 합치기로 했다.

오늘날 서구 복음주의 교회를 살펴보면 '가깝지만 먼' 현실에 직면한다. 보수적 복음주의 교회는 형태도 다양하고 종류도 많은 주일학교 교육 및 주중 신앙 프로그램을 교인들에게 제공한다. 하지만 야단스럽게 화살을 무더

기로 쏘아대도 정작 과녁을 적중시키지는 못하는 모양새다. 다각적으로 많은 노력을 기울이지만 무엇인가 새로운 돌파구가 필요한 실정이다.

　정확히 무엇이 문제일까? 다음과 같은 분석이 가능하다. 지난 세기 동안 발전해 온 기술 문명은 서구 사회의 삶의 속도를 가속화시켰고, 그 결과 우리는 눈앞의 일을 가급적 신속히 처리하고 서둘러 다음 일에 뛰어드는 성향을 지니게 되었다. 이러한 성급한 성향은 패스트푸드 혁명을 일으켰다. 요즘 우리는 이전 세대와는 달리 식사시간을 중요하게 생각하지 않고 길을 가면서 간식을 먹듯 식사를 끝마칠 때가 많다. 이러한 패스트푸드 혁명은 정크 푸드 문제를 야기했다. 우리는 빠르게 포만감을 느끼지만 필수 영양소는 턱없이 부족한 음식을 제공받고, 그것을 마구 집어삼키고 있다. 패스트푸드는 불필요한 지방만을 제공할 뿐 우리에게 필요한 비타민을 적절히 공급하지 못한다. 결국 살만 잔뜩 불어나 몸매는 망가지고 비만이 심각해진다. 교회에서도 이와 비슷한 현상이 나타나는 듯하다. 우리가 배우고 가르치며 주고받고 있는 영혼의 양식은 맛은 있을지 몰라도 영혼의 건강에는 유익하지 못하다. 다른 무엇보다도 영혼의 양식을 먼저 개선하지 않으면 유연하고, 활력 있고, 정직한 그리스도인, 즉 과거의 복음주의 신자들처럼 강하고 능동적인 믿음으로 하나님을 위해 열정을 바치는 신자가 될 수 없다.

　패커는 심장마비를 앓은 후 '심장을 건강하게 하는 생활 지침-포화지방이 낮은 식단'이라는 처방을 받았다. 패커의 아내는 처방에 따라 섭취해야 할 음식과 금해야 할 음식을 상기시키며 열심히 그의 건강을 챙겨준다. 오늘날 서구 사회의 교회도 영혼의 심장을 건강하게 만드는 음식이 절실히 필요하다. 우리는 올바른 교리 교육이 건강한 영적 양식의 근간이라고 믿는다. 그래서 우리의 노력이 유익한 변화를 이끌어내기를 희망하며 서로의 지식과 정보를 합쳐 이 책을 펴냈다.

방해 요인

| 현 시점에서 교리 교육의 회복을 촉구하는 것은 마치 가파른 산성을 공격하고 물결을 거슬러 헤엄쳐 올라가는 경우와 하등 다를 바가 없다. 그런데도 우리가 굳이 그런 노력을 기울이고자 하는 이유는 무엇일까? 여러 가지 이유가 있는데 하나씩 차례로 살펴보면 다음과 같다.

교리 교육을 방해하는 가장 큰 요인이자 극복하거나 회피하기가 가장 어려운 첫째 요인은 외부의 권위를 인정하지 않으려는 서구 사회의 성향이다. 1789년 바스티유 감옥을 습격하는 것으로 시작된 프랑스혁명은 가톨릭교회를 격렬히 반대했고, 오늘날의 서구 문화는 바로 그러한 정서에서 출발했다. 물론 혁명의 열정은 겉으로는 종교적이라기보다 정치적인 특성을 띠었다. 광분한 군중은 프랑스 로마가톨릭 성직제도와 교회 체제가 무책임한 왕정 독재를 지지한다고 믿고, 그 두 권력 체제를 함께 전복시키려고 노력했다. 이신론자들과 무신론자들은 혁명가들을 지지했고, 그 뒤부터 서구 유럽 문화와 아메리카 문화의 장벽이 천천히 교차되기에 이르렀다. 그것은 피할 수 없는 과정이었다. 서구 사회의 사상가들은 스스로를 후기 기독교 시대 (즉, 기독교의 신앙 유산도 인간이 창안한 다른 이론들처럼 실험과 비판의 대상으로 삼아야 한다고 믿는 시대)의 개척자로 간주하기 시작했다. 이는 1,500년 동안 성경의 권위와 진리를 인정해 온 교회의 신앙을 과감하게 배격하는 결과를 낳았다.

그러한 현상은 네덜란드에서 가장 분명하게 나타났다. 흐룬 반 프린스터러와 아브라함 카이퍼 같은 신학자들은 그 현상을 반(反)유신론적 사고의 흐름으로 분석했고, 반혁명당과 암스테르담 자유 대학을 설립함으로써 그 흐름에 대항했다. 하지만 그러한 모든 노력이 네덜란드어로 이루어졌기 때문에 네덜란드 외에 다른 지역에는 그 영향이 지극히 미미했다. 혁명의 물결은 문화와 예술 분야에서 싹트기 시작한 자아중심의 낭만주의 운동과 손을 맞잡고 유럽과 아메리카 양 대륙의 지성인들이 성경 비평학과 자유주의 신학의 기치를 추구하는 분수령으로 작용했다. 외부 권위를 거부하는 성향은 니체를 중심으로 한 후기 유신론 시대의 관점을 조장했다(니체는 그런 관점을 누구보다 철저하게 지지했다).

개신교 지도자들 가운데는 기독교의 진정한 뿌리(즉, 삼위일체와 성육신과 그리스도를 통한 구원 및 교회의 초자연성을 믿는 믿음)를 믿느냐 마느냐의 문제가 교회 체제를 신봉하며 신앙의 외양을 갖춘 개인의 자유로운 판단에 달려 있다는 개념으로 대체되었다는 사실을 의식하지 못하는 이들이 많았다. 교회에서 교리 교육을 중요시하지 않는 이유는 바로 그런 자유주의적 성향 때문이다. 오늘날 교회에 만연한 자유주의 사상은 권위 있는 진리의 존재를 인정하는 교리 교육을 받아들이지 않는다. 따라서 교리 교육은 일부 보수주의 신자들 사이에서만 이루어질 뿐, 교회 안팎에 있는 대다수의 사람들에게는 비웃음을 살 공산이 매우 크다.

둘째 요인은 첫째 요인에서 자연스레 추론된다. 이는 기독교 공동체 안에 권위 있는 가르침을 거부하는 분위기가 형성되어 있기 때문이다. 이런 현상은 특히 서구 성공회 안에서 크게 두드러진다. 교리 교육을 크게 중시했던 청교도주의에 대한 반발과 예전에 충실한 것이 무엇보다 중요하다는 믿음은 견진성사(유아 세례를 받은 사람이 어릴 때 세례를 받고 그리스도께 헌신했다는 사실을 재차 확증하는 성공회 의식을 말한다)를 거친 신자는 신앙생활을 하는 동안 더 이상 배울 것이 없다는 그릇된 신념을 만들어냈다. 하지만 성공회 외에 다른 진영에서도 비슷한 거부 논리가 발견된다. 예를 들어, 아동 청소년 사역과 관련된 교회의 교육 일정은 대개 삼위일체 하나님에 관한 진리에 근거를 두기보다 성경 이야기를 가르치는 데 집중한다.

성경 공부 모임에 참석한 사람들도 하나님의 위대하심, 그분의 목적과 방법, 그분의 신비에 관한 성경 저자들의 진술을 깊이 묵상하기보다, 개인의 신앙생활에 당장 적용할 수 있는 실용적 교훈을 배워야 한다는 말을 듣는다. 인기 있는 기독교 서적과 잡지를 읽는 활동이나, 설교를 작성하고, 전하고, 듣고, 생각하는 활동에도 이와 똑같은 사고방식이 적용된다. 다시 말해, 그 모든 활동의 배후에는 현실에 대한 우리의 반응이 우리가 반응해야 할 현실보다 더 중요하다는 논리가 도사리고 있다. 결국 우리는 우리가 섬기는 하나님의 신분과 본질을 왜곡하는, 분명하지도 충분하지도 않은 개념에 의존하여 신앙생활을 이어가는 방법만을 배울 뿐이다. 1세기 전부터 서구의 사고 체제는 주관주의적인 성향을 띠기 시작했고, 우리는 그런 분위기 속에서 성장해 왔다. 구체적으로 말해, 하나님에 관한 개인의 공상과 추론이 권위 있는 교회의 교리를 대체했고, 교리를 불신하고 의심하는 습관에 근거한 해석학적 논리가 확립되었으며, 그로써 교리는 반(反)계몽주의, 편협한 시각, 비현실, 미신, 정신의 노예화와 같은 의미를 지닌 금기 용어로 전락하고 말았다.

이런 상황에서 교리 교육을 환영해 주기를 기대하는 것은 터무니없는 바람일 것이다. 우리의 생각을 말하고 우리의 말에 귀를 기울여줄 청중을 확보하려면 한바탕 싸움이 불가피할 것이 틀림없다. 우리의 행동은 세속 사회는 물론 교회의 관점에서조차도 반문화적인 성격을 띤다. 따라서 우리가 가야 할 길은 투쟁의 길이다. 아마도 우리는 심지어 친구로 생각하는 사람들과도 더러 싸움을 벌여야 할 것이다.

교리 교육을 방해하는 마지막 요인은 거기에 내어줄 자리가 없다는 것이다. 복음주의 교회는 대부분 주일과 주중 교육 프로그램이 이미 꽉 차서 합리적으로 관리하기 힘든 상태다. 교리 교육이 비집고 들어갈 자리를 마련하려면 그동안 익숙해진 프로그램의 일부를 없애거나 한쪽으로 밀쳐두어야 한다. 그렇지 않으면 좋은 것이 최상의 것을 가로막는 결과가 빚어질 것이다. 교육 일정을 새로 짜면 불평과 저항이 뒤따를 것은 불을 보듯 뻔하다.

따라서 이 책은 설명과 주장을 병행할 것이다. 우리는 이미 진행되고 있는 복음주의 목회 사역을 폄하할 생각이 전혀 없다. 우리의 유일한 목적은 하나님의 인도 아래, 오직 그분의 영광을 위해 좋은 것을 더 좋게 만드는 것이다. 독자들은 이 점을 기억하고, 우리가 성경을 근거로 진술하는 말에 주의를 기울여주기 바란다.

근본 전제

우리의 주장을 처음부터 끝까지 뒷받침하는 근본 전제는 인간의 본성에 관한 성경의 견해다. 오늘날 세속 사회는 물론 교회 안에서조차 마치 폐기물처럼 취급되는 이 견해는 참으로 역사가 오래다. 사실상 이 견해는 지금까지 기독교의 주된 사상으로 면면하게 이어지고 있다. 우리는 이 견해를 C. S. 루이스, 칼빈, 토마스 아퀴나스, 아우구스티누스, 이레네우스, 신구약성경에서 찾을 수 있으며, 특히 바울과 요한의 가르침에서 가장 완전하고 명확하게 확인할 수 있다. 그 내용을 간단히 요약하면 이렇다.

:: **인간의 본성과 하나님**

하나님이 부모의 몸을 통해 태어나게 하신 개인은 영혼과 육체로 구성된 실재(즉, 육체를 입은 영혼, 또는 영혼이 거하는 육체)다. 지성과 감정과 의지를 지닌 채 능동적이거나 피동적으로 삶을 영위하는 우리는 자의식을 지닌 육체의 형태로 세상에 존재한다. 이 육체는 일정한 성장 과정을 거쳐 완성에 이른 뒤, 점차 쇠퇴의 현상을 거듭하다가 마지막에는 모든 기능을 완전히 멈춘다. 육체는 살아 있는 동안 우리의 의식적인 삶을 규정하고 유지하지만, 항상 최상의 기능을 발휘하는 것은 아니다. 우리의 육체는 여러 가지 문제를 일으킬 수 있다. 때로는 매우 고통스런 문제를 야기하기도 한다. 우리는 사람 및 사물과 상호 관계를 맺으면서 육체를 통제하고 사용하는 법을 본능적으로 깨달아 목적을 성취하고 불행을 피함으로써 만족을 얻는다. 육체가 종종 우리의 통제를 벗어나지만, 우리는 늘 그런 식으로 행동한다. 부활한 육체로 영광 가운데 거할 때는 '육체를 통제하는 방법'이 사뭇 달라질 테지만, 이 세상에 있는 한 육체는 그렇게 기능한다.

인간의 삶은 욕구와 의지에 따라 결정된 목표를 의식적으로 완수하기 위한 노력의 산물이다. 인간의 욕구와 의지를 부추기는 원동력은 책임감, 쾌

락과 만족의 전망, 고통의 회피, 필요의식에서 비롯한다. 인간의 욕구 가운데 일부는 물리적이며 개인적인 만족감에 의해 좌우되고, 다른 일부는 상상력을 통해 얻어진 가능성이나 상황에서 비롯된 압박감에 의해 좌우된다. 하지만 우리의 욕구는 모두 영혼 안에 존재하는 자아라는 핵심 요소에 그 뿌리를 둔다. 성경은 이를 '마음'으로 표현한다. 모든 것은 우리의 도덕적 자질, 즉 우리가 '양심'이라 일컫는 생각의 힘이 특정한 상황에 대해 찬성이나 반대를 표현함으로써 결정된다.

모든 진리, 즉 여러 차원의 현실에 대한 우리의 지식은 생각을 통해 마음으로 들어온다. 우리의 생각은 생물과 무생물, 좋은 것과 나쁜 것, 아름다운 것과 추한 것을 비롯한 다채로운 종류의 사물을 인식하는 다양한 의식의 형태를 만들어낸다. 우리 자신과 다른 사람들과 하나님에 관한 지식도 그런 식으로 습득된다. 예를 들어, 하나님에 관한 지식의 경우에는 창조와 섭리와 은혜 안에 반영된 그분의 사역과 성령의 역사와 말씀의 감화력을 통해 형성된다(물론 그런 지식은 그 자체로는 의미심장할지 몰라도 하나님의 본질과 그분의 참 모습을 온전히 드러내지는 못한다). 우리가 아는 하나님에 관한 지식은 모두 그분이 허락하신 것이다. 하나님이 그런 지식을 허락하신 목적은 경배와 사역을 통해 복종하게 하시기 위해서다. 우리가 계시된 하나님의 뜻에 복종하고, 우리의 일과 삶의 방식을 창조주요 주권자이시며 왕이요 언약의 주체이시며 우주의 통치자이신 하나님께 일치시켜 그분을 기쁘시게 한다면, 우리는 그분의 형상을 지닌 존재로서 그 형상을 온전히 드러낼 수 있을 것이다. 그것이 우리가 창조된 본래의 목적이다. 하지만 불행히도 실제로는 그렇지가 못하다.

:: 인간의 죄와 하나님의 은혜

우리가 직접 살아본 경험이나 다른 사람들에게서 관찰되는 사실에 비춰 보더라도 인간의 삶은 본래의 목적에서 크게 벗어났다. 인간의 삶은 하나님을 사랑하지 않는 마음과 인격을 구성하는 다양한 요소의 분열로 인해 왜곡되고 변형되고 훼손되었다. 하나님은 사랑과 경배와 섬김을 통해 서로 거룩한 교제를 나눌 수 있는 존재로 우리를 창조하셨지만, 성경이 '죄'라고 일컫는 악한 영향력이 우리를 통제하고 우리의 마음을 왜곡시킨 탓에 하나님을 섬기기보다 자아를 섬기게 되었다. 즉, 하나님 중심이 아니라 자아중심의 삶을 더 자연스럽게 느낀다. 물론 하나님의 존재를 완전히 잊는 것은 불가능하다. 하지만 교만과 아집과 시기와 탐심이 우리의 마음을 지배함으로써 그분에 대한 의식을 마비시키거나, 또는 곡해시켜 그분의 참 모습을 이해하지 못하게 만든다. 세속적인 자기주장과 우상을 숭배하는 종교성은 모두 다 죄가 우리의 마음과 생각을 훼손시킨 결과다.

종교성을 한번 생각해 보자. 교만과 아집은 예수님 당시의 바리새인들처럼 율법 조항을 꼼꼼히 챙기는 태도와 밀접하게 결부된다. 그런 태도는 스스로의 무가치함을 인정하고 하나님이 아무 자격도 없는 사람에게 그토록 커다란 사랑을 베풀어주셨다는 사실을 경이롭게 받아들이는 겸손과 양립할 수 없다. 기독교를 제외한 세계 종교를 비롯해 교회 주변을 기웃거리는 사람들 가운데는 종교 의식과 계명의 준수가 우리를 신성한 존재(또는 존재들)에게 맡기고, 신의 은총을 입을 수 있는 자격과 조건을 확보해 준다고 믿는 이들이 대부분이다. 교만에서 비롯하는 이러한 자기기만은 스스로의 노력으로 하나님의 은혜를 얻을 수 있다는 그릇된 확신을 부추긴다. 이는 결국 자기만족에 집착하는 강퍅한 성향을 자극해 사람들로 하여금 쉽게 그런 신념을 버리지 못하게 만든다. 하지만 기독교는 인류를 향한 하나님의 은혜는 이미 상실되었고 인간의 노력으로 다시 회복하거나 확보하기가 불가능하기 때문에, 이제 남은 것은 단죄와 심판뿐이라는 독특한 교리를 제시한다. 그럼에도 불구하고 기독교는 여전히 존재한다. 이는 하나님이 타락한 죄인들에게 은혜와 용서를 베푸시고 그들을 자녀로 받아들이실 뿐 아니라, 인간의 몸으로 세상에 오시어 십자가에 못 박혀 죽으셨다가 다시 부활 승천하신 예수 그리스도를 통한 은혜와 자비로 우리를 새롭게 변화시켜주시는 덕분이다.

역설적이지 않은가? 그렇다. 하지만 사실이다. 참으로 환상적이지 않은가? 물론이다. 하지만 현실이다. 이해하기 어렵지 않은가? 그렇다. 하지만 진실이다. 우리는 도무지 이해하기 어렵지만 경이롭기 짝이 없을 뿐 아니라 기뻐 흥분하지 않을 수 없는 하나님의 구원 사랑과 마주친다. 이런 이유에서 복음은 진실하고도 독특한 좋은 소식이다.

이 문제를 좀 더 자세히 살펴보자. 기독교는 지금까지 세대를 거듭하면서 수많은 사람들이 잘못 생각해 왔던 것과는 달리, 본질상 도덕률이나 금욕주의와는 거리가 멀다. 기독교의 본질은 인격을 지니신 초월적인 구세주와 초자연적인 관계를 맺는 것이다. 기독교는 주 예수 그리스도께 초점을 맞춘다. 그리스도께서는 날마다 성령을 통해 복음을 전해듣는 사람들을 감화하시고, 그들에게 자신을 구주로 영접하고 복종하라고 요구하신다. 그리스도께서는 단지 그분의 현실과 그분에 관한 놀라운 사실만을 받아들이라고 요구하는 데 그치지 않으시고, 그런 사실을 바탕으로 실제로 믿고 죄 사함을 받으라고 말씀하신다. 회개란 죄에 속박된 자연 상태의 삶을 포기하고 그리스도께서 이끄시는 자유에 근거해 새로운 삶을 시작함으로써 그분과 늘 동행하며 가르침을 받고, 그분과 성부 하나님을 경배하며, 그분의 뜻에 복종하고, 성령께서 능력 주시는 대로 성경이 권고하는 인격과 태도를 배양하는 것을 평생의 과업으로 여기는 제자가 되는 것을 의미한다.

신자의 내면에는 성삼위 하나님 가운데 세 번째 위격이신 성령께서 거하신다. 성령께서는 눈에 보이지 않는 사역을 통해 그리스도와 신자들을 하나로 연합하시며, 그러한 관계 안에서 그들을 양육하시고, 그리스도의 자비로운 성품과 거룩한 의도를 본받게 하시며, 부활하신 그리스도의 생명이 지닌 능력을 다른 사람들에게 전하게 하신다. 또한 우리의 생각을 밝혀 그리스도의 가르침과 성경을 이해하게 하시고, 깨달은 교훈을 삶에 적용하는 방법을 깨우치시며, 기독교의 발전을 꿈꾸며 기도하게 하신다. 그분은 생활 전반에 걸쳐 충실한 복종의 삶을 살 수 있는 능력을 주심으로써 우리의 외모와 습관과 인격을 새롭게 형성하신다. 이처럼 모든 신자는 점진적인 발전 과정, 즉 일평생 지속되는 재건축 과정을 거친다. 성령께서는 처음부터 끝까지 매 순간 건축자요 장인으로 활동하신다.

성경은 성령께서 처음 믿음을 허락하시는 순간을 회개라고 일컫고, 제자직에 헌신하는 과정을 거듭남, 또는 새로 태어남이라 일컫는다(요 3:1-8; 딛 3:5; 벧전 1:22-23; 요일 2:29, 3:9, 5:1, 18 참조). 아울러 온 영혼을 바쳐 거룩함과 의를 추구하는 과정은 성화, 은혜 안에서의 성장, 또는 이미 시작된 영화의 과정에 해당한다(롬 8:30; 고후 3:18; 살전 5:23; 벧후 3:18 참조).

그리스도의 대명령

교육은 인간의 보편적인 활동 가운데 하나다. 교육은 가정과 학교를 비롯해 온갖 형태의 과제 지향적인 공동체 안에서는 물론, 모든 형태의 사회 안에 살고 있는 친구와 동료들 사이에서 이루어진다. 교육은 지식과 기술을 전수하는 과정이다. 성경에서 종교는 처음부터 교육을 강조했다. 성경은 제사장들과 레위인들과 부모들에게 대대로 교육의 책임을 부여했다. 예수님 당시에 교육은 서기관들에게 부과된 필생의 과제였다. 예수님도 탁월한 교사셨다. 예수님은 승천하시며 제자들에게 진군 명령을 내리셨을 때도 세우신 본을 따라 교육 사역을 계속 이어나가라고 당부하셨다. "너희는 가서 모든 민족을 제자로 삼아 아버지와 아들과 성령의 이름으로 세례를 베풀고 내가 너희에게 분부한 모든 것을 가르쳐 지키게 하라"(마 28:19-20). 이를 교회를 향한 그리스도의 대(大)명령으로 일컫는 것은 매우 바람직하다. 하나님의 자녀는 스스로 배우고, 그 배운 것을 가르쳐야 할 사명을 받았다.

초기 신자들은 예수님의 명령을 매우 진지하게 받아들인 것이 분명하다. 왜냐하면 교육을 강조하는 성경 구절이 신약성경 도처에서 확인되기 때문이다. 잘못을 교정하는 교육만이 아니라 충실한 자들을 양육하는 교육이 초기 신자들의 교회 활동에서 매우 중요한 비중을 차지했다. 그러한 증거가 디모데에게 당부한 바울의 말에서 명백히 드러난다. 그는 "또 네가 많은 증인 앞에서 내게 들은 바를 충성된 사람들에게 부탁하라 그들이 또 다른 사람들을 가르칠 수 있으리라"(딤후 2:2)고 말했다. 이렇듯 교회는 배우고 가르치며 교제를 나눠야 한다. 다시 말해, 서로를 섬기는 사역을 하며 배운 것을 다른 사람에게 전달하려는 노력을 규칙적으로 해야 한다. 분명히 말하지만 이는 오늘날의 교회가 서둘러 회복해야 할 사역이다.

물론 교사는 다른 사람들을 가르치는 사람이다. 집, 학교, 강당 등 어느 곳에서든 참 교육이 이루어지려면, 학습자의 관심과 사고를 자극하는 교수 방법과 원활한 상호 반응이 필요하다. 그렇지 않으면 아무리 열심히 가르쳐도 교육 효과를 달성하기 어렵다. 이런 사실은 "반응이 없으면 수용도 없고, 표현이 없으면 인상(印象)도 없다"라는 전통적인 교육 명제를 뒷받침한다. 교사의 자질을 타고난 사람들도 없지 않지만, 사물에 관해 분명히 말할 수 있고, 또 그 이치를 이해하려고 노력하는 사람에게 교육이란 소정의 훈련 과정을 거쳐야만 비로소 터득할 수 있는 기술이다. 바울은 가르치는 일을 영적 은사(믿음의 표현 양식을 통해 그리스도를 섬기는 능력, 롬 12:7 참조)로 간주했다. 하지만 그렇다고 해서 반성과 준비와 실천과 적절한 평가 방식을 통해 교육 기술을 배양하고 계발하고 연마하는 노력이 무의미하다는 뜻은 결코 아니다. 오히려 그 반대다. 교육 기술의 계발을 도외시하는 태도는 교만하고 강퍅한 마음에서 비롯한다. 대부분은 아니더라도 많은 사람이 진정으로 원하기만 한다면 능히 교육 기술을 연마해 최소한 비공식적인 상황에서 얼마든지 교사의 역할을 감당할 수 있다.

신자 양육

| 논의를 본격적으로 개진하기에 앞서 '신자 양육'이라는 말이 우리의 목적을 압축하는 표현으로 적합한지에 관한 문

제와 그 의미를 잠시 설명하고 싶다.

헬라어 '오이코도메'라는 명사와 동일 어원에서 파생한 '오이코도메오'라는 동사는 신약성경에서 영적 성장과 믿음의 강화를 뜻한다. 이 말은 '건축하다', '세우다'를 뜻하는 'build up'이라는 영어 표현으로 번역할 수 있다. 이를 목회 현장 용어로 바꾸면 '건덕', 또는 '덕을 세우다'를 뜻하는 'edification'과 'edify'로 표현할 수 있다(`오이코도메오`를 '세우다'로 번역한 사례가 베드로전서 2장 5절에서 발견된다).

이런 표현은 모두 건축 작업과 관련된 파생어로 성경에서는 목회적 돌봄과 목회 사역이 지향하는 결과를 암시하는 비유로 사용되었다. 그러한 사역 목표에는 충분히 동감하지만, 이런 번역 용어에 사용된 'up'이라는 작은 부사어는 자칫 오해를 불러일으킬 소지가 있다.

그 말은 목회적 돌봄의 목적(교리 교육도 그 일부다)이 탁월하고, 고결하고, 존엄한 형태의 결과를 도출하는 데 있다는 점을 은연중에 암시한다. 하지만 이 말의 진정한 의미는 다른 곳에 있다. 즉, 이 말은 건물의 질을 훼손하는 결함이나 흠, 또는 역기능을 용납하지 않고 오로지 건전한 장인 정신, 철저한 건설 작업, 안정성, 확고함, 유용성을 추구한다는 의미를 지닌다. 이 점을 기억하는 것이 중요하다.

한창 건설 경기가 호황을 이룰 때 한 부부가 거의 똑같은 설계도에 따라 공터에 나란히 건축될 예정이던 두 채의 집 가운데 한 채를 구입했다. 아내는 거의 매일 건축 현장에 찾아와 건축 과정을 지켜보았다. 마침내 주택 감리사는 집이 매우 잘 건축되었다고 판정했다. 그 뒤로 그 집에서는 하자가 전혀 발생하지 않았다. 하지만 옆집은 물이 새거나 건물에 금이 가는 등 여러 가지 하자가 발생해 장인 정신이 부족했던 건축 인부들이 날림으로 공사를 했다는 사실이 드러났다. 결함이 있는 모임의 경우에도 그 여파는 오래 지속될 가능성이 매우 높다. 바람직하지 못한 제자 양육도 종종 그런 결과를 드러낸다.

수박 겉핥기식의 진리 이해, 하나님과 경건한 신앙에 관한 그릇된 개념, 삶의 문제(직장생활, 사회생활, 가정생활 및 교회생활과 관련한 문제)에 관한 무관심 등이 오늘날 복음주의 교회의 중요한 하자로 발견된다. 솔직히 말한다면 이런 현상은 특히 새로 설립된 교회에서 더 많이 발생한다(우리가 복음주의 교회를 거론하는 이유는 우리 자신이 거기에 속해 있기 때문이다. 그런 점에서 우리는 내부 사정을 누구보다 잘 알고 있다. 물론 그렇다고 다른 교파의 교회들이 이런 비판에서 자유롭다는 뜻은 결코 아니다).

교리 교육은 과거에 신자 양육의 주요 수단으로 활용되었다. 우리가 교리 교육을 고리타분한 관습으로 치부하는 한, 교회의 결함과 하자를 보수할 수 있는 가능성은 희박하다. 오늘날의 복잡한 관심사, 꿈과 희망, 기독교의 부흥을 위한 노력을 곰곰이 생각하면 우리가 이루어야 할 핵심 과제는 제자 훈련이고, 교리 교육을 제자 훈련의 주요 수단으로 활용해야 한다는 확신을 떨쳐버릴 수가 없다. 기독교 신앙은 지혜롭게 가르치고, 충실하게 잘 배워야 한다. 그러려면 사고방식의 일대 전환이 필요하다. 만일 그렇지 않으면 "기독교는 양만 많지 질은 형편없다"는 비판이 앞으로도 여전히 사실로 입증될 것이다. 따라서 우리가 이 책에서 주장하는 교리 교육이 한시바삐 회복되어야 한다.

이 책의 목표

| 오늘날 교회 안에서 성경 공부 인도자들과 주일학교 교사들을 훈련시키는 것과 마찬가지로 교리 교사를 육성해야 할 필요가 있다는 것이 우리의 생각이다. 교리 교사란 모든 연령층의 신자들에게 그리스도인의 삶에 준거가 되는 진리와 그에 따른 실천 방식을 가르치는 특별 임무를 수행하는 사람을 말한다. 이런 노력은 왜 필요할까? 그 이유는 성인들도 어린아이나 청소년 못지않게 기독교의 진리 안에 굳게 뿌리를 내리고, 그 진리를 일정하게 반복, 심화함으로써 신앙의 성장을 도모해야 할 필요가 있기 때문이다. 성경을 규칙적으로 반복해서 읽으면 공부를 하는 동안 새로운 경험이 더해져 다시 읽는 말씀에서 새로운 지혜와 적절한 교훈을 찾아낼 수 있다. 이는 하나님과 그분의 뜻과 계획에 관한 진리의 경우도 마찬가지다. 이것이 제자 훈련의 기본 과정이다.

오늘날의 복음주의 교회는 대부분 일평생 성경을 공부해야 할 필요성을 느끼고 성경 공부 모임이 모두를 유익하게 한다고 확신한다. 뿐만 아니라, 훌륭한 신앙서적이 우리의 경험을 넓히는 데 큰 도움이 된다고 생각하고, 더구나 강해 설교의 중요성에 대해서도 충분히 인식한다. 하지만 교리 교육의 가치, 즉 삶의 근본 원리로 작용하는 진리 연구에 대한 관심은 그다지 많지 않다. 교리에 대한 관심은 갈등을 조장하고 심령을 냉랭하게 만들어 헌신의 열정을 감소시킨다는 이유로 종종 의도적으로 회피된다.

이것이 우리의 출발점이다. 우리는 1장부터 본격적으로 이러한 불균형을 바로잡고, 교리 교육이 성경 공부와 강해 설교를 비롯해 신자 양육에 필요한 다른 사역들 못지않게 중요하고, 유익하다는 사실을 보여 줄 계획이다.

우리는 충실한 신자들 사이에 신앙의 건전성이 널리 확산되려면 성경에 근거하고 역사가 보증하는 교리 교육을 위한 여지가 교회의 사역 안에 반드시 마련되어야 한다는 점을 일깨우기 위해 최선을 다할 것이다. 또한 이러한 깨달음을 실천에 옮길 수 있는 방법도 아울러 제시할 예정이다.

:: 제임스 패커의 변

내 입장에서 보면 게리와 내가 서로 힘을 합쳐 이 책을 공동으로 저술하게 된 것은 두말할 필요도 없이 순전히 하나님의 섭리였다. 하나님의 특별 섭리가 종종 그렇듯이, 우리는 하나님이 이 일을 위해 우리 두 사람을 사전에 준비하시고 계획하셨다는 사실을 절실히 의식했다. 게리는 내가 캐나다로 이주한 직후에 내 학생 가운데 한 사람으로 나와 인연을 맺었지만, 그가 리젠트 대학교를 졸업한 뒤로는 서로 연락이 두절되었다. 나는 그가 박사학위를 마치고 교육 사역을 이끄는 교수로 일하면서 국제적인 강사이자 저술가로 이름을 알리고 있다는 사실을 전혀 알지 못했다(그는 또한 찬송가 작곡자이기도 하다). 아울러 그는 현재 교리 교육에 관한 책을 저술하는 중인데 이미 초고의 상당 부분이 완성된 상태다. 우리가 서로를 하나님이 정해 주신 동료로 확신하고 수중에 확보된 자료에 근거해 이 책을 공동으로 저술하기로 결정하기까지는 몇 분이 채 걸리지 않았다. 열심히 조화를 이루며 의견을 주고받는 과정을 통해 이 책은 불과 몇 달 만에 완성되었다. 나는 우리 둘 다 결과에 만족하고 있다고 생각한다. 최소한 나는 분명히 그렇다. 여기에서 자세히 밝히기는 어렵지만 우리는 앞으로 더 많은 일을 함께할 계획이다.

:: 게리 패럿의 변

패커와 이 책을 함께 저술하게 된 것은 큰 기쁨이자 특권이다. 나는 1980년대 초 리젠트 대학교에서 그에게 배웠다. 내가 고든콘웰신학교 교수가 된 지 얼마 지나지 않아 패커가 우리 학교에서 강연을 했다. 나는 그 기회로 그와 다시 인사를 나눌 수 있었다. 지난 10년 동안 나는 교리 교육의 중요성을 알리는 방법에 관해 몇 차례 조언을 구했다. 내가 교리 교육에 처음 열정을 갖게 된 것은 패커 밑에서 공부를 할 때였다. 그에게 교육은 교리 교사로서의 사역으로 보였다. 그는 강의실에서는 물론 수십 년 동안 저술한 책들을 통해 교리 사역을 수행해 온 셈이었다.

2006년 가을, 비슨신학대학원에서 패커의 80회 생일을 기념하는 강연회가 열렸다. 강연회 제목은 '제임스 패커와 복음주의의 미래'였다.[1] 나는 패커의 사역을 위해 하나님께 감사하는 찬송가를 지었다. 나도 강연회에 초청되어 그 찬송가를 처음 부를 수 있었다.[2] 찬송가를 부르기 직전에 패커에게 '복음주의의 미래'에 관한 자신의 생각을 답변할 기회가 주어졌다. 그의 대답은 내가 생각하기에 교리를 가르치라는 분명한 요청으로 들렸다. 그는 오랫동안 교리 교육과 관련된 책을 쓰고 싶었다면서 그 일을 완수하려면 함께 일할 동료가 필요하다고 말했다.

강연회가 공식 일정을 끝마치자마자 나는 존경하던 스승에게 다가가 기꺼이 동료가 될 의향이 있다고 말했다. 그로부터 약 한 달 뒤 베이커북스 출판 책임자와 한담을 나눌 기회가 있었다. 내가 그에게 교리 교육에 관련된 책을 출판할 생각이 있는지 묻자, 그는 기꺼이 받아들였다. 그것이 시발점이 되어 이 책이 이렇게 햇빛을 보기에 이르렀다. 이 프로젝트 담당자와 출판 책임자를 비롯해 물심양면으로 격려를 아끼지 않았던 베이커북스 출판 관계자 모두에게 심심한 사의를 표한다.

이 책에서 내가 기고한 부분, 특별히 5장과 6장의 내용은 최근에 내가 고든콘웰신학교 동료이자 친구인 스티브 강과 공동 저술했던 『믿음을 가르치고, 충실한 자들을 양육하라』라는 책에 담겨 있는 개념을 좀 더 확대한 것이다.[3] 그 책은 교육 사역을 폭넓게 개관하는 데 초점을 맞추었다. 그 책에서는 교리 교육을 일부분으로 국한했지만 이 책에서는 중심 주제로 부각했다. 이 중요한 사역의 회복을 위해 기꺼이 내 동료가 되어준 패커에게 무슨 말로 감사를 표현해야 할지 모르겠다.

여호와께서 이와 같이 말씀하시되 너희는 길에 서서 보며
옛적 길 곧 선한 길이 어디인지 알아보고 그리로 가라 너희 심령이 평강을 얻으리라 하나
그들의 대답이 우리는 그리로 가지 않겠노라 하였으며(렘 6:16).

Grounded in the Gospel :

Building Believers the old-fashioned way

chapter 1

과거의 방식으로 신자를 양육하라

몇 년 전 나(게리)는 교회 교육자 모임을 마치고 집으로 돌아오는 길에 비행기 옆자리에 앉은 한 신사와 즐거운 대화를 나눈 적이 있다. 그는 내가 기독교 교육학 교수라는 사실을 알고는 종교와 관련된 자신의 경험담을 이야기하기 시작했다. 그는 형식적인 가톨릭 신자로 성장했고, 나중에는 형식적인 유대교 신자였던 여성과 결혼했다. 그는 자기 부부가 자녀를 낳기 전까지는 아무런 문제가 없었다고 설명했다. 그러던 어느 날, 그의 아내가 말했다. "당신도 알 테지만, 우리 아이들을 위해 종교를 선택해야겠어요." 그러자 그는 "나는 내 종교를 바꿀 수 없소"라고 대답했다고 한다(언뜻 보기에도 가톨릭 신앙에 대한 그의 열정은 그다지 깊지 않은 듯했다). 하지만 그의 다음 말이 내 관심을 자극했다. 그는 유대교 신자가 되려면 여러 달 동안 지역 랍비와 일주일에 한 번씩 만남의 시간을 가져야 한다고 설명했다. 랍비의 임무는 학습자에게 유대교의 관례와 신앙의 기본 원리를 가르치는 것이다. 소정의 교육을 받고 '미크바', 즉 회심을 입증하는 정결의식을 행해야만 비로소 유대교 신자로서 공동체에 합류할 수 있다.

그의 이야기는 내 누이를 생각나게 했다. 누이도 나처럼 형식적인 개신교 신자로 성장해 형식적인 가톨릭 신자와 결혼했다. 그들의 결혼 생활도 자녀가 태어나기 전까지는 아무 문제가 없었다. 그들의 경우에는 내 누이가 종교를 바꾸기로 동의했다. 그녀는 회심을 인정받기 위해 체계적인 교육을 받아야 했다. 지역 사제가 몇 달에 걸쳐 그녀를 교육했다. 그 후 그녀는 입교 의식을 거쳐 가톨릭 신자가 되었다.[1]

이런 이야기들을 오늘날 복음주의 교회 안에서 일어나고 있는 일들과 비교해 보라. 우리는 교회 앞에서 방문자를 어떤 식으로 맞이하는가? 우리는 새로운 방문객이 도착하면 환영 인사와 함께 주보를 건네고 그를 자리로 안내한다. 그리고 그가 두세 차례 더 교회를 방문하면 일부 교인은 갓 교회 생활을 시작한 그를 권고해 주일학교 교사로 일하게 하려고 노력한다. 성가대 대장(또는 찬양팀 리더)이나 일손이 달리는 교회 부서의 책임자들은 서로 그를 영입하려고 경쟁에 가세한다. 새신자의 영적 상태를 진지하게 관찰하려는 노력이나 그에게 기독교 신앙을 배우라는 조심스런 권고는 어디에서도 찾아볼 수 없다.

물론 일부 교회는 구도자들에게 기독교 신앙을 가르치는 프로그램을 마련했다. 이 경우에는 '기독교 신앙 연구'와 같은 프로그램이 특별히 유익하다.[2] 이런 사역이 이루어지는 많은 곳에서 흥미로운 현상이 관찰된다. 다시 말해, 그러한 복음 사역의 노력은 새신자는 물론 기존 교인들의 관심까지 자극한다. 신자가 된 지 오래된 사람들도 신앙의 기본 지식을 열망하는 갈증을 느낀다. 그들은 기독교 신앙을 한 번도 진지하게 배운 적이 없었던 것일까? 언뜻 보면 그렇지 않아 보인다.

제자 양육의 역사적 전통

| 역사적으로 새신자에게 기독교의 근본 원리를 가르치는 교회의 사역은 '교리 교육'으로 알려져왔다. 이 사역은 오랜 세월을 거치면서 때로 흥하기도 하고 쇠퇴하기도 했다. 교리 교육이 가장 왕성했던 시기는 2세기에서 5세기 사이였다. 당시 신자들 가운데는 다른 종교나 세계관을 버리고 기독교로 개종한 사람이 많았다. 교회는 그런 개종자들을 진지하게 받아들여 매 단계마다 철저한 신앙 교육을 통해 삶의 변화를 유도해 내기 위해 총력을 기울였다.

그 후 교회와 국가의 협력이 강화되고, 곧이어 '암흑시대'로 불리는 중세가 시작되면서 교리 교육은 1,000년 동안 방향을 잃고 크게 위축되었다.[3] 자연 탄생과 영적 탄생을 구분하는 경계선이 흐려졌다. 오랜 전통에 의하면 유아 세례를 받은 교인은 원칙상으로는 일정한 나이가 되면 교리 교육을 받아야 했지만, 그런 규칙이 제대로 지켜지는 경우는 거의 없었다. 교리 교육을 등한시한 탓에 그리스도를 믿는다고 주장하는 이들 가운데 신앙의 의미를 알지 못하는 사람들이 속출했다.

그러자 루터와 칼빈을 비롯한 종교 개혁자들은 굳센 의지로 상황을 반전

시키려고 노력했다. 예를 들어, 루터는 교리 교사라는 직분을 교회 안에 다시 회복시켰다. 루터와 칼빈을 비롯한 종교 개혁자들은 그 전에 발명된 인쇄 기술을 활용하여 요리 문답을 인쇄해 배포하는 데 열정을 바쳤다. 요리 문답은 어린아이들과 무지한 자들에게 기독교 신앙의 근본 교리와 기도와 예배와 생활 태도를 가르치는 소책자였다.[4] 물론 다 자란 성인과 기독교 지도자를 위해 좀 더 심도 깊은 요리 문답도 발행되었다. 종교 개혁자들은 교리 설교를 통해 온 교인을 교육했고, 주일 예배를 통해 어린아이들에게 정기적으로 교리를 가르쳤다. 특히 온 교인이 시편과 찬송가를 부르는 새로운 방식을 신앙 교육에 활용했다.

종교 개혁자들은 교리 교육이 교회의 중심 사역으로 자리를 잡아야 한다고 확신했다. 칼빈은 1548년에 영국의 호민관에게 보낸 편지에서 "각하, 제 말을 믿으십시오. 하나님의 교회는 교리 교육이 없이는 결코 보존될 수 없습니다"라고 말했다.[5] 로마 교회는 개신교의 요리 문답 교육이 큰 성과를 거두는 것에 자극을 받아 곧 나름대로 요리 문답을 만들기 시작했다. 성도에게 단번에 주신 믿음의 도를 신자들과 개종자들에게 가르치는 사역, 즉 1,000년 동안 거의 중단되었던 교리 사역이 가톨릭과 개신교 교회 안에서 다시 확고한 규범으로 자리를 잡았다.

가톨릭과 개신교 교회가 요리 문답을 서로를 공격하는 용도로 사용하기 시작하면서 올바른 교리 교육의 정신과 영향력이 훼손된 면이 없지 않지만, 교리 교육의 회복은 기독교 신앙을 가진 사람들에게 중요한 도약의 발판을 마련해 주었다.

영어를 사용하는 세계에 등장한 복음주의 신앙의 개척자들도 교리 교육이 교회의 생명력을 유지하는 데 중대한 역할을 한다는 사실을 깊이 인식했다. 리처드 백스터, 존 오웬, 찰스 스펄전을 비롯해 수많은 목회자와 교회 지도자들이 교리 교육을 가장 명백하고 근본적인 사역 활동으로 받아들였다. 그들은 기존의 요리 문답이 활용하기 어렵거나 적절하지 못하다고 판단되는 경우에는 개작하거나 재편집을 시도했고, 또 필요한 경우에는 직접 저술하기도 했다. 당시 사람들은 양떼의 교사가 되는 것을 목회자의 주된 의무로 인정했다.[6]

교리 교육을 등한시하는 최근의 추세

하지만 요즘에는 상황이 사뭇 달라졌다. 그 이유는 여러 가지다. 서구 교회는 규범적 관습이던 교리 교육을 포기하고 말았다. 놀라운 일이지만 교리 교육의 쇠퇴를 부추긴 요인 가운데는 주일학교 운동이 몰고 온 뜻하지 않은 결과가 포함된다. 평신도가 주도한 주일학교 운동은 1800년대에 북아메리카 전역을 휩쓸었고, 20세기 복음주의 교회의 신앙 교육 방식에 심원한 영향을 미쳤다. 그로 인해 목회자 주도의 교리 교육이 신학 교육을 제대로 받지 못한 평신도 주도의 신앙 교육으로 대체되었고, 교육 내용도 신앙의 근본 원리와 실천과 도덕률보다는 성경 이야기를 익숙하게 만드는 데 치중되었다.[7]

오늘날의 복음주의자들은 대부분 교리 교육을 매우 낯선 개념으로 받아들인다. 그들은 교리 교육을 비롯해 요리 문답과 같은 관련 용어들 자체를 의심의 눈초리로 바라본다(그들은 "잠깐, 그것은 로마 가톨릭교회나 하는 사역 아닌가요?"라는 식으로 여긴다). 로마 가톨릭교회에 속한 사람들에게 교리 교육의 중요성을 일깨워준 장본인이 바로 종교 개혁자들이었다는 사실로 미루어볼 때, 그런 식의 반응은 참으로 아이러니하다고 할 수 있다. 최근 몇십 년 동안 로마 가톨릭교회가 교리 교육에 새로운 열정과 관심을 기울이는 동안, 복음주의자들은 교리 교육의 전통을 회복하지 못했다(한때는 로마 가톨릭교회가 복음주의자들에게서 교리 교육을 배웠지만 이제는 서로의 입장이 반대가 되었다).[8]

우리는 이 책이 복음주의 진영의 잘못을 바로잡는 계기가 되기를 진정으로 바란다. 우리는 교리 교육의 전통을 회복한 칼빈의 입장을 지지함과 동시에 교회가 교리 교육을 등한시한 결과로 심각한 문제가 발생한 현실을 몹시 안타깝게 생각한다. 우리는 개신교 교회를 좀 더 바른 방향으로 인도하려면 무언가 새로운 조처가 필요하다고 확신한다. 교리 교육을 복음주의 교회의 양보할 수 없는 관습으로 다시 회복하는 것이 우리가 이 책을 집필한 목적이다.

우리는 동료 복음주의자들이 과거의 방식으로 신자를 양육하는 일에 진지한 관심을 기울이기를 진정으로 바란다. 오늘날의 복음주의자들은 대개 주변 문화의 최신 유행을 선호하는 경향을 보인다. 우리는 종종 새롭고 기발한 사역 방식을 찾곤 한다. 적절성에만 관심을 기울여 '사람들의 필요 욕구'를 충족시킬 수 있다면 어떤 새로운 변화도 마다하지 않는다. 또한 지금까지 해오던 방법이 아무 효과가 없기 때문에 모든 것을 혁신해야 한다고 생각한다. 우리는 과거의 모델과 프로그램이 원하는 결과를 낳지 못했다고 속단하고, '최상의 연구 결과'에 따른 새로운 모델과 프로그램을 열심히 추구해야만 바람직한 결과를 낳을 수 있다고 믿거나 이른바 '성공적인' 교회들의 사역을 모방하는 것을 성공에 이르는 첩경으로 생각한다.

과거의 지혜로 미래를 열어라

| 이런 현상의 배후에 놓인 의도는 십분 이해할 수 있지만, 그런 생각에만 집착하는 것은 우리의 지혜가 부족하다는 사실을 입증할 뿐이다. 사실 우리는 새로운 사역 방식을 창안하는 데만 끊임없이 관심을 기울인 탓에 지칠 대로 지친 상태다. 오늘날의 신자 교육은 참으로 개탄할 만하지 않은가? 그런 상황에 직면한 교회가 부지기수다. 이제는 생각을 바꿔 최첨단 기술과 프로그램과 마케팅 계획과 인기 있는 모델을 찾기보다, 잠시 행동을 중단하고 숨을 고르면서 우리의 방법을 신중히 재고할 때가 되었다. 하나님이 오래전에 예레미야 선지자를 통해 하신 말씀은 오늘날 우리의 상황을 매우 적절히 묘사하는 듯하다.

> 여호와께서 이와 같이 말씀하시되 너희는 길에 서서 보며 옛적 길 곧 선한 길이 어디인지 알아보고 그리로 가라 너희 심령이 평강을 얻으리라 하나 그들의 대답이 우리는 그리로 가지 않겠노라 하였으며(렘 6:16).

오늘날 많은 사람이 복음주의 교회가 새로운 개혁이 필요한 상황에 처해 있다고 주장한다. 우리도 그러한 주장에 십분 동의한다. 우리가 그런 확신을 가지고 있다는 증거가 이 책 곳곳에 여실히 드러난다.

하지만 과거의 지혜를 주의 깊게 배우는 데에 미래의 희망을 여는 확실한 길이 존재한다는 것이 우리의 전제다. 물론 세속 문화 속에서 교회와 신자들의 성장을 도모하는 방법을 고민해 온 사람이 우리가 처음은 아니다. 또한 살아 계신 하나님을 믿는 믿음을 독려하고, 그분의 뜻에 복종하는 태도를 길러주는 방법을 알고자 하는 사람도 우리가 처음은 아니다. 오늘날의 교회 지도자들만 우리에게 사역의 적절성과 효율성을 증진하는 방법을 가르칠 수 있는 것은 아니다. 우리는 오히려 그들에게 "너희는 길에 서서 보며 옛적 길 곧 선한 길이 어디인지 알아보고 그리로 가라"는 예레미야 6장 16절 말씀을 들려주고 싶다.

우리는 신구약성경에서 하나님의 영광을 위해 살아갈 신자를 양육하는 풍성한 지혜를 발견할 수 있다. 성경에는 과거와 마찬가지로 오늘날에도 여전히 적절하면서도 효과적인 모델과 명령과 원리와 실천 방법이 제시되어 있다. 교회사에도 교회가 참 제자를 양육해 하나님의 영광을 위해 살도록 이끌면 신자들의 삶 속에 충실하고 활력 있는 결실이 맺힌다는 사실을 보여주는 증거가 수두룩하다. 우리는 신자 양육 사역의 방향을 잡기 위해 현대적인 모델을 추구하는 노력을 비웃을 생각이 없다. 하지만 그것만이 지혜를 찾는 유일한 방법이자 가장 우선적인 길이라는 생각에는 동의하지 않는다. 우리는 주위를 두리번거리기 전에 뒤를 돌아보라고 권하고 싶다. 물론 우리가 맨 처음 살펴봐야 할 것은 성경의 증언이다. 과거의 사역 방식을 생각하든 현재의 사역 방식을 생각하든, 복음주의 신앙을 고백하는 신자들은 부지런히 성경을 연구하고 묵상함으로써 스스로의 생각과 노력을 엄밀히 점검해야 할 필요가 있다.

그러면 성경을 발판으로 가장 잘 전진할 수 있는 방법은 무엇일까? 우리는 C. S. 루이스의 조언을 약간 다르게 표현해 이 문제의 대답으로 제시하고 싶다. 루이스는 살아 있는 저자가 저술한 책을 한 권 읽을 때마다 이미 세상을 떠난 저자가 저술한 책도 한 권 읽어야 하며, 만일 그것이 너무 힘들다고 생각되거든 살아 있는 저자가 저술한 책을 세 권 읽을 때마다 작고한 저자가 저술한 책을 한 권이라도 읽어야 한다고 주장했다.[9] 우리는 그의 표현을 빌려 건강한 교회를 만들 목적으로 새로운 방법을 하나 적용할 때마다 건강한 교회를 만드는 데 기여했던 과거의 방법을 유심히 살펴보라고 권하고 싶다. 그런 접근 방식은 많은 분야에서 유익한 결과를 가져올 테지만, 예수 그리스도의 제자를 양육하는 사역만큼 중요한 것은 없다. 겸손히 귀를 기울여 배우고자 한다면 우리 앞서 살다간 사람들의 사역을 통해 많은 지혜를 얻을 수 있다. 안타깝게도 오늘날의 복음주의자들 가운데는 예레미야 당시의 유다 백성과 흡사한 이들이 너무 많다. 성경은 옛적 길, 곧 선한 길을 알아보고 그리로 가라고 조언한다. 하지만 우리는 새로운 방법이 과거의 선한 방법보다 더 낫다고 속단하고, 유다 백성처럼 "우리는 그리로 가지 않겠노라" 며 고집을 부린다.

복귀와 회복의 징후

| 하지만 다행히도 많은 신세대 신자들이 새로운 방법이 항상 더 좋은 것은 아니라는 사실을 깨닫기 시작했다. 이른바 '포스트모던 시대'가 도래하면서 진보의 불가피성을 확신하는 현대주의자들의 통념을 거부하는 이들이 속속 모습을 드러내고 있다. 그리고 그런 사고

방식의 사례들이 문화 전반에 걸쳐 나타난다. 예를 들어, 최신 기술을 적용했지만 모양은 과거의 고전적인 모델을 따른 신형 자동차가 많이 출시되고 있다. 현대의 기능성을 상징하는 야구 경기장(뉴욕의 시립 경기장, 시애틀의 킹돔, 휴스턴의 아스트로돔, 신시내티의 리버프론트 경기장)이 철거되거나 붕괴되고 과거의 향수를 물씬 풍기면서도 최첨단의 기술과 편의 시설을 갖춘 야구장으로 대체되었다.

따라서 신세대 복음주의자들 사이에서 유대-기독교 신앙의 전통을 회복하려는 움직임이 일어나는 현상은 조금도 놀랍지 않다. 이러한 경향은 다양한 통로를 통해 표현되고 있다. 예를 들면, 이따금 관찰되는 이머징 교회의 임의적 절충주의나, 로버트 웨버가 많은 저서와 강연을 통해 주장했던 '고대와 미래'라는 기독교의 비전에 근거한 사려 깊고 일관된 변증과 논거가 그 대표적인 사례. 아울러 복음주의 출판업자들은 과거 교회의 사역 방식에 근거한 '레수르스망'(근본에로의 회귀)을 강조하는 책들을 펴내고 있고, 많은 교회가 역사적인 교회력을 도입하거나 성만찬을 좀 더 자주 거행하거나 옛 찬송가를 재발견하는 등 과거의 전통을 되살리기 위한 길을 모색하고 있다. 지칠 줄 모르는 욕망으로 더 새롭고 더 크고 더 나아 보이는 것을 추구하던 현대주의가 기독교 전통 안에 숨겨진 많은 보화를 앗아갔다는 일부 신자들의 결론은 지극히 타당하다. 따라서 그들은 호기심과 갈망이 하나로 혼합된 정서를 바탕으로 과거의 전통을 되살리기 위해 노력하기 시작했다.

우리는 이러한 추세를 환영한다. 하지만 한 가지 주의할 점이 있다. 과거의 방법에 대한 관심 가운데 더러는 일시적인 성격을 띠고 있을 뿐 신학적인 이해와 논거를 충분히 갖추지 못한 것들이 있다. 단지 달라 보이기 위해 새로운 방법을 선택하는 것이나, 비록 옛 방식이라고 해도 그저 신기하다는 이유 하나만으로 그것을 선택하는 것이나, 둘 다 지혜롭지 못하기는 마찬가지다. 우리는 우리가 처한 역사적, 문화적, 신학적 상황을 이해해야 한다. 그래야만 과거의 방법이 오늘날에도 여전히 타당한가를 적절히 판단할 수 있다. 이미 말한 대로, 그러한 방법들을 성경의 가르침에 비추어 점검하려는 노력이 무엇보다 필요하다.

과거에서 배우는 습관은 매우 중요하지만 복음주의자들 가운데는 아직도 교리 교육의 관습을 재평가하는 데 무관심한 이들이 많다. 안타까운 일이다. 교리 교육의 관습은 대다수 사람들에게 여전히 숨겨진 유산에 불과하다. 하지만 이 특별한 유산은 이중 축복의 잠재력을 지닌다. 먼저 교리 교육의 관습은 그 자체로 교회에 큰 유익이 될 것이 분명하다. 더욱이 신자들에게 기독교의 근본 원리에 뿌리를 둔 신앙을 일깨우는 데 중점을 두기 때문에 우리를 더욱 현명하게 만들어 과거를 돌아보는 동안 마주치는 다른 관습들을 더 잘 분별할 수 있도록 안목을 열어줄 것이다.

교리 교육이란 무엇인가

| 교리 교육을 설명하고 정의하기 전에 먼저 그와 관련된 용어를 잠시 살펴보자. 교리 교육은 가르침을 뜻하는 신약성경 헬라어 '카테케오'에서 유래했다. 이 말의 근본 의미는 '우리가 받은 말씀을 나누다', '가르치다', '교수하다'를 뜻한다. 이 말은 교수되는 가르침이 진지하고 중대하다는 사실을 함축한다. 이는 고전 헬라어에서 시인들

이 무대에서 청중에게 의사를 전달하는 행위를 가리켰다.[10] 신약성경에서 '카테케오'는 가르침이나 교훈을 제시하는 행위를 뜻하는 여러 용어 가운데 하나로 사용되었다. 우리는 2장에서 교리 사역을 뜻하는 성경 용어들과 함께 이 말이 신약성경에서 어떻게 사용되었는지를 살펴볼 예정이다.

여기에서는 교리 교육이라는 용어가 성경에서 어떻게 유래했는지를 간단히 살펴보는 것으로 만족하고자 한다. 2세기경에 접어들면서 신자들을 가르치고 양육하는 사역의 중요성이 기독교 공동체 내에서 점차 증대되기 시작했다. 그와 더불어 교리 교육 사역의 여러 측면을 묘사하는 다양한 용어들이 등장했다. 그 예를 몇 가지 소개하면 다음과 같다.

- **카테케시스**(catechesis): 교리 교육 전체를 포괄하는 용어. 때로는 교리 교육의 과정을 구체적으로 가리키는 데 사용되었다.
- **카테카이즈**(catechize): 특별한 방식으로 가르치는 과정을 뜻하는 용어
- **카테키즘**(catechism): 교리 교육의 실질적인 내용을 가리키는 용어. 오늘날에는 종종 특별하게 제작된 교리 교육 책자를 가리키는 뜻으로 사용된다. 때로는 교리 사역을 포괄하는 용어로 사용되기도 한다.
- **카테키스트**(catechist): 교리 교사를 뜻하는 용어
- **카테큐먼**(catechumen): 교리 학습자를 뜻하는 용어
- **카테큐머니트**(catechumenate): 새신자들이 세례를 받고 정식 교인으로 활동할 수 있도록 그들을 교육하는 공식, 또는 비공식적 교리 학교를 뜻하는 용어
- **카테케티컬**(catechetical): 다양한 수식 어구로 사용되는 형용사. 예를 들어, '교리 학교'(catechetical schools)는 2-3세기경에 알렉산드리아와 같은 일부 도시에 설립된 기독교

고등 교육 학교를 가리킨다.

- **카테케틱스**(catechetics): 교리 교육학을 뜻하는 용어. 설교의 본질과 방법을 연구하는 학문을 '설교학'이라 하고, 예배의 본질과 방법을 연구하는 학문을 '예전학'으로 일컫는 것처럼 교리 교육의 본질과 방법을 연구하는 학문을 일컬을 때 사용했다.

오랫동안 교리 교육을 하면서 기독교 교리 교육을 정의하는 다양한 표현이 만들어졌다. 우리가 생각하는 교리 교육의 정의를 다루기 전에 먼저 유익하다고 판단되는 여러 가지 정의를 간단히 살펴보는 것이 좋을 듯하다. 이들 정의를 살펴보면 교리 교육이 얼마나 포괄적이고 복합적인 사역인가를 익히 짐작할 수 있을 것이다.

- "교회에서 특정 교리의 기초 내용을 가르치는 간단한 기본 교육으로, 무지하고 배우지 못한 사람들에게 기독교의 근본 원리를 전달하는 교육 과정을 뜻한다."[11]
- "기독교 공동체와 그 믿음과 계시와 소명에 처음 입문하는 단계이자 기독교의 살아 있는 전통을 통해 일평생 계속 변화와 양육을 거듭해 나가는 과정을 뜻한다."[12]
- "교리를 가르쳐 종교적 감성과 정서를 배양해 나가는 과정을 가리킨다."[13]
- "우리가 누구이며, 또 누구에게 속해 있는지를 알고……인간의 몸으로 태어나신 거룩한 주님의 제자가 되는 방법을 배우는 것을 의미한다."[14]
- "그리스도의 가르침을 대대로 신자들에게 전수하는 교회의 근본 사역을 가리킨다."[15]
- "사람들을 제자로 삼아 예수님이 하나님의 아들이시라는 사실을 믿도록 돕고, 나아가 그분의 영광을 위해 살게 하며, 현세에서 그들을 가르치고 교육해 그리스도의 몸을 이루게 하는 사역이다."[16]

방금 인용한 정의들의 저자들은 대부분 교리 교육이라는 주제를 다루면서 '카테케시스'라는 용어를 다양한 형태로 적용했다. 따라서 교리 교육의 의미를 모두 아우르는 정의를 발견하기는 매우 어렵다. 하지만 이 책에서 우리의 견해를 개진해 나가는 데 필요한 간결하고 함축적인 정의를 내리면 다음과 같다. 즉, 교리 교육은 하나님의 백성에게 복음에 뿌리를 둔 믿음과 실천을 가르쳐 교리와 헌신과 규범과 신앙생활의 기쁨을 일깨워주는 교회의 사역을 말한다.

우리는 이 책 전반에 걸쳐 이러한 정의를 염두에 두고, 그것을 토대로 다양한 의미와 변화된 형태를 발전시켜나갈 것이다. 앞으로 다루겠지만, 교리 교육은 때로는 매우 좁은 의미로 다루어지기도 하고(세례나 입교를 위한 초심자 교육), 때로는 더 넓은 의미로 다루어지기도 한다(신자 양육을 위한 지속적인 사역). 복음에 관심이 있으면서도 아직 믿음을 고백할 준비가 되지 않은 구도자들에게 먼저 교리를 가르치는 것이 중요하다고 생각하는 이들이 적지 않다. 이런 상황은 교리 사역의 범주를 다음과 같이 최소한 세 가지로 나눌 수 있는 근거를 제공한다.

- **예비 교리 교육**: 고대의 교회 지도자들이 '문의자'로 일컬었고, 현대의 교회 지도자들이 '구도자'로 일컫는 이들에게 교리 교육을 전하는 사역을 가리킨다.
- **정식 교리 교육**: 세례나 입교 의식을 준비하게 하고, 나아가 교회의 삶에 온전히 참여할 수 있도록 갓 회심한 어린이나 성인에게 공식적으로 교리를 교육하는 사역을 가리킨다.
- **지속적인 교리 교육**: 신자들이 주님을 믿는 믿음 안에서 계속 성장할 수 있도록 양육

하고 교육하는 사역을 가리킨다.

이 책의 범위

| 우리는 지금까지 말한 교리 교육의 의미는 물론, 그 이상의 의미를 이 책에서 탐구할 생각이다. 우리가 앞으로 개진할 내용을 간단히 언급하자면 다음과 같다.

- 교리 교육은 성경에 뿌리를 둔 개념이자 실천 원리다. 그동안 복음주의 운동은 이 문제와 관련한 성경의 명령과 관습을 심각하게 무시해 왔다(2장을 참조하라).
- 엄격한 교리 교육은 교회가 중대 상황에 직면할 때마다 항상 효율적이고 본질적인 역할을 감당해 왔다. 이러한 역사로부터 오늘날의 상황에도 십분 적용할 수 있는 교훈을 많이 얻을 수 있다(3장을 참조하라).
- 오늘날의 복음주의자들이 성경에 근거한 교리 교육을 외면하게 된 이유는 다양하다. 이 사역을 무시한 데서 여러 가지 심각한 결과가 파생되었다(머리글과 3장을 참조하라).
- 다행히도 교리 사역을 회복하려는 노력이 다양하게 진행되고 있다. 그런 노력들을 진지하게 살펴보고 본보기로 삼는 것은 매우 가치 있는 일이다(7장을 참조하라).
- 교리 교육은 오랜 전통에 뿌리를 둔 본질적인 교육을 의미한다. 즉, 교리 교육은 "성도에게 단번에 주신 믿음의 도"(유 3절)에 해당하는 근본 교리는 물론이고, 특히 복되신 하나님이 허락하신 영광스런 복음에 초점을 맞춘다. 교회의 연합을 촉진하고 보존하는 것이 교리 교육의 목표다(4-6, 8장을 참조하라).
- 교리 교육은 전인 교육을 의미한다. 교리 교육은 전인, 곧 머리와 가슴과 손(지정의)을

모두 포괄한다. 바꾸어 말해 교리 교육은 교리와 경험과 실천을 아우른다(9-10장을 참조하라).

- 교리 교육은 관계와 상호 작용을 지향한다. 교리 교육은 교회의 사역으로 믿음의 공동체라는 구체적인 상황에서 수행되어야 한다(9-10장을 참조하라).
- 교리 교육은 오늘날의 시대와 문화에 적절한 성격을 띤다. 이 오래된 신앙 관습은 오늘날의 교회가 속한 시대와 문화 속에서 서로 경쟁을 추구하는 진리 주장과 세계관과 삶의 양식에 견주어 적절히 표출되어야 한다(8장을 참조하라).
- 교리 교육은 믿음의 성장을 부추기는 토대를 제공한다. 교리 교육은 신앙의 근본 원리에 뿌리를 두고, 일평생 그 토대 안에서 배움과 성장을 거듭할 수 있는 원동력을 제공한다(7, 9장을 참조하라).

용어 사용에 관한 문제

사실 교리 사역은 '카테케시스'라는 용어를 사용하지 않고서도 의미 있게 이루어질 수 있다. 이미 살펴본 대로 이 용어는 성경에서 유래했다(우리는 교리 교육이 철저히 성경에 근거한 개념이라는 사실을 다음 장에서 다룰 생각이다). 하지만 복음주의 교회 일각에서는 성경보다 교회의 전통을 중시한다는 오해를 불러일으킬 소지가 있다는 이유로 이 용어의 사용을 주저한다. 그와 비슷한 이유에서 신조를 사용하는 것을 꺼리는 교회들도 있다. 우리는 이따금 교회 주보나 교회당 밖에 세워진 게시판에 "신조가 아니라 그리스도, 율법이 아니라 사랑, 책이 아니라 성경"이라는 문구가 적힌 것을 발견하곤 한다. 사실 그런 문구 자체가 간결하고 교조적인 신조의 성격을 띠고 있는 것은 명백한 아이러니지만, 우리는 다양한 복음주의 공동체가 처한 문화적 현실을 외면하고 싶지 않다. 그렇다면 어떻게 하는 것이 최선의 길일까?

아울러 우리는 용어만 사용하면 모든 것이 저절로 이루어진다는 생각, 바꾸어 말해 우리가 수행하는 특정 사역을 용어로 표현하지 않으면 그 사역을 실제로 행하지 않는 것이라는 생각을 지지할 의도가 전혀 없다. 말과 실천이 이루어질 때 진정으로 중요한 것은 하나님의 말씀에 복종하는 것이다. 특정한 용어 사용을 놓고 설전을 벌이는 것이 복종하는 마음을 가로막아 성장을 저해한다면, 그런 싸움을 벌이기 전에 먼저 그로 인한 폐해를 심각하게 고려해야 마땅하다. 어떤 상황에서는 '카테케시스'라는 용어를 사용하자는 주장이 오히려 교리 사역을 방해하는 결과를 낳을 수도 있다. 개인이나 공동체의 감수성 때문에 용어 자체가 걸림돌이 된다면 굳이 그 말을 사용하지 않아도 얼마든지 잘해 나갈 수 있다. 그런 경우에는 '충실한 양육', '성장 교육', '양육', '진리와 지혜의 길' 등과 같은 용어를 사용해도 신자들에게 복음에 뿌리를 둔 신앙과 실천을 가르치는 교리 교육의 취지를 얼마든지 적절히 표현할 수 있다.

물론 주의 깊고 인내심 있게 용어를 복원하려는 노력은 그 자체로 강력한 교육 효과를 가져다줄 수 있다. 예를 들어, 사도신경을 고백하는 복음주의 교회들 가운데는 '거룩한 공회'라는 표현을 '거룩한 기독교 교회'나 '거룩한 보편 교회'로 고쳐 암송하는 경우가 적지 않다. 그런 선택은 문화적 감수성을 감안하는 한편 의미의 혼선을 피하기 위한 노력의 일환으로 받아들일 수 있다. 하지만 다른 복음주의 교회들의 경우에는 '공회'라는 용어가 '보편 교회'나 '기독교 교회'보다 더 깊고 풍부한 의미를 전달하는 표현이라고 믿는다. 더욱이 이들 교회는 이 고대 용어가 동방 교회와 서방 교회의 분열이 있기 전에 사용되었다는 사실을 중시한다. 따라서 건전하고 지속적인 교육만 적절히 이루어진다면 사도신경을 암송할 때 얼마든지 '공회'라는 용어를 사용할 수 있다.

이런 이유에서 우리도 다른 대체 용어보다 '카테케시스'라는 용어를 사용하기로 결정했다. 이 용어를 거부하고 대체하기보다 그대로 유지하면서 그 의미를 설명하는 것이 우리의 전략이다. 그렇게 하게 된 근거를 간단히 밝히면 다음과 같다.

- 이미 밝힌 대로 '카테케시스'는 성경에서 유래한 용어다.
- 이 용어를 유지함으로써 우리는 2,000년 동안 지속된 기독교의 유구한 역사와 관계를 맺을 수 있다. 기독교 역사에 대한 이해는 정직하고 지혜로운 신자가 될 수 있는 기회를 제공한다.
- 이 용어를 유지함으로써 초교파적인 태도를 진작할 수 있다. 즉, 우리는 이 용어를 통해 성경에 근거하고 역사적으로 실천되어온 교리 사역을 중시하는 다른 기독교 공동체들과 관계를 맺을 수 있다.
- 앞서 언급한 대로 특히 신세대 복음주의자들을 중심으로 고대의 교회 관습에 대한 관심이 새롭게 고조되고 있다. 따라서 '카테케시스'라는 용어를 사용하는 것은 교회 안팎에 있는 사람들의 반감을 부추기기보다 오히려 그들의 관심을 자극하는 데 도움이 될 수 있다.
- 마지막으로, '카테케시스'라는 용어가 다른 대체 용어들보다 더 폭넓은 의미를 지닌

것이 분명해 보이기 때문이다.

물론 교육, 양육, 훈련을 비롯해 그와 비슷한 용어들을 사용할 수도 있다. 하지만 그런 용어들은 모두 교리 사역의 일면만을 나타내는 데 그친다. 그 가운데 교리 사역 전체를 아우르는 용어는 없다. 제자직, 또는 제자 훈련은 '카테케시스'라는 용어에 익숙하지 않은 복음주의 신자들에게 그 의미를 가장 쉽게 이해시킬 수 있는 용어다. 하지만 제자직, 또는 제자 훈련이라는 용어는 교리 사역의 차원을 뛰어넘어 복음 전도와 선교 사역을 포괄하는 의미를 지닌다.

'카테케시스'라는 용어를 그대로 유지하고 설명하는 것이 우리의 전략이지만 정당한 이유에서 이 용어를 거부하고 대체 용어를 사용하는 사람들을 비난할 생각은 전혀 없다. 오히려 우리는 어떤 용어를 사용하든지 교리 교육의 중요성을 인식하고 그 사역을 충실히 이행한다면 얼마든지 지지하고 환영할 용의가 있다.

교리 교육은 사랑의 수고를 바탕으로 하는 선한 사역, 곧 하나님의 백성을 가르쳐 성장하게 하는 것을 목적으로 하는 사역이다. 이제 이 사역을 본격적으로 탐구해 보자.

가르침을 받는 자는 말씀을 가르치는 자와 모든 좋은 것을 함께하라(갈 6:6).

Grounded in the Gospel :
Building Believers the old-fashioned way

chapter 2

교리 교육은 성경에 근거한 개념이다

    복음주의 신자들에게 교리 교육이 성경에 근거한 개념이라고 말하면 많은 사람이 의외라는 듯 놀라워할 것이 분명하다. 우리 가운데 많은 사람, 특히 북아메리카 지역의 복음주의 교회에서 성장한 사람들은 '카테케시스'나 '카테키즘'이라는 용어를 거의 들어본 적이 없다. 아마도 그런 용어를 들어보았다면 가톨릭교회에 나가는 친구에게 토요일에 함께 놀자고 했다가 "안 돼, 오늘은 교리 문답(카테키즘)을 배우러 가야 해"라는 말을 들었을 때일 것이다.

    물론 로마 가톨릭교회 외에 루터교나 감독교회와 같이 아메리카 복음주의 교단에 속하지 않은 교파에서도 이 용어가 쓰인다. 복음주의 진영 안에서 교리 교육의 개념을 알고 있는 신자들은 『웨스트민스터 소요리 문답』이나 『하이델베르크 요리 문답』을 사용하는 보수주의 장로교나 그 외의 개혁 교회에 속한 신자들일 가능성이 높다. 대다수의 복음주의 신자들에게 교리 교육의 개념은 매우 낯설게 다가온다.

하지만 교리 교육은 철저히 성경에 근거한다. 우리는 2장에서 여러 가지 논증을 통해 이 사실을 입증할 계획이다. 첫째는 구약성경의 신앙 교육이 엄격한 교리 교육을 뒷받침한다는 사실을 밝히고, 둘째는 교리 교육을 뜻하는 신약성경의 용어들을 살펴보고, 셋째는 신약성경을 토대로 교리 사역의 사례들을 조사하고, 넷째는 신약성경의 일부가 그 자체로 교리 교육의 전형에 해당한다는 점을 점검하고, 마지막은 교리 교육의 중요성을 강조하는 성경 구절 몇 곳에 초점을 맞추는 순서를 따를 생각이다.

구약성경에 나타난 교리 교육

| 1장에서 언급한 대로, 교리 교육은 신자들에게 기독교의 신앙과 실천을 가르치는 사역이라고 이해할 수 있다. 교리 교육은 하나님에 관한 신앙과 그분과의 교제와 그분에 대한 복종에 포괄적으로 관심을 기울인다. 우리는 이 책을 통해 이 개념을 자세히 풀어 설명할 생각이다. 우선 여기에서는 그런 신앙 교육이 일찍이 구약성경에서부터 확고히 설립된 실천 원리였다는 사실에 초점을 맞추고자 한다. 신약성경은 이 개념을 더욱 발전시켜 이를 예수 그리스도의 인격과 사역에 근거시켰다. 하지만 신앙과 복종과 하나님과의 관계를 부지런히 가르치는 사역은 그리스도의 강림이 이루어지기 오래전에 이미 확립된 실천 원리였다.

구약성경의 많은 용어와 구절이 이 사실을 분명히 증언한다. 예를 들어, 신명기 6장과 11장은 이스라엘 백성에게 하나님의 구원 행위와 거룩한 명령을 자녀들에게 부지런히 가르치라고 명령한다. 특히 이 명령은 하나님이 이스라엘 백성에게 베푸신 구원을 직접 목격하지 못한 후손들을 가르치는 사역의 중요성을 강조한다(신 6:20, 11:2 참조). 나이 든 부모는 하나님의 뜻을 온전히 받아들여 그분의 율법에 복종하는 한편, 그 모든 것을 자녀들에게 부지런히 전달해야 했다(신 6:6-7, 11:18-19 참조). 신명기 6장 7절에 "부지런히 가르치며"로 번역된 히브리어 동사는 '샤난'으로 사전상의 의미는 '갈다', '날카롭게 하다'라는 뜻이고, 성경에서는 학습자에게 깊은 인상을 심어줄 수 있는 방식으로 가르친다는 의미를 담고 있다. NIV와 같은 번역 성경은 7절을 "이 명령을 너희 자녀들에게 인식시켜라"라고 번역했다. 그렇게 깊은 인상을 심어줄 수 있는 교육이 이루어지려면, 의도적이고 항구적일 뿐 아니라 오감을 자극하는 교육 방법이 필요하다. 다음 성경 구절을 읽어보자.

> 네 자녀에게 부지런히 가르치며 집에 앉았을 때에든지 길을 갈 때에든지 누워 있을 때에든지 일어날 때에든지 이 말씀을 강론할 것이며 너는 또 그것을 네 손목에 매어 기호로 삼으며 네 미간에 붙여 표로 삼고 또 네 집 문설주와 바깥 문에 기록할지니라(신 6:7-9).

어린아이는 물론 이스라엘 백성 전체를 위한 신앙 교육의 핵심은 '토라'였다. 이 훌륭한 히브리어는 영어 성경에 '율법'으로 번역되었다. 하지만 이는 적절하지 못한 번역이다. '율법'은 단지 권위만을 연상시키지만, '토라'는 그보다 훨씬 더 풍부한 의미를 전달한다. '토라'는 '(화살 따위를) 쏘다', 또는 '(패 따위를) 던지다'를 뜻하는 히브리어에서 유래했다. 따라서 '토라'의 진정한 의미는 단순한 계율보다는 '방향 제시', '인도', '교육'에 더 가깝다. 따라서 유대인들이 저술한 성경 주석이나 번역 성경은 '율법' 대신에 '교육', '안내' 등으로 표기하거나 그 말을 번역하지 않고, '주님의 토라'라는 식으로 옮긴 경우가 많다.

물론 '토라'는 하나님의 계명을 포함한다. 하지만 영어를 사용하는 현대인이 율법을 제한과 구속을 뜻하는 의미로 이해하는 것과는 대조적으로 히브리 성경은 '토라'를 '하나님의 길'(히브리어로 '데렉'이라고 한다)이나 '뜻을 예시하는 은혜의 선물'로 묘사한다. 악인의 길은 멸망으로 향하는 길이고, 하나님의 길은 생명과 축복으로 향하는 길이다. 인간과 사회와 국가는 하나님의 길을 걷기 위해 창조되었다. 그렇다면 우리 앞에 놓인 수많은 길 가운데서 하나님의 길을 어떻게 분별할 수 있을까? 그 방법은 경건하지 않은 사람들의 유혹을 거부하고 부지런히 하나님의 '토라'를 묵상함으로써 그분의 '데렉'을 발견하는 것이다. 시편 1편은 이 점을 분명히 설명한다.

> 복 있는 사람은 악인들의 꾀를 따르지 아니하며 죄인들의 길에 서지 아니하며 오만한 자들의 자리에 앉지 아니하고 오직 여호와의 율법을 즐거워하여 그의 율법을 주야로 묵상하는도다 그는 시냇가에 심은 나무가 철을 따라 열매를 맺으며 그 잎사귀가 마르지 아니함 같으니 그가 하는 모든 일이 다 형통하리로다 악인들은 그렇지 아니함이여 오직 바람에 나는 겨와 같도다 그러므로 악인들은 심판을 견디지 못하며 죄인들이 의인들의 모임에 들지 못하리로다 무릇

의인들의 길은 여호와께서 인정하시나 악인들의 길은 망하리로다(시 1편) [1]

하나님의 선물 '토라'는 부정적이거나 권위적인 태도로 우리를 속박하기보다 우리가 걸어가야 할 길을 제시한다(시편 119편 105절에서는 '토라' 보다 좀 더 일반적인 용어인 '다발', 즉 '말씀'이 사용되었다. "주의 말씀은 내 발에 등이요 내 길에 빛이니이다." 하지만 시편 119편 역시 전체적으로 하나님의 '토라'를 강조한다). 하나님의 길을 걷고 있다는 확신이 들면 우리의 마음은 자유롭게 그분의 계명을 추구하기 시작한다(시 119:32 참조). 이스라엘 백성을 위한 신앙 교육의 토대였던 '토라'는 추상적인 개념과는 거리가 멀었다. 교사와 부모는 어린 자녀들이 보고 배울 수 있도록 행동으로 모범을 보여야 했다. '토라'를 파생시킨 히브리어 어근에서 교사를 뜻하는 '모레'와 부모를 뜻하는 '호레'가 파생된 것은 매우 의미심장하다. 교사와 부모는 하나님의 길을 보여 주는 살아 있는 안내자가 되어야 한다. '가르치다'를 뜻하는 히브리어 '야라' 역시 동일 어원에서 파생했다. 이처럼 가르치는 것은 다른 사람들에게 하나님의 길을 보여 주고, 그곳으로 인도하는 것을 의미한다.[2]

'토라'는 이러한 원론적인 의미 외에도 모세 오경(창세기, 출애굽기, 레위기, 민수기, 신명기) 전체를 가리키는 용어로 흔히 사용된다. 모세 오경 안에는 하나님의 거룩한 계명들이 수록되어 있다. 예를 들어, 출애굽기 20장과 신명기 5장에 보면 십계명이 발견된다. 하지만 이들 계명은 이스라엘 백성에게 주어진 하나님의 구원 사역이라는 좀 더 큰 틀 안에 놓여 있다. 사실 십계명조차도 이 두 가지 특성을 모두 지닌다. 그리스도인들은 이들 계명을 '십계명'이라 일컫지만 유대인들은 '열 가지 말씀'(히브리어로 '데바림'이라고 한다. 신 4:13, 10:4 참조)

으로 일컫는다. 성경 역시 십계명의 첫 번째 계명("나는 너를 애굽 땅, 종 되었던 집에서 인도하여 낸 네 하나님 여호와니라 너는 나 외에는 다른 신들을 네게 두지 말라"_출 20:2-3)을 계명이라기보다 하나님의 신성과 언약과 구원 사역을 포괄하는 진술로 간주한다.

전능한 구원 행위와 거룩한 계명을 하나로 묶어 말하는 중요한 말씀이 구약성경의 또 다른 곳에서도 발견된다. 시편 저자는 78편에서 이스라엘 백성에게 하나님의 기이한 사적과 거룩한 계명을 후손들에게 충실히 전하라고 호소했다(시 78:4-5 참조). 그는 그러한 이중 메시지를 자손 대대로 충실히 전달하면 "그들의 소망을 하나님께 두며 하나님께서 행하신 일을 잊지 아니하고 오직 그의 계명을"(시 78:7) 지키게 할 수 있다고 확신했다. 그렇게 해야만 후손들이 그들의 조상들처럼 "완고하고 패역하여……그 심령이 하나님께 충성하지 아니하는 세대와 같이 되지"(시 78:8) 않을 수 있었다.

이러한 시편의 말씀은 사사기 2장 말씀을 이해하는 데 적절한 배경을 제시한다. 우리는 사사기 2장에서 성경의 가장 비극적인 대목 가운데 하나를 발견한다. 여호수아와 그의 동시대인들이 모두 세상을 떠난 뒤에 태어난 세대는 철저히 타락하고 말았다. 사사기 2장 10-12절을 읽어보자. "그 세대의 사람도 다 그 조상들에게로 돌아갔고 그 후에 일어난 다른 세대는 여호와를 알지 못하며 여호와께서 이스라엘을 위하여 행하신 일도 알지 못하였더라 이스라엘 자손이 여호와의 목전에 악을 행하여 바알들을 섬기며 애굽 땅에서 그들을 인도하여 내신 그들의 조상들의 하나님 여호와를 버리고 다른 신들 곧 그들의 주위에 있는 백성의 신들을 따라 그들에게 절하여 여호와를 진노하시게 하였으되." 이 말씀대로 새로운 세대는 하나님을 알지 못했을 뿐 아니라 "여호와께서 이스라엘을 위하여 행하신 일"도 알지 못했다. 모세는 "너희의 자녀는 알지도 못하고 보지도 못하였으나"(신 11:2)라는 사실을 거론하면서 이스라엘 백성에게 부지런히 자녀들을 가르치라고 당부했다. 하지만 여호수아 시대의 이스라엘 백성은 그러한 의무를 충실히 이행하지 못했다. 시편 저자가 78편에서 경고한 것도 바로 이것이었다. 물론 자녀들에게 하나님의 기사와 의로운 계명을 최선을 다해 가르친다고 해도 그들이 자라서 하나님을 올바로 믿으리라는 보장은 없다. 하지만 우리가 듣고 본 하나님의 역사를 부지런히 가르치지 않는다면 하나님이 자녀들을 어떻게 길렀느냐고 문책하실 때 아무 변명도 하지 못할 것이다.

구약성경에 나타난 교리 교육의 사례를 한 가지 더 언급하면 다음과 같다. 즉, 구약성경은 크게 세 부분으로 구분되고, 이 세 부분은 모두 세 가지 교육 형태를 반영한다고 말할 수 있다.[3] 유대인들은 자신들의 경전을 '타나크'라고 부른다. 이 말은 다음 세 가지를 뜻하는 약어다.

- **토라**: 율법서
- **네비임**: 선지서
- **케투빔**: 성문서

신약성경도 이러한 삼중 구분을 그대로 인정한다. 부활하신 예수님은 제자들에게 이렇게 말씀하셨다. "내가 너희와 함께 있을 때에 너희에게 말한 바 곧 모세의 율법과 선지자의 글과 시편에 나를 가리켜 기록된 모든 것이 이루어져야 하리라 한 말이 이것이라"(눅 24:44, 시편은 '타나크'의 셋째 부분에 속하는 경전 가운데서 부피가 가장 큰 첫째 책이다). 이러한 삼중 구분에 따라 고대 이스라엘의 교사들도 모두 세 종류(제사장, 선지자, 지혜자)로 구분되었다. 더욱이 이는 유대교 신앙의 세 가지 차원(학습, 경배, 실천)과도 일맥상통한다. 유대교의 랍비 아브라함 요수아 헤셀은 하나님을 경외하며 복종하는 것이 유대교 교육의 목적이라고 말했다.[4] 신앙 훈련의 목적은 추상적인 지식의 추구가 아니라 하나님의 백성으로 하여금 그분의 길을 걷게 하는 것이다.

방금 언급한 교육의 세 가지 형태가 오늘날의 제자 훈련과 어떤 관련을 맺는지는 나중에 자세히 살펴보기로 하고, 여기에서는 단지 히브리 성경이 말하는 신앙 훈련의 범위와 초점이 매우 포괄적이라는 사실을 지적하는 것으로 만족하고자 한다. 즉 구약성경이 말하는 신앙 교육은 인간의 삶과 경험과 관련된 모든 차원을 포괄한다. 따라서 충실한 교리 교육은 인간의 전인격과 인간 사회 전체를 올바로 성장시켜나가는 것을 목적으로 한다. 아울러 우리는 신약성경은 물론 그 이후의 초기 기독교 시대에 이루어진 교리 교육에서도 구약성경이 말하는 하나님의 길에 복종하는 삶이 고스란히 계승되어 나타난다는 사실을 확인할 수 있다.

신약성경에 등장하는 '카테케오' 라는 용어

신약성경이 말하는 교리 교육의 개념은 예수 그리스도의 인격과 사역에 초점을 맞춘다는 점에서 더욱더 명확하고 구체적이다. 먼저, 교리 교육과 관련된 성경 용어 몇 개를 살펴보는 데서 시작해 보자. 앞서 언급한 대로 교리 교육을 뜻하는 '카테케시스'는 '카테케오' 라는 헬라어 동사에서 유래했다. 언뜻 보면 이 말은 '가르침' 또는 '교훈'을 뜻하는 여러 개의 헬라어 단어 가운데 하나처럼 보인다. 신약성경에 여러 가지 형태로 여러 군데에 나타나는 이 말은 영어 성경에서도 다양하게 번역되었다. 다음에 인용한 성경 구절에서 이 말을 번역한 용어는 굵게 표기했으니 참조하기 바란다. 이 말은 대부분 '정보를 제공하다' 또는 '가르치다'라는 일반적인 의미를 지닌 것으로 나타난다. 예를 들어, 사도행전 21장 21절에서는 바울 사도에 관한 소문을 가리키는 말로 사용되었다. 하지만 바울 자신은 이 말을 항상 신앙의 교훈을 가르치는 의미로 사용했다. 그는 고린도전서 14장 19절에서 자신이 고린도 교회의 신자들보다 방언을 더 많이 말할 수 있지만, "교회에서 남을 **가르치기** 위하여 깨달은 마음으로 다섯 마디 말을 하는 것이 일만 마디 방언으로 말하는 것보다 나으니라"고 말했다.

신약성경에서 이 말이 사용된 사례들을 살펴보면 '카테케오'가 기독교의 근본 지식을 전달하는 것을 뜻하는 전문 용어로 부각되는 여러 증거를 발견할 수 있다. 물론 그런 사례들 중에 결정적인 것은 없지만, 최소한 다음 세 가지 사례는 신약시대 직후에 이루어진 교리 교육의 관습에 대한 확실한 단초를 제공한다.

첫째 사례는 누가복음의 서론에 해당하는 1장 3-4절이다. 누가는 "데오빌로 각하"를 언급하면서 "각하가 **알고 있는** 바를 더 확실하게" 하기 위해 일어난 일을 자세히 미루어 살펴 차례대로 써 보내겠다고 말했다. 이 구절과 관련해 중요한 해석학적 문제가 몇 가지 제기된다. 첫째, 데오빌로는 실제 인물인가, 아니면 누가가 염두에 둔 독자들, 즉 모든 신자를 뜻하는 상징인가 하는 문제다(알다시피 데오빌로는 '하나님을 사랑하는 자'라는 뜻이다). 이 문제는 여전히 논쟁 중이지만, 실제 인물이라는 견해를 취해 데오빌로가 누가의 사역을 후원한 사람이라고 생각하는 주석학자들이 많다. 둘째, 데오빌로는 이미 충실한 신자가 되어 그리스도를 따른 사람인가, 아니면 구도자이거나 교리 교육을 받아야 할 초심자인가 하는 문제다. 이 문제에 대한 대답은 누가의 기록에 함축된 교리 교육의 개념을 이해하는 데 많은 영향을 미친다. 데오빌로가 아직 완전한 신자가 되지 못한 상태였다면 그가 알고 있는 신앙 지식이 예비 교리 교육 차원에 머물렀고, 누가는 바야흐로 좀 더 깊이 있는 교리 교육 차원에서 그리스도에 관한 증언을 통해 부족한 교육을 보충하려 한다는 의미를 지닌다(이제 곧 알게 될 테지만 이것이 복음서 저자들이 사복음서를 기록한 동기 가운데 하나다). 한편 데오빌로가 이미 완전한 신자가 된 상태였다면 '카테케오'는 과거에 경험했던 교리 교육을 다시 상기시키며 새로운 증언을 더해 신앙을 더욱 견실히 다진다는 의미를 지닌다. 이 문제는 주석학자들 사이에서 많은 논란을 불러일으키고 있다. 우리는 후자의 경우를 선택하고 싶다. 하지만 그렇다고 어리석게 우리 견해만을 옳다고 주장할 생각은 추호도 없다.

'카테케오'가 전문 용어로 사용된 것으로 보이는 둘째 사례 역시 누가의 기록과 관련된다. 누가는 갓 형성되기 시작한 초대 교회의 삶에 등장하는 아볼로라는 인물을 다음과 같이 소개했다. "그가 일찍이 주의 도를 **배워** 열심으로 예수에 관한 것을 자세히 말하며 가르치나 요한의 세례만 알 따름이라"(행 18:25). 이 말은 아볼로가 일반적인 차원에서 주의 도를 배웠다는 사실을 암시할 수도 있다. 하지만 '주의 도'라는 표현 자체가 성경이나 초대 교회에서 사용한 전문 용어 가운데 하나로 받아들여졌다는 사실로 미루어볼 때, '카테케오' 역시 여기에서 그런 전문 용어로 사용되었을 가능성이 매우 높다. 아볼로는 다소 부족한 면이 있었지만 '주의 도'에 관한 가르침을 받았다. 그는 예수님이 제정하신 성례 의식을 비롯해 그분의 인격과 사역에 관한 교훈을 좀 더 배워야 할 입장이었다. 하나님은 바울 사도에게 교리 교육을 받은 브리스길라와 아굴라를 사용하셔서 아볼로를 가르칠 계획이셨다. 아볼로는 교리 교육을 보충한 뒤 신자들을 크게 도울 수 있었다(행 18:1-4, 18-21, 26-28 참조).

신약성경에서 '카테케오'가 전문 용어로 사용된 것으로 보이는 마지막 셋째 사례는 갈라디아서 6장 6절이다. 바울은 성령의 영감으로 기록한 갈라디아서를 마무리하면서 "**가르침을 받는** 자는 말씀을 **가르치는** 자와 모든 좋은 것을 함께하라"고 말했다. 초대 교회에서 사용하던 언어로 이 구절의 핵심 용어를 번역하면(1장에서 초기 교회 시대에 등장한 다양한 용어들을 설명한 바 있다), "교리 학습자들은 교리 교사와 모든 좋은 것을 함께하라"로 옮길 수 있다. 물론 바울이 의도적으로 전문 용어를 선택했는지는 확실히 알 수 없다. 하지만 이 구절이 신약성경 가운데서 이 말을 그런 용도로 사용한 가장 명확한 사례라고 주장하는 사람들이 많다.

'카테케오'가 신약성경에서 전문 용어로 사용되었다는 주장은 여전히 많은 논쟁의 여지를 남긴다. 하지만 이 말이 신약시대 이후 교회의 전문 용어가 되었다는 사실만큼은 누가 보아도 명백하다. 2세기 중엽에 기록된 문서 가운데서 종종 인용되는 대목이 하나 있다. 클레멘트후서 17장 1절이다. "그러므로 우리 가운데 그 누구도 어리석게 멸망하지 않기 위해 전심으로 회개하자. 우리가 이방인들을 우상에서 돌이키게 하고 그들을 **가르치는** 것을 우리의 의무로 삼으라는 명을 받았을진대, 이미 하나님을 알고 있는 영혼이 멸망을 당하는 것은 그보다 훨씬 더 불행한 일이 아니겠는가?"[5]

'카테케시스' 와 관련된 신약성경의 다른 용어들

신약성경이 교리 교육을 중요시했다는 사실은 단지 '카테케오' 라는 성경 용어에만 근거하지 않는다. 신자들에게 복음에 뿌리를 둔 신앙의 근본 교리를 가르치는 사역을 암시하는 용어가 신약성경 도처에서 눈에 띈다. 우선 교리 교육의 내용을 뜻하는 용어 몇 가지를 소개하면, '복음', '믿음', '가르침', '교훈', '전통' 을 예로 들 수 있다. 처음 두 가지, '복음' 과 '믿음' 은 4-6장에서 좀 더 자세히 다룰 예정이다. 여기에서는 신약성경에서 빈번히 사용된 이 용어들로 기독교의 진리와 실천이 교회의 설교와 가르침 안에서 필수 불가결한 위치를 차지했다는 사실이 설명된다는 것으로 만족하고자 한다.

'가르침' 또는 '교훈' 은 헬라어 '디다케' 와 '디다스칼리아' 를 번역한 것으로 신약성경에 자주 등장한다. 우리의 목적에 가장 부합하는 사례 가운데 하나는 사도행전 2장 42절이다. 베드로의 설교를 듣고 회개한 3,000명의 신자들이 "사도의 가르침을 받아 서로 교제하고 떡을 떼며 오로지 기도하기를" 힘쓰는 역사가 일어났다. 여기에서 '가르침' 으로 번역된 헬라어는 '디다케' 다. 아울러 가르침, 교제, 떡을 뗌, 기도는 제자들을 양육하는 교리 학교의 주요 활동을 암시한다(즉, 이는 1장에서 언급한 대로 '카테큐머니트' 의 일종으로 보인다). 회심자들은 사도가 가르친 교리를 습득하고, 교제 훈련을 받고, 신자들의 공동체 내에서 이루어지는 예배와 기도에 참여했다.

교회의 네 가지 주요 활동 가운데 첫째에 해당하는 사도들의 가르침은 예수 그리스도의 복음과 믿음의 근본 원리에 초점을 맞추었다. 성령의 인도를 받은 사도들은 그리스도의 복음에 비춰 성경을 기록하고 해석했다. '가르침'이라는 용어는 신약성경 여기저기에 자주 등장한다. 바울은 로마서 6장 17-18절에서 로마의 신자들이 "전하여 준 바 **교훈의 본**[투폰 디다케]을 마음으로 순종하여……의에게 종이" 된 것을 하나님께 감사했다. 헬라어 '투포스'는 문자로는 '금형 각인'을 의미하며, 비유로는 기준이나 표준으로 작용하는 고정된 형태를 뜻한다. 바울은 디모데에게 가르치는 일에 충실하라고 권고하면서 "네가……그리스도 예수의 좋은 일꾼이 되어 **믿음**의 말씀과 네가 따르는 **좋은 교훈**으로 양육을 받으리라"(딤전 4:6)고 말했다. 그는 여기에서 '믿음'과 '교훈'(디다스칼리아)이라는 표현을 사용했다. 바울은 또 디도서 2장 10절에서도 신자들에게 경건한 삶을 가르치라고 디도에게 당부하면서 "범사에 우리 구주 하나님의 **교훈**[디다스칼리아]을 빛나게" 하라고 말했다. 이 구절은 "오직 너는 **바른 교훈**에 합당한 것을 말하여"(딛 2:1)라는 말로 시작한 바울의 권고를 마무리 짓는다.

요한 사도 역시 '교훈'의 중요성을 여러 차례 언급했다. 요한서 9-11절을 읽어보자. "지나쳐 그리스도의 **교훈** 안에 거하지 아니하는 자는 다 하나님을 모시지 못하되 **교훈** 안에 거하는 그 사람은 아버지와 아들을 모시느니라 누구든지 이 **교훈**을 가지지 않고 너희에게 나아가거든 그를 집에 들이지도 말고 인사도 하지 말라 그에게 인사하는 자는 그 악한 일에 참여하는 자임이라."

헬라어 명사 '파라도시스'에서 파생한 표현들도 우리가 마땅히 고려해야 할 용어들이다. 이들은 영어로 번역된 신약성경에서 '전통'으로 옮겨졌다. 이 용어들은 성경에 기록된 하나님의 말씀과 사도들의 가르침보다 인간의 전통을 더 중요시한다는 부정적인 의미로 더러 사용되었다. 예수님은 "너희가 전한 **전통**으로 하나님의 말씀을 폐하며"(막 7:13)라고 당시 종교 지도자들을 책망하셨다. 바울도 골로새 신자들에게 "사람의 **전통**"(골 2:8)을 따라서는 안 된다고 경고했다. 사실 그 자신도 예수님을 구주로 영접하기 전에는 "조상의 **전통**에 대하여 더욱 열심이"(갈 1:14) 있었다(조상의 전통 가운데는 하나님의 말씀과 상치되는 것도 있었고 일치되는 것도 있었을 것이 분명하다).

하지만 '파라도시스'가 긍정적인 의미로 사용된 곳도 많다. 예를 들어, 바울은 데살로니가후서 2장 15절에서 "굳건하게 서서 말로나 우리의 편지로 가르침을 받은 **전통**을 지키라"고 권고했다. 또한 그는 같은 서신에서 "게으르게 행하고 우리에게서 받은 **전통**대로 행하지 아니하는 모든 형제에게서 떠나라"(살후 3:6)고 말했다.

헬라어 동사 '파라디도미'는 명사 '파라도시스'와 밀접하게 관련된다. '파라디도미'는 '카테케오'를 비롯해 가르침을 뜻하는 다른 신약성경 용어들과 나란히 교리 교육의 중요한 차원을 반영한다. 영어 성경은 이 말을 주로 '전하다', '위탁하다', '넘겨주다', '전달하다' 등으로 번역했다. 누가는 누가복음의 서론에서 "우리 중에 이루어진 사실에 대하여 처음부터 목격자와 말씀의 일꾼 된 자들이 **전하여 준** 그대로 내력을 저술하려고"(눅 1:1-2)라고 말했다. 바울과 디모데는 예루살렘에 있는 사도와 장로들이 결정한 규례를 신자들에게 전해 지키게 했다. "이에 여러 교회가 **믿음**이 더 굳건해지고 수가 날마다 늘어가니라"(행 16:5). 앞서 살펴본 대로 바울은 로마의 신자들이 "**전하여 준** 바 교훈의 본을 마음으로 순종한 것"(롬 6:17)을 하나님께 감사했다. 사도들의 가르침은 학습자들에게 그들의 생각과 삶을 지배하게 될 진리의 교훈을 깨닫게 했다. 베드로 사도는 거짓 교사를 경계하라고 경고하면서 "의의 도를 안 후에 **받은** 거룩한 명령을 저버리는 것보다 알지 못하는 것이 도리어 그들에게 나으니라"(벧후 2:21)고 말했다.

'파라디도미'가 교리 교육의 의미로 사용된 가장 확실한 사례가 바울이 고린도 신자들에게 보낸 첫 번째 서신에서 발견된다. 바울은 고린도 교회에 18개월 동안 머물며 그들에게 전한 중요한 가르침을 언급하면서 이 용어를 두 차례 사용했다. 먼저 바울은 일반적인 차원에서 "너희가 모든 일에 나를 기억하고 또 내가 너희에게 **전하여 준** 대로 그 전통을 너희가 지키므로 너희를 칭찬하노라"(고전 11:2)라는 말로 고린도 신자들을 칭찬한 뒤, 특별히 성만찬에 관한 가르침을 언급하며 "내가 너희에게 **전한** 것은 주께 받은 것이니 곧 주 예수께서 잡히시던 밤에"(고전 11:23)라고 말했다. 그 뒤에 이어지는 바울의 진술은 마지막 만찬을 다루는 누가복음의 기록과 매우 흡사하다(눅 22:19-20 참조). 바울은 그러한 문구를 직접 만들지 않았다. 그는 그것을 '전달 받았다'(파렐라본). 이 문구가 누가복음이나 바울 서신에 기록되기 전까지는 예수님을 통해 사도들에게, 또 사도들을 통해 그리스도를 믿는 신자들에게 각각 입으로 전달되었다.

바울은 고린도전서 15장 3-4절에서 자신이 고린도 신자들에게 전한 복음에 관해 이렇게 말했다. "내가 **받은**[파렐라본] 것을 먼저 너희에게 **전하였노니** 이는 성경대로 그리스도께서 우리 죄를 위하여 죽으시고 장사 지낸 바 되셨다가 성경대로 사흘 만에 다시 살아나사."

바울이 이 구절에서 언급한 '파렐라본' 이라는 용어는 흥미로우면서도 암시적이다. 그는 자신이 그러한 가르침을 어떻게 받게 되었는지 말하지 않는다. 그가 주님에게서 받았다고 말하는 가르침은 직접 계시를 통해 받은 가르침을 가리키지 않는다. 오히려 이 말은 그가 다른 사도들의 가르침을 통해 주님의 교훈을 알게 된 것을 의미할 가능성이 높다. 이는 오늘날 주님을 경배하는 우리가 설교자와 교사의 사역이나 스스로 성경 연구를 통해 하나님의 말씀을 배우는 것과 비슷하다. 사실 바울이 가르침을 어떻게 받았느냐 하는 문제보다 더 중요한 것은 그가 그 가르침을 받았다는 사실이다. '전하다' 라는 말이 스승이나 교리 교사가 주도하는 교리 교육을 가리킨다면, '받다' 라는 말은 제자나 교리 학습자가 받아들이는 교리 교육의 과정을 가리킨다고 할 수 있다. 사실 교리 교육의 과정에 동참하는 사람들은 모두 받은 것을 다시 전하는 양방향 활동을 되풀이하는 셈이다. 이처럼 교리 교육은 내용 측면에서는 새로운 혁신을 요구하지 않는다. 교리 교육은 오히려 하나님의 일을 배우고 가르치는 일을 충실히 반복하는 데 초점을 맞춘다.

우리가 받아서 전하는 가르침이나 교훈을 일컫는 다양한 신약성경 용어들은 성도들에게 단번에 전달된 믿음에 관한 중요한 진실을 드러낸다.[6) 믿음은 열심히 싸워 지켜야 할 뿐 아니라 부지런히 배우고(행 2:42 참조), 그 안에 거하고(요이 9-10절 참조), 진심으로 복종하고(행 6:7 참조), 여러 성경 구절이 지시하는 대로 다른 사람들에게 충실히 전달해야 하는 것이다. 교리 교육은 이 모든 활동이 하나로 모이는 집합점이다. 믿음을 의도적으로 전달하는 활동은 단지 깨달음을 주는 데 그치지 않고, 신자의 전인격을 변화시켜 그리스도의 몸을 구성하는 성숙한 신자로 거듭나게 하는 것을 목표로 한다.

'가르침', '바른 교훈', '전통', '전하다' 라는 표현이 사용된 신약성경의 구절들

- 그들이 사도의 **가르침**을 받아(행 2:42).
- 너희가 배운 **교훈**을 거슬러 분쟁을 일으키거나 거치게 하는 자들을 살피고(롬 16:17).
- 너희가 모든 일에 나를 기억하고 또 내가 너희에게 **전하여 준** 대로 그 **전통**을 너희가 지키므로 너희를 칭찬하노라(고전 11:2).
- 내가 너희에게 **전한 것**은 주께 받은 것이니 곧 주 예수께서 잡히시던 밤에 떡을 가지사 축사하시고 떼어 이르시되 이것은 너희를 위하는 내 몸이니 이것을 행하여 나를 기념하라 하시고(고전 11:23-24).
- 내가 받은 것을 먼저 너희에게 **전하였노니** 이는 성경대로 그리스도께서 우리 죄를 위하여 죽으시고 장사 지낸 바 되셨다가 성경대로 사흘 만에 다시 살아나사(고전 15:3-4).
- 그러므로 형제들아 굳건하게 서서 말로나 우리의 편지로 **가르침**을 받은 **전통**을 지키라(살후 2:15).
- 게으르게 행하고 우리에게서 받은 **전통**대로 행하지 아니하는 모든 형제에게서 떠나라(살후 3:6).
- 어떤 사람들에게 명하여 다른 **교훈**을 가르치지 말며(딤전 1:3).

- 무릇 멍에 아래에 있는 종들은 자기 상전들을 범사에 마땅히 공경할 자로 알지니 이는 하나님의 이름과 **교훈**으로 비방을 받지 않게 하려 함이라(딤전 6:1).
- 누구든지 다른 교훈을 하며 바른 말 곧 우리 주 예수 그리스도의 말씀과 경건에 관한 **교훈**을 따르지 아니하면 그는 교만하여 아무 것도 알지 못하고(딤전 6:3-4).
- 때가 이르리니 사람이 **바른 교훈**을 받지 아니하며(딤후 4:3).
- 미쁜 말씀의 **가르침**을 그대로 지켜야 하리니 이는 능히 **바른 교훈**으로 권면하고 거슬러 말하는 자들을 책망하게 하려 함이라(딛 1:9).
- 오직 너는 **바른 교훈**에 합당한 것을 말하여(딛 2:1).
- 모든 참된 신실성을 나타내게 하라 이는 범사에 우리 구주 하나님의 **교훈**을 빛나게 하려 함이라(딛 2:10).
- 의의 도를 안 후에 **받은** 거룩한 명령을 저버리는 것보다 알지 못하는 것이 도리어 그들에게 나으니라(벧후 2:21).
- 지나쳐 그리스도의 **교훈** 안에 거하지 아니하는 자는 다 하나님을 모시지 못하되 **교훈** 안에 거하는 그 사람은 아버지와 아들을 모시느니라(요이 9절).

신약성경에 등장하는 교리 교육 문서

교리 교육이 성경에 근거한다는 사실을 뒷받침하는 또 다른 증거는 신약성경 가운데 많은 부분이 사실상 교리 교육 문서의 성격을 띤다는 점이다. 일반적인 의미에서 교리 교육의 본질은 가르침에 있다. 따라서 신약성경은 분명히 교리 교육의 목적을 지향한다. 복음서와 사도행전과 서신서와 요한계시록 모두 초기 교회에 중요한 교육 문서의 역할을 담당했다.

하지만 이런 일반적인 의미를 제외하고서도 신약성경이 교리 교육 문서의 성격을 띠고 있다고 주장할 수 있는 근거가 또 있을까? 사실 그렇게 믿는 이들이 많다. 복음서는 종종 가르침의 출발점으로 간주된다. 복음서 저자들은 각자 특정한 신자들의 공동체를 대상으로 예수님의 삶과 가르침을 전했다. 그 결과 문화적 상황을 고려한 교리 교육 문서 네 편이 완성되었다. 우리는 앞서 누가복음 서론을 둘러싼 해석학적인 문제점을 몇 가지 다룬 바 있다. 우리는 누가복음이 그 자체로 교리 교육의 새로운 시도라기보다 데오빌로가 이미 배운 교리 교육을 강화하는 역할을 한다는 임시적인 결론에 도달했다. 하지만 누가복음과 사도행전이 초심자, 또는 기존 신자의 교리 교육을 위해 의도적으로 작성되었을 가능성도 매우 높다.[7]

마태복음은 교리 교육 문서의 성격을 좀 더 분명히 드러낸다는 것이 많은 학자들의 생각이다. 태스커는 마태복음의 우선적 목적이 교리 교육이라고 직접 주장하지는 않지만, "사건의 시간적 순서를 엄격히 지키기보다 주제에 따라 체계적으로 내용을 배열한" 마태복음 저자의 기술 방법이 교육적 가치를 지니고 있다는 주장에 동의를 표했다.[8] 그는 마태복음에 관한 로페

스의 언급을 인용하면서 "수준 높은 교육과 훌륭한 문학적 자질을 갖춘 저자는 그리스도인들을 교육할 목적으로 기독교 창시자의 말씀과 행위에 관해 알려진 내용을 간단히 요약한 개요서, 또는 안내서를 작성하는 작업에 착수했다"라고 말했다.[9]

마가복음에 관해서는 당시에 기독교 교리 교육을 위한 기초 교본의 역할을 했다는 점을 지적하는 것으로 족할 듯하다. 이 문제는 나중에 다시 살펴볼 예정이다. 교리 교육은 마가복음의 여러 저술 목적 가운데 하나였던 것이 분명하다. 아울러 요한복음은 예수님의 세례, 변화산 사건, 성만찬의 제정에 관한 기록을 싣지 않은 채, 모든 내용을 심원한 삼위일체 교리와 거듭남과 생명의 떡에 관한 기록에 초점을 맞춘다. 이로써 미루어볼 때 아마도 요한은 공관복음서의 경우처럼 기초 교리 교육에 해당하는 내용을 보완해 좀 더 심도 깊은 교리 교육을 제공하기 위해 복음서를 저술했을 가능성이 없지 않다.

복음서 가운데 일부, 또는 전부가 교리 교육의 성격을 띠고 있다는 사실은 오늘날 교리 교육에 임하는 우리에게 중요한 의미를 전달한다. 물론 복음서의 내용은 그리스도 중심의 교리 교육을 지향한다. 그리스도의 고난, 죽으심, 승리의 부활은 각 복음서에서 중요한 비중을 차지한다. 하지만 예수님이 성부 하나님의 뜻과 길에 온전히 복종하셨다는 사실도 그에 못지않게 중요하다. 예수님의 정체성과 삶의 방식과 고난과 죽으심과 부활은 사복음서의 핵심을 이룬다. 우리는 이 책 전반에 걸쳐 그리스도를 전하는 일이 기독교 교리 교육이 지향해야 할 가장 중요하고 적절한 목적이라는 점을 강조할 생각이다.

교리 교육의 관점에서 사복음서는 이야기식의 접근 방법을 선택하는 것이 좋다는 인상을 준다. 앞서 지적한 대로 연대순보다는 주제별로 사건을 배열한 마태복음조차도 예수님에 관한 예언, 그분의 탄생과 삶과 사역과 죽으심과 부활 및 승천을 이야기식으로 기록했다. 나중에 다시 살펴볼 예정이지만 이야기식 교육 방법은 우리 시대에 교리 교육을 새롭게 복원하는 데 특별히 중요한 역할을 한다.

복음서와 사도행전 외에 사도들의 서신도 교리 교육의 관점에서 매우 중요한 역할을 한다. 겉으로는 그렇지 않아 보여도 내용을 보면 그런 인상을 받지 않을 수 없다. 서신서의 내용은 대부분 다양한 신앙 공동체 내에서 야기된 상황과 위기와 문제에 초점을 맞추고 있다. 나중에 살펴보겠지만 교리 교육은 때로 상황에 대응하는 성격을 띠어야 한다. 갈라디아 교회를 위협하던 이단 사상이나 고린도 교회의 여러 가지 문제점과 은사의 남용을 다루는 바울의 가르침은 다분히 교리 교육의 성격을 띠었다. 이는 베드로 서신, 요한 서신, 유다서, 히브리서의 경우에도 마찬가지다.

물론 교리 교육이 항상 상황에 대처하는 성격을 띠는 것은 아니다. 교리 교육의 중점은 무엇보다 구원 사역에 있다. 교리 교육은 영적, 도덕적, 신학적 토대를 제공해 교회와 신자들의 성장을 도모함으로써 그릇된 교리나 도덕적 타협에 치우치지 않게 해야 한다(엡 4:11-16 참조). 다시 말해, 위기 상황이 닥치기 전에 미리 그 싹을 잘라 문제를 예방하는 것이 교리 교육의 목적이다.

서신서 가운데 일부는 교육의 선제 요소와 대응 요소를 하나로 결합한다. 사실 이 둘을 명확히 구분하기는 매우 어렵다. 예를 들어, 야고보는 편지의 수신자들 사이에서 발생한 여러 가지 문제를 다루었다. 그는 영적 게으름의 죄, 부자가 되려는 욕망, 내면의 갈등 등 수신자들의 삶에 영향을 미치는 여러 가지 문제를 시정하는 것에 초점을 맞추었다. 하지만 그와 동시에 그는 초창기에 이루어진 여러 가지 교리 교육의 경우처럼 기독교 신앙의 도덕적 측면, 즉 하나님의 말씀과 뜻에 매일 복종하는 삶을 강조하는 데 역점을 두었다. 이처럼 그의 서신은 교육의 선제 요소와 대응 요소를 하나로 결합한다.

교리 교육의 선제적 특징을 드러내고 있는 바울 서신은 최소한 세 편에 달한다. 구체적으로 말하면 에베소서, 골로새서, 로마서다. 이들 서신이 바울이 기록한 가장 위대하고 의미심장한 서신이라는 데는 이견이 없다. 하지만 각 서신의 진술 방법은 서로 다르다. 로마서는 이른바 '비판적 방법'을 구사한다. 이는 문제를 계속 제기하면서 그에 대한 해결책을 제시하는 방법이다. 이에 반해 에베소서와 골로새서는 '선언적 방법'을 구사한다. 이는 앞서 말한 내용에서 각각의 요점을 도출해 새로운 사상을 논리적, 분석적으로 이끌어내는 방법이다. 하지만 교리상의 내용 면에서는 세 서신이 서로를 보완한다. 즉 이들 서신은 주 예수 그리스도께서 주시는 새 생명 안에서 그분을 통해 받아 누리는 하나님의 은혜라는 한 가지 진리의 서로 다른 측면을 제각기 강조한다. 바울은 이들 서신을 통해 신학자의 자질을 유감없이 발휘한다. 그는 예수 그리스도 안에서 성취된 구원과 계시된 하나님의 목적을 조직적으로 설명하는 한편, 자신이 이해한 복음의 본질을 확연히 드러냈다. 하지만 그는 송영(頌榮)과 헌신의 형태를 명확히 갖춘 내용을 진술함으로써 교리 교사의 면모를 아울러 보여 주었다. 그는 목회서신의 수신자들에게 설교의 성격을 띤 내용을 적어 보내 복음의 진리가 삶의 전반에 걸쳐 충실한 복종을 요구한다는 사실을 지적함으로써 일종의 제자 교육을 시도했다.

이처럼 바울은 신학자이자 교리 교사였다.

바울은 로마인 신자들로 구성된 교회 안에 유대인과 이방인이 함께 섞여 있는 현실과, 이방인도 유대인의 율법을 지켜야 한다는 것이 복음의 요구라고 주장한 유대주의자들이 자신의 가르침을 곡해했다는 사실을 의식하고, 그리스도의 구원을 바로 알고 모두 함께 구원의 축복을 누리자는 취지에서 로마서를 저술했다. 아울러 그는 헌신의 형태를 둘러싸고 혼선을 빚은 골로새 신자들에게는 그릇된 그리스도론을 바로잡을 목적으로 그리스도 안에서 충실하고 참된 신자로 살아가는 방법을 일러주었다. 그는 그러한 중심 주제를 다루면서 여러 가지 그릇된 헌신의 형태(천사 숭배와 환상에 대한 지나친 관심)까지 바르게 잡아주었다.

이 밖에도 에베소서는 일종의 회람, 즉 골로새서처럼 여러 교회를 상대로 한 서신이었던 것으로 보인다(이 서신은 두기고에 의해 전달되었고, 그 가운데 에베소 교회에 전달된 사본에서 오늘날 우리가 읽는 에베소서가 유래된 것으로 추정된다). 하지만 그럼에도 불구하고 에베소서는 교리 교육의 성격을 유감없이 드러낸다. 에베소서의 교육적 주제는 세상과 육신과 마귀에 맞서 그리스도 안에서 부르심에 합당한 삶을 살라는 것이다.

이들 서신은 전체적으로는 동일한 복음을 전한다. 즉 그리스도를 중심으로 하고, 새 생명을 지향하며, 믿음과 소망과 사랑과 선행을 강조하고, 하나님의 구원 계획에서 핵심 역할을 차지하는 교회에 초점을 맞추지만, 개별적으로는 각각 나머지 두 서신과는 다른 독특한 내용을 전하고 있다(다시 말해, 골로새서는 그리스도론을, 에베소서는 교회론을, 로마서는 구약 예언의 성취와 구원론을 각각 다룬다). 바울은 각 서신에서 지성인들만 이해할 수 있는 이론적 교리가 아니라 누구나 이해하고 반응하고 실행할 수 있는 실천적 진리를 전달한다. 그는 선제적 교리 교육을 통해 적극적으로 진리를 가르친다. 그의 서신은 압축적 특성에도 불구하고(잘 알다시피 글은 말보다 더 압축적인 특성을 띤다) 마치 구두로 교회를 직접 가르치는 듯한 인상을 풍긴다.

교리 교육을 명령하는 신약성경

| 교리 사역의 필요성을 입증하는 가장 강력한 증거 가운데 하나는 성경이 신자들에게 교리 교육을 명령한다는 사실이다. 앞서 살펴본 구약성경은 물론, 신약성경도 부모에게 자녀를 가르쳐야 하는 의무를 요구한다. 바울은 특히 아버지의 책임을 거론하며 "아비들아 너희 자녀를 노엽게 하지 말고 오직 주의 교훈과 훈계로 양육하라"(엡 6:4)고 말했다. 바울은 같은 서신에서 자신이 직접 신앙 공동체에 속한 자녀들에게 가르침을 베풀었다(엡 6:1; 골 3:20 참조).

특히 목회서신에서 가르치는 사역을 강조하는 권고와 명령을 자주 발견할 수 있다. 디모데와 디도는 가르치는 사역을 목회 사역의 핵심 요소로 간주한 것이 틀림없다. 바울이 그들에게 권고한 말씀을 몇 구절 소개하면 다음과 같다.

- 어떤 사람들을 명하여 다른 교훈을 가르치지 말며 신화와 끝없는 족보에 몰두하지 말게 하려 함이라(딤전 1:3-4).
- 네가 이것으로 형제를 깨우치면 그리스도 예수의 좋은 일꾼이 되어 믿음의

말씀과 네가 따르는 좋은 교훈으로 양육을 받으리라(딤전 4:6).

- 너는 이것들을 명하고 가르치라(딤전 4:11).

- 내가 이를 때까지 읽는 것과 권하는 것과 가르치는 것에 전념하라(딤전 4:13).

- 네가 네 자신과 가르침을 살펴 이 일을 계속하라 이것을 행함으로 네 자신과 네게 듣는 자를 구원하리라(딤전 4:16).

- 이것들을 가르치고 권하라 누구든지 다른 교훈을 하며 바른 말 곧 우리 주 예수 그리스도의 말씀과 경건에 관한 교훈을 따르지 아니하면 그는 교만하여 아무것도 알지 못하고 변론과 언쟁을 좋아하는 자니(딤전 6:2-4).

- 디모데야……네게 부탁한 것을 지키라(딤전 6:20).

- 너는 그리스도 예수 안에 있는 믿음과 사랑으로써 내게 들은 바 바른 말을 본받아 지키고 우리 안에 거하시는 성령으로 말미암아 네게 부탁한 아름다운 것을 지키라(딤후 1:13-14).

- 또 네가 많은 증인 앞에서 내게 들은 바를 충성된 사람들에게 부탁하라 그들이 또 다른 사람들을 가르칠 수 있으리라(딤후 2:2).

- 너는 그들로 이 일을 기억하게 하여……하나님 앞에서 엄히 명하라……너는 진리의 말씀을 옳게 분별하며 부끄러울 것이 없는 일꾼으로 인정된 자로 자신을 하나님 앞에 드리기를 힘쓰라(딤후 2:14-15).

- 주의 종은 마땅히 다투지 아니하고 모든 사람에 대하여 온유하며 가르치기를 잘하며 참으며 거역하는 자를 온유함으로 훈계할지니(딤후 2:24-25).

- 너는 말씀을 전파하라 때를 얻든지 못 얻든지 항상 힘쓰라 범사에 오래 참음과 가르침으로 경책하며 경계하며 권하라 때가 이르니 사람이 바른 교

훈을 받지 아니하며(딤후 4:2-3).
- 오직 너는 바른 교훈에 합당한 것을 말하여(딛 2:1).
- 범사에 네 자신이 선한 일의 본을 보이며 교훈에 부패하지 아니함과 단정함과 책망할 것이 없는 바른 말을 하게 하라(딛 2:7-8).
- 너는 이것을 말하고 권면하며 모든 권위로 책망하여(딛 2:15).
- 너는 그들로 하여금 통치자들과 권세 잡은 자들에게 복종하며 순종하며 모든 선한 일 행하기를 준비하게 하며(딛 3:1).

디모데와 디도는 직접 가르치는 사역을 열심히 수행해야 했을 뿐 아니라 다른 지도자들과 나이 많은 신자들에게 가르치는 사역을 당부해야 했다. 감독(에피스코포이)은 가르치기를 잘해야 했다(딤전 3:2 참조). 감독은 믿음의 가르침을 그대로 지켜 "능히 바른 교훈으로 권면하고 거슬러 말하는 자들을 책망"(딛 1:9)할 수 있어야 했다. 나이 많은 남성 신자들에게는 다른 사람들을 가르칠 의무가 부과되었고(딤후 2:2 참조), 성숙한 여성 신자들에게는 "선한 것을 가르치는"(딛 2:3) 사역이 요구되었다.

이러한 목회 서신의 증언에 비추어볼 때, 오늘날 가르치는 사역에 중점을 두지 않고, 다른 사람들에게 믿음의 진리를 전하는 일을 등한시하는 교회와 교회 지도자들을 바울이 직접 보았다면 과연 어떻게 생각했을지 궁금하다. 하나님이 오늘날의 교회 지도자들에게 회개의 영을 허락하시어 가르치는 사역에 다시금 진지하게 관심을 기울이게 해주시기를 기도한다. 우리는 엄격한 교리 교육의 전통을 회복함으로써 교회 개혁의 기나긴 여정을 시작할 수 있다.

건강하고 자연스럽게 성장하는 신자들, 즉 성령의 거듭나게 하심과 내주하심을 통해 마음과 생각이 새로워진 신자들은 스스로를 계시하신 성삼위 하나님께 초점을 맞춘 진리 교육을 환영할 것이 틀림없다. 그러한 진리 교육은 하나님의 본질과 사역, 그분이 현재 하고 계시는 일과 앞으로 하시고자 계획하시는 일, 그분의 길과 뜻과 지혜, 그분을 예배하는 방법 등 성경을 통해 드러난 하나님에 관한 모든 지식에 초점을 맞춘 신앙 교육이다. 건전한 보통 가정에서 자라는 두 살에서 열두 살 사이의 어린아이들은 부모가 하는 일에 강렬한 호기심을 느끼고, 부모 뒤를 졸졸 따라다니며 무엇을 하는지 유심히 지켜보곤 한다. 또한 누군가에게 사랑을 느끼면 그에 관한 모든 것을 알고 싶은 마음이 생겨나기 마련이다. 영적 본능이 무뎌지거나 왜곡되지 않은 하나님의 자녀들 역시 본성상 강한 신학적 관심을 드러낼 수밖에 없다. 그들은 하늘에 계신 성부와 은혜로우신 구세주와 거룩하게 하시는 성령에 관한 모든 것을 알기 원한다. 그들은 영광스런 하나님을 아는 지식을 쌓아갈 수 있는 기회가 주어진다면 언제라도 기꺼이 환영할 것이다. 그들은 계시되지 않은 일들을 엿보려는 악한 호기심이 아니라 경배와 감사와 사랑에서 우러나오는 선한 호기심을 느낀다.

바울 서신과 히브리서에 기록된 어려운 진리와 요한복음에 기록된 예수 그리스도의 심원한 가르침을 곰곰이 생각해 보라. 그러면 당시에 그 성경의 수신자들이 이미 하나님의 사랑을 경험하고 성령의 능력 안에서 그리스도를 모시고 살아가는 생명의 삶을 맛보고 기쁨과 흥분을 감추지 못했다는 사실을 추측할 수 있다. 그들은 기꺼이 모든 진리를 열심히 배울 준비가 되어 있었다. 로마서, 골로새서, 에베소서, 히브리서, 요한복음에는 심원한 신학이 압축되어 있다. 하지만 성경 저자들은 교회에서 자신들이 보낸 말씀을 읽고 들으면 그 안에 함축된 의미를 충분히 이해할 수 있을 것이라고 확신했다. 이로써 볼 때 초기 교회 신자들은 늘 심원한 신학을 듣고 배우며 일평생 거룩한 진리를 논의하고 생각하는 등 그리스도 안에서 얻은 새 생명을 삶 속에서 구현하기 위해 열심히 노력했다는 것을 알 수 있다.

따라서 서구 교회가 교리 교육을 외면하고, 성경의 진실성에 관한 의심과 회의가 만연하며, 많은 사람이 성경에 근거한 신학을 배우는 것과 건강한 기독교는 서로 무관하다고 생각하는 등 오늘날 서구 사회에서 관찰되는 여러 현상은 신앙의 뼈대가 없이 편협하고 연약하기만 한 우리의 실상을 여지없이 드러내는 징후이자 증거가 아닐 수 없다. 비신자들은 이런 우리의 애처로운 모습을 종종 목격하곤 한다. 앞서 말한 대로 신자들의 마음을 변화시키고, 교회가 잘못을 고치려는 의도적인 노력이 무엇보다 시급하다.

하지만 이것이 전부가 아니다. 우리는 2장을 마무리하기에 앞서 좀 더 진중하면서도 강력한 주장, 즉 지금까지 말한 내용보다 더욱 함축적이면서도 정곡을 찌르는 주장을 간단히 제기하고 싶다. 한마디로 우리가 교리 교육에 관심을 기울여야 하는 이유는 그것이 주 예수 그리스도께서 친히 하신 일이자 그분의 명령이기 때문이다. 예수님은 교리 교사로서 친히 본을 보여 주셨다. 그분은 교사 중의 교사이시다. 뿐만 아니라 그분은 교리 교육을 직접 명령하셨다. 예수님은 공생애 기간 동안에 때때로 제자들에게 가르치는 사역을 위임하셨다(마 10:14, 13:52 참조). 부활하신 후에는 하나님의 오른편으로 승천하시기에 앞서 제자들에게 모든 족속을 제자로 삼으라고 명령하셨다. "내가 너희에게 분부한 모든 것을 가르쳐 지키게 하라"(마 28:20)는 그분의 명령을 받들자면 진지하고, 지속적이고, 체계적이고, 실질적인 가르침이 이루어져야 한다. 이처럼 교리 교육은 예수님의 '대사명'에 근거한 충실하고 효과적인 사역이다.

교리 교육은 성경에 근거한 개념일 뿐 아니라 성경의 명령이다. 하지만 안타깝게도 오늘날의 교회는 이 중요한 사역을 도외시함으로써 하나님의 뜻을 충실하게 받들지 못하고 있다. 이와 관련해 우리는 다음 장에서 교회의 과거 역사를 돌이켜보며 교리 교육이 흥망성쇠를 거듭해 온 과정을 살펴볼 생각이다.

"제 말을 믿으십시오.
하나님의 교회는 교리 교육 없이는 보존될 수 없습니다." - 존 칼빈"

Grounded in the Gospel :

Building Believers the old-fashioned way

chapter 3

교리 교육의
황금기를 경험하라

칼빈은 교회사에 등장하는 다른 위대한 교리 교사들처럼 그리스도의 교회가 건강하게 생존하려면 충실한 교리 교육이 반드시 필요하다고 확신했다. 21세기의 10분의 1이 경과하는 이 시점에서 모든 교파의 신자들이 마치 이 인용문의 진위를 시험하는 것처럼 여겨진다.

기독교 일각에서 교리 교육이 회복되는 징후가 엿보이고 있지만, 복음주의 개신교는 대부분 아직도 문제의 심각성을 인식하지 못하는 상태다. 그로 인해 교리 교육의 부재 현상이 교회 안에서 속속 드러나고 있다. 지난 10년에 걸친 연구 조사에 따르면 아메리카 복음주의 그리스도인들 가운데 성경이나 신학에 무지한 사람들이 너무나도 많은 것으로 나타났다. 하지만 굳이 그런 조사 결과를 거론하지 않더라도 오늘날 수많은 교회가 심각한 고통을

겪고 있는 현상을 주위에서 얼마든지 확인할 수 있다.[2]

어떤 사람들은 "복음주의의 붕괴가 임박했다"고 경고한다. 마이클 스펜서는 그와 같은 제목으로 2009년에 논문을 발표했다. 그는 그곳에서 복음주의가 붕괴할 수밖에 없는 이유를 다음과 같이 제시했다.

> 우리 복음주의자들은 세속 문화의 공격에 맞서 뿌리를 굳게 내려 생명을 유지하게 해줄 정통 신앙을 자녀들에게 전달하는 데 실패했다. 우리는 청소년 사역과 기독교 음악과 신앙 서적 출판과 선교 방송에 수십 억 달러를 쏟아부었지만, 기독교 신앙에 관해 전혀 무지한 채 단지 신앙의 감정만을 느낄 뿐인 젊은 신자들을 양성하는 데 그치고 말았다. 젊은 신자들은 문화 전쟁에는 깊은 신념을 느끼면서도 성경이나 신학의 근본 원리, 또는 영적 훈련과 신앙 공동체의 경험에 복종해야 하는 이유는 알지 못한다. 앞으로의 기독교 세대는 과거 어느 세대보다도 진리에 더욱 무지한 탓에 세속 문화의 압박을 견뎌내지 못할 가능성이 매우 높다.[3]

스펜서의 주장은 현대판 칼빈의 주장이라고 할 수 있다. 교리 교육이 없으면 교회의 생명은 유지될 수 없다. 물론 예수님은 자신이 세우신 교회가 영원할 것이며, 지옥의 권세가 이기지 못할 것이라고 약속하셨다(마 16:18 참조). 하지만 교회사 2,000년을 돌아보면 교회의 건강 상태가 교리 사역의 여부에 달려 있었다는 사실을 확인할 수 있다.

우리는 3장에서 교리 사역이 왕성했던 세 시대를 살펴볼 생각이다. 첫째는 2세기에서 5세기 사이에 존재했던 고대 교회 시대고, 둘째는 16세기 유럽 대륙과 영국에서 이루어진 개혁의 시대며, 셋째는 17세기 영국 청교도 시대다. 우리는 이들 시대를 다루면서 각 시대에 특별히 부각되었던 교리 교육의 특징을 하나씩 강조함으로써 그 시대의 독특한 교리 교육에 초점을 맞출 생각이다. 물론 교리 교육의 역사를 완벽하게 개괄하려는 의도는 없다. 이 일은 이미 여러 사람이 시도한 바 있다. 이를 좀 더 자세히 알고 싶은 독자들은 참고 도서를 참조하기 바란다.[4]

교리 교육이 왕성하게 이루어졌던 시대들을 살펴본 뒤에는 교리 교육의 쇠퇴를 부추긴 많은 요인 가운데 교리 사역을 등한시하는 우리 시대와 특별히 관련된 요인 몇 가지를 발췌해 설명할 생각이다.

교리 교육이 왕성했던 시대들을 간단히 요약해 표로 만들면 다음과 같다.

기간	특징	대표적인 교리 교사
2세기에서 5세기 사이에 존재했던 고대 교회 시대	교리 학교의 발전	히포의 아우구스티누스
16세기 유럽 대륙에서 이루어진 개혁의 시대	교리 교육의 황금시대	마르틴 루터
17세기 영국 청교도 시대	가정 중심의 교리 교육	리처드 백스터

교리 학교의 발전

| 교리 학교는 공식, 또는 비공식적으로 신앙의 도리를 가르치는 학교를 가리킨다. 새신자들은 교리 학교에서 세례 교육을 받아 정식으로 교회 공동체에 참여했다. 우리는 다양한 자료를 통해 이 시대의 교리 교육에 관한 지식을 얻을 수 있다. 초기 교리 교육 자료나

문서 가운데는 1세기 후반, 또는 2세기 초에 작성된 『사도들의 교훈집』, 이레네우스의 『사도적 가르침의 시연(試演)』, 3세기에 작성된 히폴리투스의 『사도적 전통』 등이 포함된다. 이 밖에도 우리는 터툴리안, 크리소스토무스, 예루살렘의 키릴로스, 몹수에스티아의 테오도르, 나지안주스의 그레고리우스, 밀라노의 암브로시우스, 히포의 아우구스티누스와 같은 고대의 교리 교사로부터 교리 교육과 관련된 자료와 강연 내용을 얻을 수 있다.

세례를 받기 전에 소정의 교리 교육이 필요하다는 개념은 오늘날의 복음주의자들에게 매우 낯설다. 물론 사도행전에 보면 신앙을 고백한 뒤에 즉시 세례를 받은 사람들이 많았다. 하지만 기독교가 예루살렘 성전 종교와 유대교의 회당에서 완전히 벗어난 뒤로 여러 세기가 흐르면서 신구약성경이 증언하는 이스라엘의 하나님에 관한 지식이 없이 예수 그리스도를 영접하는 사람들이 점차 증가했다. 그런 회심은 그야말로 세계관은 물론 삶의 변화를 가져다주는 혁신이었다. 따라서 그런 경험은 신약성경에 기록된 회심이나 세례 사건과는 크게 달랐다.

신약성경에서 알 수 있듯이 오순절에 3,000명의 유대인이 복음을 믿고 세례를 받았다(행 2장 참조). 또한 에디오피아 내시는 두루마리 성경에서 이사야의 글을 읽고 있는 중에 성령의 인도하심으로 나타난 빌립에게 가르침을 받고 그리스도를 영접했다(행 8장 참조). 그 밖에 사마리아인들 가운데도 믿음을 고백한 사람들이 많았다(행 8장 참조). 그들은 최소한 모세 오경의 신성한 권위를 인정했다. 이방인 고넬료도 친구들과 가족들과 함께 믿음을 고백했다(행 10장 참조). 그와 그의 가족은 그 전에 이미 하나님을 경외하는 경건한 사람들이었다(행 10:2 참조). 유럽 최초의 신자로 인정되는 루디아의 경우도 마찬가지였다(행 16:14 참조). 사도행전에서 유대인들의 신앙을 알고 있었다는 설명 없이 믿음을 고백한 뒤 즉시 세례를 받았다고 기록된 사람은 빌립보 간수와 그의 가족들뿐이다. 하지만 그들도 세례를 받기 전에 바울과 실라를 통해 복음의 진리를 배웠다.

　복음이 이방인들과 이교도들 사이에 널리 전파되기 시작하면서 그리스도를 향한 회심은 혁신적 성격을 띠기 시작했다. 따라서 교회는 회심자들에게 세례를 베풀기에 앞서 교리와 신앙생활의 도리를 가르치는 시간이 필요하다고 생각했다. 교리 학교의 발전은 그러한 교회의 판단을 반영한다.

　여러 가지 증거로 미루어볼 때 교리 학교의 기본 개념은 2세기에 확립된 것이 확실하다. 하지만 세례 이전의 교리 교육은 시간을 두고 천천히 발전했을 뿐 아니라 장소에 따라 형태를 달리했다.[5] 교회가 처한 상황의 변화에 따라 비공식적 차원에서 공식적인 차원으로 점차 발전한 징후가 엿보인다. 4세기경의 신자들은 더 이상 로마 제국 안에서 박해를 받는 소수 집단이 아니었다. 그 결과 교리 사역을 비롯해 교회 생활의 모든 측면에서 조직과 위계질서가 점차 강조되기 시작했다. 초창기에는 나이의 고하에 상관없이 신앙이 성숙한 신자가 교리 교사로 활동했지만, 교회가 형식적인 조직을 갖추자 그 역할은 목회자나 주교에게 집중되었다. 박해가 사라지면서 교리 교육을 받아야 할 사람들의 숫자가 크게 증가했다. 이름뿐인 신자들의 숫자가 크게 늘어나자 공식적인 교리 교육의 필요성도 함께 증대되었다. 신자의 가정에서 이루어지던 소규모의 교리 교육이 교회당 안에서 이루어지는 교리 강연으로 옮겨갔다.

:: **교리 학습 과정**

교리 학습자가 세례를 받기까지 거치는 과정을 생각해 보자. 이에 대한 증거는 4-5세기의 여러 환경에서 진행된 교리 학교의 일정을 묘사한 자료에 근거한다. 교리 학교의 일정은 모든 상황에서 똑같이 진행되지는 않았다. 하지만 그 가운데 서로 공통되는 사항만 통합해 당시 보편적으로 이루어진 교리 교육의 일정을 재구성하면 다음과 같다.

먼저 그리스도인이 되고자 하는 사람은 친구나 후견인의 인도를 받아 교회 지도자들(흔히 주교나 목회자들) 앞에 나왔다. 교회 지도자는 그와 대화를 나누면서 그의 영적 상태와 교인이 되고자 하는 동기를 진단했다. 후견인은 그를 대신해 그의 진실성과 의지를 증언했다. 어떤 경우에는 삶의 방식이 잘못되었다는 이유로 교인이 될 자격을 인정받지 못했고, 또 어떤 경우에는 그리스도인의 삶과 양립할 수 없는 직업을 포기하라는 권고를 받기도 했다. 일부 교리 교사는 그릇된 동기를 지녔다는 이유로 교리 교육을 거부했다. 구도자들은 종종 기독교 신앙의 기본 원리를 배웠다. 아마도 성경에 기록된 구원의 역사를 전체적으로 개괄하는 수준이었을 것으로 추정된다.[6] 그 후 관련된 당사자들의 합의 아래 구도자는 교리 학습자의 신분이 되었다.

교리 학습자는 '말씀을 듣는 자'의 신분으로 매주 신자들과 함께 예배를 드렸고, 성도의 교제와 가르침에 참여했다. 어떤 경우에는 교리 학습자를 이미 신자로 간주하기도 했지만, 그렇다고 그를 충실한 신자의 범주에 포함시키지는 않았다. 교회의 예전은 대개 두 부분(말씀의 전례와 성만찬의 전례)으로 나뉘었다. 말씀의 전례에는 모두가 참여할 수 있었다. 모두 성경을 읽고 해설하는 말을 듣고, 기도와 찬양에 동참했다. 대개 교리 학습자는 축도가 끝나고 성만찬이 시작되기 전에 예배당을 떠났다. 어떤 경우에는 예배당 문을 닫는 상징 행위를 취해(이는 노아의 방주 문을 닫으셨던 하나님의 행위를 연상시킨다) 교리 학습자에게 아직은 구원받은 신자들의 대열에 합류하지 못했다는 사실을 일깨워주기도 했다. 성만찬은 세례를 받은 사람들만 참여할 수 있었다.

교리 교육을 받는 동안, 교리 학습자들은 말씀을 듣는 자만이 아니라 말씀을 행하는 자가 되어야 했다. 그들이 막 시작한 새로운 삶은 사랑과 선행을 특징으로 했다. 교리 학습자가 마침내 세례 후보자로 이름을 올릴 때는 말씀을 듣고 실천하는 일과 기도를 얼마나 충실히 이행했는지를 고려했다. 후견인은 다시금 교리 학습자를 위해 그 모든 일에 대해 중언했다. 교회 지도자들이 세례 후보자의 자격을 인정하면, 교리 학습자는 마지막으로 좀 더 심도 있는 교리 교육 과정을 거쳐야 했다.

교리 교육 마지막 단계에 이른 세례 후보자는 서방 교회에서는 '자격을 갖춘 자'라는 뜻을 가진 용어(엘렉티, 일루미나티, 콤페텐테스)로, 동방 교회에서는 '깨달은 자'라는 뜻을 가진 용어(포티조메노이)로 불렸다. 마지막 단계의 교육 일정은 사순절(신자들이 성주간을 준비하기 위해 성찰과 회개의 기회를 갖는 시기)에 맞추어졌다. 세례 후보자를 특별히 교회 앞에 알린 적이 없는 경우에는 마지막 단계를 거치는 동안 예전을 집행하는 도중에 그를 특별히 지정된 장소에 서게 하거나 앉게 하는 방식으로 그 사실을 알려 교인들의 기도와 관심을 유도했다. 세례 후보자는 매일 기도를 드렸고, 교인들의 기도를 받았다. 매일 기도에는 귀신 축출을 위한 기도가 포함되었다. 이는 하나님이 세례 후보자의 영혼을 악한 세력에서 구원하실 것이라는 의미를 담고 있었다. 또한 세례 후보자는 금식을 비롯해 여러 가지 금욕을 실천했고, 목회자나 주교를 통해 좀 더 공식적인 차원의 교리 교육을 받았다.

매일의 교육에는 종종 고대의 신조[7]와 주기도에 관한 해설이 포함되었다. 신조는 구두로 한 구절씩 읽어가면서 복창과 해설을 반복하는 방식으로 세례 후보자에게 '전달되었다'(즉, '신조의 전수 단계'). 신조는 글로 기록하는 것이 금지되었다. 세례 후보자는 외부인은 물론 일반 교리 학습자들 앞에서 신조를 발설할 수 없었다. 교리 교육의 마지막 과정을 거친 사람만 세례를 받을 수 있고, 오직 세례를 받은 사람만 성만찬에 참여할 수 있듯이 교리 교육의 마지막 과정을 거치는 사람만이 신조를 배울 수 있었다. 신조 교육과 성례 의식을 귀한 보물처럼 여기는 관습은 이른바 '비밀스런 가르침'(또는 신비 교육)의 원리를 적용한 것이다. 이 원리와 관습은 돼지에게 진주를 던지지 말라는 격언(마 7:6 참조)과 예수님이 비유로 가르치신 이유에 근거한 것으로 보인다. 예수님은 비유로 가르치시는 이유를 묻는 제자들에게 "천국의 비밀을 아는 것이 너희에게는 허락되었으나 그들에게는 아니되었나니"(마 13:11)라고 대답하셨다. 예수님이 제자들의 요청을 받고 비유의 의미를 깨우쳐주셨듯이 교리 교사도 세례 후보자에게 믿음의 비밀을 하나씩 단계적으로 설명해 그 의미를 일깨워주었다.

때로 세례가 주어지기 하루나 며칠 전에 세례 후보자는 신조를 외워 암송하면서 여러 날 동안 그 의미를 묵상하는 과정을 거침으로써 믿음을 고백했다. 이는 '신조의 수락 단계'에 해당했다. 아우구스티누스가 회심하게 된 이유도 부분적으로는 빅토리아누스(아우구스티누스와 마찬가지로 아프리카 출신의 저명한 수사학자다)의 신앙고백을 듣게 된 데에 있었다. 아우구스티누스는 당시의 일을 『참회록』에서 이렇게 언급했다(그의 『참회록』은 처음부터 끝까지 기도의 형태로 쓰였다).

> 로마에서 주님의 은혜를 사모하는 이들은 높은 단상 위에 올라가 충실한 신자들이 보는 앞에서 일정한 형식을 갖춘 말을 암송함으로써 믿음을 고백합니다. ……따라서 그가 단상에 올라가 신앙을 고백하자 그를 아는 사람이 모두 기뻐하여 그의 이름을 이웃들에게 널리 알렸습니다. 그를 알지 못하는 사람이 한 사람이라도 있을 가능성은 없었습니다. 온 회중이 크게 기뻐하며 숨죽인 목소리로 "빅토리아누스, 빅토리아누스!"를 중얼거렸습니다. 그들은 그를 보자 선뜻 기쁨을 표현했고, 즉시 숨을 죽인 채 그가 말하기를 기다렸습니다. 그는 확신이 넘치는 태도로 참 신앙을 고백했고, 모두 기뻐하며 양손으로 그를 붙잡아 가슴에 꼭 끌어안았습니다.[8]

'신조의 수락 단계'와 세례 의식 사이에 교리 교육이 마지막으로 한 차례 더 이루어졌다. 며칠 뒤에 있게 될 세례 의식의 기본 요소를 가르치는 것이 교육의 내용이었다. 세례 후보자는 더러 곧 경험하게 될 세례의 영적 의미에 관해 미리 가르침을 받기도 했다. 하지만 실제로 세례를 받고 나서야 비로소 그런 가르침을 세례 후보자에게 베푸는 경우도 적지 않았다. 그런 경우 세례 후보자는 실제로 세례를 받기 전에는 단지 최소한의 지식을 배우는 것으로 만족해야 했다.

이러한 관습의 차이는 '비밀스런 가르침'의 원리를 적용하는 방법에 관해 논쟁이 있었기 때문이다. 크리소스토무스와 아우구스티누스와 같은 교리 교사는 세례를 받기 이전에 세례 후보자에게 세례의 신비에 관한 가르침을 베풀어야 한다고 믿었고, 예루살렘의 키릴로스는 그와 다른 의견을 제시했다. 그는 성례의 신비에 관한 가르침은 세례를 받은 후에 이루어져야 한다고 주장하며, "보는 것이 곧 믿는 것이라는 원리"를 이론적 근거로 삼았다.[9] 윌리엄 함리스는 이 문제에 관한 키릴로스의 확신을 이렇게 요약했다.

> 키릴로스는 비밀스런 가르침의 원리에 훌륭한 교육 원리가 간직되어 있다고 믿었다. 신비의 문제에 관한 한, 설명보다 경험이 앞서야 한다는 것이 그의 생각이었다. 키릴로스는 옷을 벗고 물속에 잠긴 후 머리부터 발끝까지 기름을 바르는 의식이 그 자체로 훌륭한 교리 교육이라고 확신했다. 이는 세례 후보자가 물속에 잠겨 그런 신비의 풍요로우면서도 표현하기 힘든 속성을 경험한 뒤에야 비로소 교리 교육이 올바른 역할을 수행할 수 있고, 신학적 성찰의 영향력이 충분히 효과를 발휘할 수 있다고 믿었기 때문이다.[10]

함리스의 설명이 암시하는 대로 세례 자체에 의식의 다양한 요소가 함축되어 있었다. 한편, 세례 의식과 관련된 아우구스티누스의 사역 방식을 살펴보면 다음과 같다.

남자와 여자는 서로 나뉘어 세례를 받았다. 왜냐하면 세례를 받을 때 옷을 벗어야 했기 때문이다. 세례 의식은 종종 부활절 철야제를 지내는 동안 거행되곤 했다. 세례 후보자들은 옷을 벗기 전에 서쪽으로 얼굴을 향하고 양손을 활짝 벌린 채 마귀와 그의 사역을 강력히 꾸짖었다. 그런 다음에는 동쪽으로 얼굴을 향하고 신앙고백을 되풀이했다. 세례반(洗禮盤)은 '생명수'가 흘러내리는 방식으로 설계되었다. 물이 흐르지 않고 고여 있으면 안 되는 이유는 성령의 정화 능력을 상징했기 때문이다. 세례반의 물은 몸을 잠기게 할 만큼 충분히 마련되었다. 하지만 세례 후보자가 어떤 식으로 물에 잠겼는지는 불확실하다. 세례 후보자는 세례반에 들어가기 전에 옛 옷, 즉 염소가죽으로 만든 옷을 벗은 다음 그 위를 발로 밟으며 걸어갔다. 침수는 세 차례 이루어졌다. 매번 침수할 때마다 삼위일체 하나님을 믿느냐는 질문이 주어졌다. 세례 후보자는 그때마다 '내가 믿습니다'를 뜻하는 '크레도'로 대답했다. 세례를 받은 뒤에는 그 사람의 몸에 기름을 바르며 성령의 임재와 능력이 임하기를 빌었고, 곧바로 안수 기도가 이루어졌다.

세례 의식을 거치고 난 세례 후보자는 '초심자'라고 불렸다. 그는 세례반에서 나와 흰옷을 입었다. 그는 그 옷을 8일 동안 입고 있어야 했다. 아울러 그의 발이 땅에 닿는 것을 방지하기 위해 특별한 샌들을 신게 했다. 세례 의식에 참여한 사람은 모두 예배당으로 돌아갔다. 충실한 신자들은 그곳에서 크게 기뻐하며 그를 반겼다. 초심자는 그 순간 처음으로 전례의 말씀과 기도와 성만찬을 경험한다. "초심자들은 이 모든 것, 즉 제단에서 행해지는 일을 더 이상의 해설이나 교육 없이 직접 보고 들으며, 그에 참여했다. 아우구스티누스는 의도적으로 침묵을 지켰다. 그는 다음 날 아침까지는 성만찬의 깊은 의미, 곧 그 본질과 의미와 큰 신비를 설명하지 않았다."[11]

세례 의식 이전에 그 의미에 대해 설명해야 하느냐, 하지 말아야 하느냐의 문제에 대해서는 서로 의견이 엇갈렸지만, 성만찬의 경우 실제로 의식에 참여할 때까지 교리 교육을 유보해야 한다는 데에는 아무 이견이 없었다. 세례 이후의 교리 교육은 주로 성례의 신비를 설명하는 것에 집중되었다. 이 과정은 며칠, 또는 몇 주 동안 지속되었다. 초심자들은 크게 축하를 받는 것과 동시에 새로운 신앙의 각오를 다졌다. 그들은 그리스도 안에서 하나님의 은혜로 새 피조물이 되었기 때문에 그에 걸맞은 삶을 살기 위해 노력해야 했다.

:: 평가와 반성

지금까지 말한 내용은 오늘날의 북아메리카 복음주의자들에게는 마치 낯선 나라를 여행하는 것과 같은 인상을 줄 것이다. 하지만 이런 교리 교육의 관습 가운데는 그대로 모방하지는 않더라도 깊이 생각해 볼 가치를 지니는 요소가 많다. 그중에서 특히 오늘날 교리 교육을 회복하는 데 도움이 될 만한 고대 교리 학교의 세 가지 측면을 간추리면 다음과 같다.

첫째, 우리는 신자가 된 사람들의 지속적인 영적 성장에 관심을 집중해야 한다. 예수 그리스도를 위해 사람들을 훈련하는 사역을 진지하게 감당할 생각이라면 그런 관심이 반드시 필요하다. 제자 훈련은 사람들을 있는 그대로 받아들여 그들이 마땅히 지향해야 할 삶을 가르치는 것을 목적으로 한다. 믿음은 일종의 여정과도 같다. 이는 신구약성경에 똑같이 등장하는 개념이다(이 점에 대해서는 7장에서 좀 더 자세히 살펴볼 예정이다). 제자를 양성하는 사람들은 신앙의 여정을 이끄는 안내자들이다. 안내자의 역할에 충실하려면 우리가 어디를 향해 가고 있는지는 물론, 동료 여행자들의 영적 건강과 상태가 어떠한지를 알아야 한다. 사역을 준비하고 리더십을 발휘할 때는 항상 그러한 지식에 근거해야 한다. 어떤 영적 자양분을 공급할 것인가, 여정을 가로막는 장애물은 무엇인가, 여행을 하는 도중에 어디에서 길을 멈추고 무엇을 점검해야 할 것인가 등의 문제를 생각할 때는 항상 목표에 관한 지식이 필요하다. 고대 신자들의 관습은 우리가 그대로 답습하기에는 약간 복잡해 보인다. 어쩌면 그들은 신앙생활의 본질이 생각과 삶을 새롭게 변

화시켜나가는 순례의 과정에 있다는 사실을 우리보다 훨씬 더 깊이 깨달았는지도 모른다.[12]

둘째, 우리는 고대 교회의 교리 교육이 전인적인 성격을 띠고 있었다는 사실을 높이 평가하고 싶다. 구도자를 훈련시키려면 교리 교육을 철저히 계획하고 실행해야 한다. 영적 성장을 도우려면 예수님처럼 인간의 모든 측면을 고려해야 한다. 고대 신자들은 이 점을 잘 알고 있었다. 그들의 교리 교육은 눈, 귀, 손, 발, 생각, 마음 등 전인의 참여를 요구했다. 우리는 이 책 전반에 걸쳐 그러한 고대 교회의 지혜를 계속 부각시켜나갈 생각이다.

셋째, 우리는 교리 학습자가 교회의 삶에 온전히 참여할 때까지 건전한 의식으로 축하와 격려를 아끼지 않은 고대 교회의 태도를 본받아야 한다고 확신한다. 어리석게도 오늘날의 복음주의자들은 공허한 의식주의의 덫에 걸릴까 두려워 입문 의식의 개념을 도외시한다. 누가 기독교의 의식이 무의미하다고 말할 수 있는가? 신구약성경 안에는 깊은 의미가 담긴 의식들이 등장한다. 교회 지도자는 교인들과 더불어 그런 뜻깊은 의식들을 잘 보존하고 유지해야 할 책임이 있다. 우리는 이 문제도 이 책 전반에 걸쳐 계속 강조해 나갈 생각이다.

근본으로 돌아간 종교 개혁자들

교회와 국가의 관계가 돈독해지면서 이른바 '중세 기독교 사회'가 탄생했다. 이러한 변화는 교리 학교에 심원한 영향을 미쳤다. 일반 대중이 갑자기 교회의 일원이 되면서 "초기 기독교 공동체는 이름뿐인 신자들의 집단으로 변질되었다(크리소스토무스는 콘스탄티노플에서 행한 유명한 설교에서 이 사실을 기독교의 비극이라고 역설했다)."[13] 유아 세례는 규범적 관행으로 자리를 잡았고, 어린아이들을 위한 의도적인 신앙 교육은 좀처럼 이루어지지 않았다. 그리스도를 믿는다고 고백하는 성인들에 대해서도 엄격한 교리 교육이 거의 적용되지 않았다. 예배당에 나오는 군중 가운데 글을 읽을 줄 아는 사람이 많지 않았고, 성경을 읽는 일도 극도의 제약이 뒤따랐다. 신앙의 성장을 갈망하는 신자들은 개인적으로 스승과 제자의 관계를 맺고 가르침을 받아야 했다. 수도원 생활이 그러한 사례 가운데 하나였다. 그 외에 교리 교육은 대규모로 이루어지는 것이 보통이었다.

> 교육은 주로 설교(종종 크리소스토무스 설교집의 경우처럼 설교를 충실히 복사해 널리 유포했다), 예배 찬송가 해설(교리와 성경의 주제들이 포함되었다), 기독교 예술(구원의 역사를 회화한 프레스코, 모자이크, 형상 등), 예전 기념일(절기, 금식, 성인 축일), 예전 행렬 및 성지와 수도원 순례(특히 교황이나 유명한 사제의 조언)를 통해 이루어졌다.[14]

여기에 언급된 노력들도 나름대로 많은 유익이 있었지만, 예배와 예전의 교육적 요소와 특성은 물론 새신자와 기존 신자를 위한 진지하고 지속적인 교리 교육에 대한 관심은 뒷전으로 밀려나고 말았다.

종교 개혁자들이 이 중요한 교리 사역에 새롭게 관심을 기울이기까지 그러한 무관심은 오랫동안 계속되었다. 사실 종교 개혁은 수세기 동안 교리 교육이 쇠퇴해 온 것에 대한 반발이었다고 해도 과언이 아니다. 교리 교육이 사라진 교회는 교리와 신앙 경험과 실천 영역에서 심각한 오류가 싹틀 수 있는 온상을 제공했다. 루터와 동시대인들은 그런 영역에서 교회를 개혁하려고 최선을 다했다. 그러한 노력이 로마 가톨릭교회 내부에서 심각한 반대에 직면하자, 갓 태어나기 시작한 복음주의 교회는 목회와 복음 사역과 신자들의 양육에 관한 새로운 접근 방식을 실험할 수 있는 실험실로 부상했다.

종교 개혁자들을 혁신가로 간주하는 것은 올바른 평가라고 할 수 없다. 그들은 단지 성경의 가르침과 실천 원리로 되돌아갔을 뿐이다. 루터와 칼빈을 비롯한 종교 개혁자들은 고대 교부들의 건전한 가르침으로 복귀했다. 그들은 로마 가톨릭교회가 오랫동안 여러 중요한 영역에서 조상들의 신앙을 저버렸다고 믿었다. 중세 교회는 수없이 많은 혁신을 도입했지만, 종교 개혁자들의 눈에 그것들은 하나님의 말씀과 제자 훈련의 방식 및 필요성을 올바로 이해하는 방식이기보다는 한갓 미신에 불과했다. 따라서 그들은 믿음의 참된 근원을 재발견하는 작업에 착수했다.

'오직 성경으로'라는 종교 개혁의 원리는 이러한 관점에서 이해되어야 한다. 그것은 초기 교부들의 성경에 근거한 통찰력과 가르침을 무시한 채 오직 성경만을 해석함으로써 교회의 신앙을 구축해야 한다는 편협한 구호와는 거리가 멀었다. 이 말은 성경이 신앙과 실천의 문제와 관련해 제도화된 교회의 왜곡된 전통에 맞설 수 있는 절대 불가침의 근본 원리를 제공한다는 확신을 드러내는 데 그 의미가 있었다. 고대 교부들도 항상 옳았던 것은 아니다. 그들의 가르침도 성경에 비추어 판단되어야 한다. 시대와 장소를 막론하고 교회 지도자의 가르침은 항상 성경의 판단을 받아야 한다. 16세기 초의 종교 개혁자들은 자신들의 가르침이 로마 가톨릭교회의 가르침보다 교부들의 가르침과 공통점이 더 많다고 확신했다.

칼빈은 『기독교 강요』 서문과 사돌레토 추기경과의 논쟁을 비롯해 여러 곳에서 그런 신념을 표출했다. 데이비드 스타인메츠는 '근본에로의 회귀'를 강조했던 종교 개혁자들의 의도를 이렇게 설명했다.

> 종교 개혁자들의 목적은 마치 하나님이 부패한 기독교 사회에 '이가봇'(영광이 떠났다)을 선언하시고 자신의 언약을 철회하기라도 하신 것처럼 죽은(또는 죽어가는) 교회를 새로운 기독교로 대체하는 것이 아니었다. 그들의 목적은 선지자와 사도들의 토대 위에 세워진 가톨릭교회를 개혁하고, 복음을 왜곡하는 중세 시대의 미신을 척결하며, 성경과 고대 기독교 저술가들의 권위에 복종하고, 고대 교회의 올바른 전통을 다시 세우는 것이었다. 그들은 새롭게 개혁되어 정화된 복음적인 교회야말로 진정한 가톨릭교회라고 확신했다. 로마 교회의 혁신가들은 더 이상 진정한 가톨릭교회를 표방할 자격이 없었다. 자신들이 바로 면면히 이어져온 위대한 전통을 지키는 보호자라는 주장은 명백한 거짓에 불과했다.[15]

종교 개혁자들은 단순하고 능력 있는 성경의 복음을 회복하는 데 주된 관심을 기울였다. 복음이 왜곡된 이유는 성경의 원리와 실천 및 초기 교회의 전통에서 멀어졌기 때문이었다. 따라서 성경을 가능한 한 널리 이해시키는 일이 무엇보다 시급했다. 16세기에 스페인과 포르투갈의 로마 가톨릭 선교사들이 그리스도를 알지 못하는 대중에게 세례를 베풀기 위해 먼 나라에까지 여행했지만, "유럽의 종교 개혁자들은 그와는 대조적으로 세례자들이 도처에 넘쳐나는 기독교 세계의 중심지에 사역의 노력을 집중했다. 루터의 관점에서 볼 때 당시 기독교 세계는 일개 재봉사도 딸에게 장사하는 법을 가르치는 데 비해 심지어 '고위 성직자와 주교들조차 복음을 잘 알지 못하는' 곳이었다."[16]

:: 교리 교육의 황금시대

복음을 회복하는 사역은 많은 것을 요구했다. 무엇보다 자국어로 읽을 수 있는 성경이 있어야 했다. 또한 성경을 읽고 이해하려면 사람들이 교육을 받아야 했다. 성경의 가르침에 일치하고, 누구나 쉽게 이해할 수 있는 예전은 물론, 하나님의 말씀을 열심히, 또 충실하게 전하고 가르치는 사역이 필요했다. 그러려면 교리 교육을 교회의 핵심 사역 가운데 하나로 다시 회복해야 했다. 종교 개혁자들은 이 일을 염두에 두고 당시 새로 개발된 기술(1439년에 독일의 요하네스 구텐베르크가 개발한 활판인쇄술)을 적절히 활용했다. 요리 문답서를 대량으로 출판해 배포할 수 있게 되자 교리 사역이 크게 발전했다. 마르틴 루터의 『소요리 문답』은 초판이 출판된 뒤 40년 동안 10만 부 이상이 인쇄되었다.[17]

루터는 일찍이 1516년에 기독교 신앙의 근본 교리를 가르치는 데 중점을 둔 설교와 소책자를 발행하기 시작했다.[18] 그는 1520년에는 교인들을 위해 『십계명, 신조, 주기도에 관한 간편한 해설서』를 펴냈고, 1525년에는 두 친구에게 어린아이들을 위한 간단한 요리 문답을 만들 것을 부탁했다. 그의 친구 필립 멜란히톤은 1528년에 그 일에 착수했지만 결실을 보지 못했다. 결국 루터가 직접 그 일을 떠맡았다. 1528년 가을, 작센 교구를 방문하는 동안 그는 더 이상 그 일을 미룰 수 없다고 생각했다. 루터의 대소요리 문답서는 마침내 1529년에 모두 완성되었다. 그는 특유의 화려한 문체로 『소요리 문답』 서문에서 그간의 과정을 이렇게 설명했다.

> 최근에 교구를 방문하던 중 안타까운 현실을 목격하고 이 간단하고 간편한 신앙 교육서, 즉 요리 문답을 저술하는 데 전력을 기울이기에 이르렀다. "선하신 하나님이여, 제가 본 광경은 너무 비참했나이다!" 일반 백성들, 특히 이 나라에 사는 사람들은 기독교의 가르침에 무지하다. 또한 가르치는 사역을 행할 능력이나 준비를 갖추지 못한 목회자도 너무나 많다. 사람들은 신자를 자처하고 세례를 받고 거룩한 성례에 참여하지만 주기도, 신조, 십계명을 알지 못하고 마치 돼지나 이성 없는 짐승처럼 살아가고 있다. 복음이 회복된 이때에 그들은 자유를 남용하는 정교한 기술만을 발전시켰다.[19]

스코틀랜드 신학자 토랜스는 종교 개혁 시대의 교리 사역의 목적을 다음과 같이 묘사했다.

> 하나님의 온전하신 뜻과 선택받은 백성의 삶을 염두에 두고 예수 그리스도의 복음을 온전히 설명하는 것이 목적이다. 종교 개혁자들은 토양에 씨앗을 뿌려 싹이 트게 하고, 잘 자라 풍성한 알곡과 열매를 맺어 다음 세대가 유익하게 활용하도록 했다. 그들은 역사적 교회의 원형을 복원했고, 믿음을 이해하는 능력을 고취하였으며, 신앙의 성장과 발전을 이끌어줌으로써 시대가 바뀌며 모든 것이 변하는 와중에도 사도들과 선지자들의 터요 모퉁잇돌이신 예수 그리스도 위에 세워진 하나님의 교회, 곧 그분의 가족이자 거처가 항상 동일한 본질을 유지하

게 만들었다. ……그들은 자기표현이나 특정 교회의 독특한 문화를 표방하기 위해서가 아니라 성도들의 공동체를 섬기기 위해 요리 문답을 만들었고, 그것을 사용하는 모든 사람이 유일하신 성삼위 하나님을 섬기고, 과거든 현재든 오직 하나뿐인 하나님의 교회 안에서 하나인 믿음으로 가르침을 받게 했다.[20]

:: 요리 문답의 내용

앞서 인용한 글에서 짐작할 수 있는 대로 루터의 요리 문답은 십계명, 사도신경, 주기도와 성례를 중심으로 구성되었다. 칼빈의 말에 따르면 이는 "모든 신자에게 공통으로 적용되는 신앙의 규약"이다.[21] 이러한 구성은 그 뒤로 여러 교파의 신자들이 만들어낸 주요 요리 문답의 골격이 되었다. 하지만 루터는 그런 내용을 자신이 처음 도입했다고 생각하지 않았다. 그는 요리 문답을 그런 식으로 구성하게 된 이유를 다음과 같이 밝혔다. "기독교 사회가 처음 시작된 이래로 지금까지 보존되어온 것들, 즉 십계명과 사도신경과 주기도 외에 이보다 더 낫고 더 명백한 것은 없다. 이들 세 요소는 신자가 알아야 할 모든 내용을 간결하게 함축한다."[22] 그는 또 다른 곳에서도 이에 관해 언급했다. "일반 대중은 고대로부터 기독교의 전통으로 자리 잡은 이 세 가지를 배우면 만족을 얻게 될 것이 틀림없다. 물론 지금까지 이 진리를 가르치고 올바로 다루어온 경우는 거의 없었다. 단지 명목뿐 아니라 실제로 신자가 되기를 원하는 사람은 누구나 연령의 고하를 떠나 이 진리를 익숙하게 배워야 한다."[23] 루터는 『소요리 문답』 서문에서 이 진리로 교육받기를 거부하는 이들을 엄히 질책했다.

가르침을 거부하는 사람은 곧 그리스도를 부인하는 사람이기 때문에 신자라고 인정할 수 없다. 그런 사람을 성례에 참여하게 하거나 세례의 후견인으로 삼거나 그 밖에 신자가 누리는 여러 특권에 동참하게 해서는 안 된다. 그런 사람은 교황과 교황의 수하들, 심지어는 마귀에게 내주는 것이 낫다. 아울러 부모나 고용주는 그런 사람에게 음식과 음료를 제공하지 말아야 한다. 또 군주는 그런 무례한 사람이 자신의 영토에 머물 수 없다는 점을 일깨워주어야 한다.

나중에 이런 형식을 갖춘 요리 문답의 장점을 좀 더 자세히 살펴볼 예정이다. 여기에서는 이들 세 가지 진리, 즉 십계명, 사도신경, 주기도가 고대 교회로부터 전해 온 교리 교육의 중심 주제였다는 루터의 주장을 살펴보는 것으로 만족하고자 한다. 그의 주장은 과연 타당할까? 먼저 그런 확신의 소유자가 비단 루터만이 아니었다는 사실부터 살펴보자. 당시에 등장한 요리 문답을 대충 살펴보아도 모두 동일한 내용에 초점을 맞추고 있다는 사실을 알 수 있다. 이는 칼빈의 『제네바 요리 문답』과 1563년의 『하이델베르크 요리 문답』은 물론, 트렌트 종교 회의에서 시작된 반종교 개혁의 결과로 만들어진 로마 가톨릭교회의 요리 문답에서도 확실히 확인된다(일부 개신교 신자들은 가톨릭교회의 요리 문답이 그런 내용을 근거로 한다는 사실에 놀랄지도 모른다). 우리는 종교 개혁자들은 물론 영국 청교도와 식민지 시대 아메리카 교회 지도자들을 거쳐 오늘날의 여러 교파(루터파, 개혁파, 성공회, 로마 가톨릭)에 이르기까지 과거에 만들어진 요리 문답이 널리 활용된 현상을 관찰할 수 있다. 이는 매우 당연한 일이다. 21세기 예수회 소속 교리 교육 지도자 요세프 안드레아스 융만은 이렇게 말했다. "십계명, 사도신경, 주기도, 성례라는 전통적인 구성 내용이 뼈대가 되어야 한다는 데는 의심의 여지가 없다. 달리 체계화한 내용으로 오랫동안 발전해온 전통적 구성 방법을 대체하려는 시도는 오류에 치우칠 가능성이 높다."[24]

고대의 교리 학교를 다룰 때 말한 대로 사도신경과 주기도와 성례를 교리 교육의 내용으로 삼은 것은 초기 교회에서 유래한 관습이었다. 1세기 말, 또는 2세기 초에 등장한 『사도들의 교훈집』은 성례에 관한 가르침을 포함하고 있으며, 하루에 세 번씩 주기도로 기도하는 것을 신자의 의무로 규정했다. 물론 중세 시대 이전까지만 해도 십계명은 공식 교리 교육에 포함되지 않았다. 하지만 종교 개혁 시대에 등장한 요리 문답에서 기독교 윤리의 근간으로 인정된 십계명의 도덕적 교훈은 교회 초창기부터 교리 교육의 한 축을 지탱했다. 『사도들의 교훈집』은 고대의 다른 문서들과 함께 '두 길' 이라는 교리를 통해 도덕적 관심을 표출했다. 그 교리는 다음과 같이 시작한다. "두 길이 있다. 곧 생명의 길과 죽음의 길이다. 이 두 길은 큰 차이가 있다."[25] 이 교리는 예수님과 구약성경의 가르침에 근거한다(마 7:13-14; 시 1:6 참조). 이 교리는 철저히 도덕적인 가르침을 표방한다. 간단히 말해 주님의 길은 하나님과 이웃을 사랑하는 길이다. 신명기 6장 5절과 레위기 19장 18절에 기록된 하나님 사랑과 이웃 사랑은 예수님이 말씀하신 대로 모든 계명의 요약이다(막 12:29-31 참조).

아우구스티누스는 자신의 『교본』에서 모든 신자는 믿음, 소망, 사랑 세 가지를 배워야 한다고 주장했다. 그는 그곳에서 이들 세 가지 '신학적 덕성' 을 가르치면서(이 세 가지 덕성은 우리가 잘 알고 있는 세 곳의 성경 본문, 즉 고린도전서 13장, 골로새서 1장, 베드로전서 1장의 주제다) **사도신경 해설**(믿음의 훈련), **주기도 해설**(소망의 훈련), 사랑의 이중 계명에 대한 해설(사랑의 훈련)을 제시했다. 따라서 십계명이 요리 문답에 포함된 것은 중세 시대나 종교 개혁 시대에 새로 시작된 관습이라기보다 초기 기독교 시대부터 언급해 온 두 길과 두 가지 위대한 계명에 관한 교리를 적용한 것에 불과했다.

역사적 요리 문답의 교육 내용이 그런 식으로 구성된 데는 단지 오래되었다거나 전통적이라는 이유만 작용하지는 않았다. 루터의 말대로 그 진정한 이유는 '신자가 알아야 할 모든 것'을 포괄적으로 함축하고 있는 훌륭한 내용을 갖추었기 때문이다. 루터는 『대요리 문답』 서문에서 이 세 가지 진리를 '기독교 교육의 중추'라고 일컬었다. 그는 이 세 가지 진리가 "신자의 대화와 행동 윤리와 관심사를 지배하는 교리와 생명과 지혜 및 학습 원리를 집약한 고대 교부들의 사상"을 구현한다고 설명했다.[26]

앞서 살펴본 대로 아우구스티누스는 이 세 가지 진리를 신자의 삶 속에 믿음과 소망과 사랑을 진작시키는 핵심 요소로 간주했다. 그러한 가르침은 인간의 제요소, 즉 머리와 가슴과 손발(인식, 감정, 행동)에 영향을 미친다. 이러한 점에서 이 세 가지 진리는 교리 훈련(생각과 마음을 지배하는 삶의 원리), 경험(성부와 성자와의 교제를 성심을 다해 의도적으로 추구하고 누리는 삶), 실천(습득한 진리의 교리에 구체적으로 복종하는 습관을 기르는 행위)을 독려한다.[27]

미국 가톨릭 주교 협의회가 최근에 펴낸 문서 역시 이런 포괄적인 관심을 잘 언급했다. "교리 교육의 내용은 인식과 경험과 행동을 포괄하며, 말과 기억과 증언(교리, 기념, 삶의 헌신)이라는 삼중 차원의 발전을 요구한다."[28] 우리는 6장에서 교리 교육의 포괄적인 형식을 좀 더 자세히 다룰 생각이다.

칼빈도 동일한 관점에 근거한 요리 문답 두 편을 저술했다. 그 가운데 첫 번째는 1537년에 『신앙 교육』이라는 제목으로 프랑스어로 출판되었다. 이 요리 문답은 『기독교 강요』 제1권을 요약한 것이다. 그는 『기독교 강요』가 어린아이들과 평신도가 소화할 수 있는 한계를 넘어선다고 생각했다(당시에는 단지 6장만 포함되었다가 나중에 1559년 판본에는 80장이 모두 포함되었다).[29] 칼빈의 이 첫 번째 요리 문답은 1538년에 라틴어로 출판되었지만 어린아이들에게는 여전히 너무 길고 복잡했다. 따라서 그는 1541년에 프랑스어로 두 번째 요리 문답을 저술했다. 이 요리 문답은 1545년에 라틴어로 출판되었다. 루터가 계발한 질의응답 방법에 근거한 칼빈의 요리 문답은 『제네바 요리 문답』으로 알려졌다.

    칼빈의 요리 문답 두 편도 성례에 관한 가르침과 더불어 세 가지 근본 요소(십계명, 사도신경, 주기도)를 해설하는 데 초점을 맞춘다. 하지만 칼빈의 두 번째 요리 문답은 루터의 순서를 뒤바꿔 사도신경 다음에 십계명을 다루었다. 이러한 변화는 위대한 두 종교 개혁자의 신학에 담긴 중요한 차이를 드러낸다. 루터가 십계명을 먼저 다룬 이유는 인간의 부패한 본성을 부각시키기 위해서였다.[30] 그와 대조적으로 사도신경에는 복음의 개요가 담겨 있다. 루터는 율법과 복음이라는 구조를 요리 문답의 중심으로 삼았다. 이는 오늘날까지도 루터 신학의 중요한 패러다임으로 전해 온다. 칼빈도 루터와 마찬가지로 인간의 전적 타락을 중요시했고, 나아가 율법이 우리를 그리스도께로 인도하는 "초등교사"(갈 3:24) 역할을 한다고 믿었다. 하지만 그는 복음을 통해 새 생명을 얻고 성령의 내주하심을 경험하는 신자는 십계명이 가리키는 하나님의 길을 걸어야 한다고 믿었다. 하나님의 계명은 우리를 그리스도께 인도하는 복음의 수단일 뿐 아니라 하나님을 기쁘시게 하는 삶을 살도록 인도하는 안내자다. 칼빈은 두 번째 요리 문답에서 사도신경 다음에 십계명을 다룸으로써 이른바 '율법의 셋째 용도'를 강조했다.

1563년에 발행된 『하이델베르크 요리 문답』은 독일의 팔츠 지역에 있는 루터파 교회와 개혁주의 교회를 하나로 통합하려는 노력의 일환이었다. 그러한 노력의 흔적을 제시하는 여러 가지 증거가 요리 문답에서 발견된다. 예를 들면, 하나님의 작정과 선택과 예정에 관한 개혁주의 교회의 교리를 부각시키지 않고 주기도에서 공통된 근거를 찾으려는 시도가 엿보인다. 『하이델베르크 요리 문답』의 초교파적 의도를 드러내는 가장 뚜렷한 증거 가운데 하나는 십계명을 다루는 방식이다. 성경에 근거한 건전한 사상과 탁월한 설득력을 지닌 『하이델베르크 요리 문답』은 율법을 복음적으로 활용하려는 루터의 의도와 교육적으로 활용하려는 칼빈의 의도를 하나로 통합한다. 첫째, 율법은 사랑의 이중 계명으로 간단히 요약될 뿐 아니라 우리 모두가 타락한 탓에 하나님께 복종하지 못하고 죄와 온갖 불행을 짊어지게 되었다는 사실을 깨우쳐준다. 둘째, 사도신경은 인간이 직면한 큰 문제에 대한 하나님의 해결책을 제시하는 복음의 정수를 드러낸다. 그 다음으로 율법은 구원받은 신자가 감사하는 마음으로 하나님께 복종하며 살아가도록 돕는 도구로서 다시 기능을 발휘한다(이 경우는 계명을 하나씩 설명하는 방식을 취했다).[31]

루터파 교회는 루터의 요리 문답을 교육의 수단으로 계속 사용했지만, 개혁주의 교회에서는 『하이델베르크 요리 문답』이 점차 『제네바 요리 문답』을 대체하기에 이르렀다. 『하이델베르크 요리 문답』은 오늘날까지도 일부 개혁주의 교회들 사이에서 여전히 인기를 누린다. 보수주의 신앙을 지지하는 장로교회들 사이에서 『하이델베르크 요리 문답』은 『웨스트민스터 소요리 문답』 다음으로 중요하게 취급된다.

영국 성공회와 스코틀랜드 장로교회를 비롯해 종교 개혁의 후예인 개신교 교단들은 인쇄된 요리 문답 책자를 부지런히 활용했다. 1549년 이후부터 성공회 기도서에는 어린아이들을 위한 질의응답 방식의 요리 문답이 포함되어 견진성사를 받는 후보자들을 교육하는 용도로 사용되었다. 이 요리 문답은 1) 세례 언약, 2) 사도신경, 3) 십계명과 두 가지 큰 계명, 4) 주기도, 5) 그리스도의 두 가지 성례(1604년에 첨가되었다)라는 다섯 가지 항목으로 구성되었다. 20세기 초까지만 해도 어린아이들은 이 요리 문답을 암기해야 했다. 한 가지 안타까운 점은 항상 적절한 설명을 덧붙이지 않았다는 것이다. 한편 재세례파의 경우에는 요리 문답을 적극적으로 활용하지 않았다. 하지만 그들도 이따금 요리 문답을 사용했다는 증거가 발견된다.

물론 교리 교사와 교리 학습자의 상호 관계가 활발히 이루어지지 않는 상태에서 무조건 요리 문답을 암기하는 것은 종교 개혁자들의 의도와는 거리가 멀었다. 요리 문답을 기계적으로 암기하는 것을 우려하는 경계의 목소리가 종종 울려 나왔다. 사실 성공회 기도서는 어린아이들이 매주 교구 교회에서 주일 2부 예배를 드릴 때 부모가 지켜보는 가운데 성직자에게 교리 교육을 받아야 한다고 명시한다. 처음에는 잘 지켜졌지만 점차 영적 자질이 부족한 성직자들이 늘고, 지나치게 엄격한 신앙 교육은 불필요하다고 주장하는 부모들 때문에 영국의 교리 교육은 16세기 중반에 잠깐 호황을 누린 뒤 다시 쇠퇴하고 말았다. 1645년에 의회로부터 합법성을 인정받지 못한 영국 성공회는 1660년에 권한을 되찾았으며, 그 뒤부터 교리 교육도 다시 명맥을 유지하기 시작했다.

청교도 시대의 교리 교육

|　　　　　　　　　　　　　16세기 말에 일어난 청교도 운동의 견인 차는 예수 그리스도를 믿는 믿음으로 영국 민족을 회개시켜 제자화하는 것을 목적으로 삼아 굳건하게 뭉친 성직자들이었다. 그들은 어린아이들을 위한 교리 교육에 진지한 열정을 기울였다. 17세기 중반에 활동했던 청교도 지도자들 가운데 1641년부터 1660년까지 키더민스터 교구 교회를 담임했던 리처드 백스터라는 인물이 있다(청교도 혁명이 일어났을 때 그는 5년 동안 교구 교회를 비우고 종군 목사로 활동했다). 그는 온 가족, 즉 교구에 속한 모든 사람에게 교리를 교육하는 것이 제도화된 교구 체계의 교회 안에서 이루어져야 할 가장 중요한 사역 가운데 하나라고 생각했다. 백스터는 성직자들 사이에서 베스트셀러가 된 『참 목자상』에서 자신과 자신의 부교역자가 매주 열여섯 가정의 교구민들에게 한 시간씩 교리를 교육시킨 방법을 언급했다. 그들은 『웨스트민스터 소요리 문답』을 교본으로 삼아 어린아이들을 먼저 가르친 다음 성인들을 가르쳤고, 마지막에는 권고의 말로 교육을 마무리했다. 백스터는 "거의 모든 사람이 죄의 확신과 수치를 느끼고 뚜렷한 목적의식을 깨우친 뒤 거룩한 삶을 약속하고 집으로 돌아갔다"고 말했다.[32]

백스터가 키더민스터에서 한 교리 교육은 여러모로 심원한 영향을 미쳤다. 라일 주교는 그로부터 약 200년이 지난 뒤 당시의 상황을 반추하며 이렇게 말했다. "백스터가 키더민스터에 처음 도착할 당시만 해도 약 3,000명의 주민이 거주하던 그곳은 무척이나 암울하고 무지하고 부도덕하고 불경스런 지역이었다. 하지만 그가 그곳을 떠날 무렵에는……그곳은 그의 영향을 받아 철저히 변화되었다."[33] 라일은 다시 베이츠 박사의 말을 빌려 백스

터의 사역을 다음과 같이 평가했다. "백스터의 사역이 있기 전만 해도 그곳은……불모의 황무지와 같았다. 하지만 그의 수고에 하늘의 축복이 임하자 그곳은 낙원으로 변화되었다. 나쁜 것은 좋은 것으로, 좋은 것은 더 좋은 것으로 바뀌었다."[34]

키더민스터에는 주일 성수의 관습이 회복되었다. "100여 가정의 식구들이 거리를 지나가면서 찬송가를 부르고 설교 말씀을 되새겼다."[35] 백스터가 처음 키더민스터에 도착했을 때만 해도 "하나님을 경배하는 가정이 단 한 가구밖에 없었다. 하지만 그가 그곳을 떠날 무렵에는 모든 가정이 하나님을 경배하는 가정으로 탈바꿈했다. 가정은 물론 심지어 여인숙과 공공건물에서도 그와 똑같은 현상이 나타났다."[36]

하나님에 관한 지식이 깊어지자 가난한 일반 성도들 사이에서도 "신학적 교리에 정통한" 사람들이 생겨났고, "어떤 사람들은 성직자조차 흉내 낼 수 없는 논리와 은혜와 적절한 표현과 거룩한 열정과 수려한 화법에 근거한 기도를 드릴 수 있었다."[37]

백스터는 그 모든 결실이 교구민 가정을 상대로 한 교리 사역에서 비롯되었다고 확신했다(그의 교리 사역은 거의 20년에 걸쳐 이루어졌다).[38] 라일은 백스터의 목회 사역이 근본 진리에 초점을 맞추는 한편 영혼을 사랑하는 뜨거운 열정에서 비롯했다는 사실에서 중요한 깨달음을 얻었다. 그는 이렇게 설명했다. "어떤 성직자들은 감독 제도나 장로 제도의 신성한 권위를 둘러싸고 언쟁을 벌이고, 유기(遺棄) 교리나 자유의지를 논하며 쓸데없는 다툼을 벌일 때 백스터는 항상 교구민의 집을 찾아다니며 하나님과 화목하고 장차 다가올 진노에서 벗어나라고 권고했다."[39]

백스터의 가르침은 강단에서 한 설교까지도 교리 교육의 성격을 띠었다. 제임스 패커는 백스터의 『참 목자상』을 소개하는 서론에서 이렇게 말했다.

> 교사의 자질을 타고난 백스터는 스스로 교구민의 교사라고 자처했다. 그는 가르치는 일을 성직자의 주요임무로 여겼다. 그는 설교를 통해 기독교의 기본 진리를 가르쳤다(그의 설교는 매주 주일과 목요일에 한 시간씩 진행되었다). "내가 날마다 사람들에게 가르치고, 온갖 인내심을 발휘해 열심히 그들의 마음에 새겨주고자 노력하는 것은 세례 언약, 성삼위 하나님에 관한 올바른 지식과 복종과 사랑, 교회의 일치, 신자들의 연합, 만인에 대한 사랑이라는 기독교의 위대한 근본 원리다." [40]

기독교의 근본 원리에 헌신한 백스터는 사도신경, 주기도, 십계명을 전하는 데 각별한 관심을 기울였다. 백스터는 "그런 사역은 오랜 시간을 필요로 한다. 그런 사역에 중점을 두어 사람들을 이끌어나가되……연약한 이들을 낙오된 상태로 방치해서는 안 된다. 그런 사역은 믿음과 소망과 사랑과 거룩함과 연합이라는 핵심 원리에 진정으로 기여하기 때문에 처음부터 끝까지 항상, 끊임없이 유지돼야 한다"라고 말했다.[41] "목회 사역에 대한 청교도의 이상을 발전시키는 데 백스터가 기여한 공헌은 교리 교육을 어린아이들을 위한 예비 교육의 차원을 뛰어넘어 모든 연령층의 신자들을 위한 목회 활동의 핵심 사역으로 승화시킨 것이다."[42]

열정과 인내를 바탕으로 한 백스터의 목회 사역은 그에게 교리를 배운 교구민의 마음에 지속적으로 영향을 미쳤다. 그는 5년이 넘게 교구를 비운 뒤에도 다음과 같이 자신 있게 말할 수 있었다.

> 내가 거의 6년 동안 교구를 비운 사이에 그들은 온갖 비난과 중상, 위협과 투옥, 유혹의 말과 미혹하는 논리에 공격당했지만 여전히 굳건하게 순결한 믿음을 지켜냈다. 그들 가운데는 죽어 하나님께로 돌아간 사람들이 많고, 비국교도라는 이유로 쫓겨난 사람들과 옥에 갇힌 사람들도 더러 있다. 물론 대다수 사람들은 아직도 살던 집에 그대로 살고 있다. 하지만 내가 듣기로 그들 가운데 다시 타락했거나 올바른 삶을 포기했다는 사람은 아무도 없었다.[43]

백스터의 키더민스터 사역이 끝나고 거의 한 세기가 지난 1743년에 그곳을 방문한 조지 휘트필드는 이런 증언을 남겼다. "훌륭한 백스터 목사의 교리 사역과 신앙 훈련의 아름다운 결과가 오늘날까지 고스란히 남아 있는 것을 보니 참으로 감격스러웠다."[44]

왕정복고가 시작되고, "모든 것이 혼란스럽기만 했던"[45] 1659년까지만 해도 백스터가 『참 목자상』을 통해 보여 준 본보기를 따르는 사람들이 많았다. 하지만 그 뒤로 백스터의 리더십과 교구민 가정을 상대로 한 교리 사역은 완전히 자취를 감추고 말았다. 그때부터 그가 행한 교리 사역의 방식을 다시 회복하려는 시도는 전혀 이루어지지 않았다.[46] 기독교 세계 전반에 걸쳐 새로운 생각이나 시작은 오랫동안 시도되지 않았다.

교리 교육의 쇠퇴

| 종교 개혁 당시만 해도 요리 문답을 출판하고 배포하는 등 교리 교육에 관한 열정이 매우 뜨거웠다. 이는 백스터와 같은 성직자가 활동했던 청교도 시대에도 마찬가지였다. 하지만 그 뒤부터 교리 교육은 쇠퇴를 거듭하기 시작했다. 우리는 머리글에서 '방해 요인'이라는 제목으로 그에 대한 몇 가지 이유를 다룬 바 있다. 첫째 이유는 외부 권위를 인정하지 않으려는 서구 문화의 성향이었고, 둘째 이유는 기독교 공동체 안에 권위 있는 가르침을 거부하는 분위기가 형성되었기 때문이었다. 우리는 여기에서 교리 교육에 대해 무지하고, 또 좀처럼 그것을 활용하지도 않는 오늘날의 불행한 현상이 빚어진 이유 몇 가지를 더 설명하고자 한다.

:: 종교 개혁 신앙에서 복음주의적 경건주의로의 이행

    교리 교육이 왕성하게 꽃핀 종교 개혁 시대에서부터 청교도 시대에 이르기까지만 해도 하나님 중심의 신앙이 교인들을 교육하는 사역이나 개인의 신앙생활에서 지배적인 비중을 차지했다. 당시 사람들의 관심은 "하나님의 종으로서 그분을 영화롭게 하려면 하나님이 계시하신 어떤 진리를 배워야 할까?" 하는 문제에 집중되었다. 하지만 17세기 중반에 이르자 문화적 분위기가 하나님 중심에서 인간 중심으로 바뀌기 시작한 첫째 징후가 유럽 전역에 흩어진 교회들 가운데서 점차 드러나기 시작했다. 청교도 시대가 지나고 잉글랜드와 스코틀랜드의 청교도 신앙에서 많은 것을 물려받은 유럽의 경건주의는 그러한 문화적 분위기의 변화에 큰 영향을 받았다. 아른트의 뒤를 이은 스페너와 프랑케의 독일 경건주의, 보에티우스, 비트시우스, 아브라켈의 네덜란드 경건주의, 웨슬리와 휘트필드의 영국 경건주의, 하우게의 노르웨이 경건주의, 진젠돌프의 모라비안 경건주의 등이 다른 지역의 경건주의와 더불어 생명력을 잃은 국가 교회의 현실 앞에서 새로운 영적 부흥을 모색하기에 이르렀다.

경험적 성경주의에 근거한 경건주의 운동은 성령께서 삶을 변화시키시어 거듭나게 된다는 진리와, 성삼위 하나님과 인격적인 교제를 나눌 수 있다는 사실을 일깨우는 데 성공을 거두었다. 그러나 그 과정에서 세 가지 변화가 서서히 모습을 드러내기 시작했다. 처음에는 그런 변화를 미처 의식하지 못했지만 그 결과는 광범위했다. 첫째, '오직 성경으로'라는 종교 개혁의 기치는 본래 '성경을 능가하는 권위는 없다'는 뜻이었지만, 점차 '성경 외에는 아무 권위도 없다'는 의미로 바뀌었다. 둘째, 하나님의 영광보다 개인의 경건 생활이 관심의 초점으로 부상했다. 셋째, 교회의 역사적 전통이나 유산보다 성경 공부가 하나님을 섬기는 지혜이자 진리의 원천이라는 생각이 깊이 뿌리내렸다. 이런 이유로 교회의 중요성, 특히 교리 교육의 중요성이 꾸준하게 쇠퇴하기 시작했다. 교리 사역은 천천히 시들어갔다. 물론 장로교회와 개혁주의 교회의 경우에는 그런 현상이 다른 교파에 비해 다소 둔했지만 그러한 변화의 여파를 완전히 피하지는 못했다. 그 결과 "구원받고 하나님을 위해 살려면 얼마나 많은 신앙 지식이 필요한가?"라는 물음이 대두되었다. 이러한 물음은 과거의 교리 교육에 포함된 신학적 주제의 범위가 지나치게 복잡하고 많은 것처럼 보이게 만들었다. 오늘날 우리는 '복음주의'라는 이름으로 그 사고방식을 거의 그대로 이어받았다.

:: **교리 교육의 개별주의를 지향하려는 성향**

역사적으로 교리 교육은 기독교 신앙의 근본 진리에 뿌리를 둔 신자 양육을 목적으로 했다. 그와 더불어 기독교 신앙과 경쟁 관계에 놓인 여러 가지 이데올로기를 물리칠 수 있는 사상적 무장이 곁들여졌다. 고대 교회는 기독교의 비전을 이교의 신앙과 관습에 대조시켰다. 하지만 오랜 세월 동안 교회가 분열을 거듭하면서 각 교파는 저마다 교리 교육을 다른 교파를 상대하는 무기로 활용하기에 이르렀다. 그 결과 교리 교육은 복음을 적극적으로 선포하고 참된 삶을 가르치는 수단이 되기보다 교파가 서로 다른 교회들과 논쟁을 벌이는 수단으로 전락했다. 종교 개혁 당시에도 개신교 신자들과 가톨릭 신자들은 제각기 요리 문답을 만들어 서로를 대적했다. 개신교가 나중에 여러 갈래로 나뉘자 교리 교육은 훨씬 더 개별주의적인 성향을 띠게 되었다. 이런 현상은 핵심 교리의 자리에 부차적인 교리를 올려놓는 결과를 낳았다. 교리 교육을 믿음에 굳게 뿌리를 내린 신자를 양육하는 수단으로 삼아야 한다는 생각은 더 이상 설득력을 잃고 말았다.

리 바렛은 『하이델베르크 요리 문답』을 소개하는 서문에서 이렇게 말했다.

> 우리 역사 속에서 교파 분열은 갈등과 증오는 물론 심지어 폭력을 너무나도 자주 야기했다. 16세기 말, 왕성하게 나타났던 신앙 고백은 일치보다는 대립의 씨앗을 뿌리는 경우가 많았다.[47]

아울러 토랜스는 호라티우스 보나르의 말(1866년, 종교 개혁의 요리 문답과 『웨스트민스터 요리 문답』의 차이점에 관한 언급을 가리킨다)을 다음과 같이 인용했다.

교회가 종교 개혁의 신앙 규칙을 17세기의 신앙 규칙으로 바꿔치기함으로써 무엇을 얻었는가 하는 질문이 제기될 수 있다. 후자를 만들어낸 학문적인 틀은 전자의 특징이었던 포괄성과 용이성을 훼손했다. 교묘한 형이상학을 활용해 개개의 조항에 마치 법률가와 같은 정확성을 부여한 웨스트민스터 신앙 규칙은 과거의 신앙 규칙에 없었던 새로운 규칙의 지엽적이고 일시적인 측면을 부각시켰다. 또는 이러한 소견을 좀 더 확대하면, 종교 개혁 신학이 언약 신학에 비해 덜 구닥다리가 될 수 있는 요소를 함축하고 있었다고 말할 수 있다. 과거의 좀 더 단순한 형식도 후자의 형식만큼 정확하기는 마찬가지다. 그들은 학문적인 표현 방식을 선호하는 성향으로 성경적인 것을 채택함으로써 다른 것이 모두 가라앉을 때 스스로를 지탱할 수 있는 부력을 확보했다.[48]

:: 올바른 교리 교육 관습의 쇠퇴

아이러니하게도 종교 개혁 당시에 교리 교육의 회복을 부추겼던 기술의 발전은 그 후의 역사에서는 오히려 교리 교육의 쇠퇴를 조장하는 데 기여했다. 요리 문답을 인쇄해 널리 배포할 수 있었던 힘은 종교 개혁자들과 그 후에 등장한 가톨릭의 반종교 개혁자들에게 결코 놓칠 수 없는 기회를 제공했다. 하지만 우리는 그러한 기회가 도리어 심각한 쇠퇴를 가져왔다는 사실을 관찰할 수 있다. 고대 교회의 경우 요리 문답의 내용(교리 학습자들을 가르쳤던 내용)을 결코 글로 기록할 수 없었다. 그런 방법은 생각을 온통 교리 교육에 집중하게 했을 뿐 아니라 교사와 학습자 사이에 역동적인 관계를 형성했다. 교리 교사는 신조를 하나씩 말로 전달했고, 교리 학습자는 머릿속에 완전히 새길 때까지 거듭 되풀이했다. 그 과정에 각 조항에 대한 해설과 설명이 뒤

따랐다. 더구나 충실한 신자들이 후견인이 되어주었기 때문에 교리 학습자는 그들의 도움으로 배운 교리를 복습하고 논의할 수 있었다. 하지만 그런 학습 내용이 인쇄 매체로 등장하는 순간, 인격적 관계 및 전인적 참여에 근거한 교리 교육의 특성이 쉽게 상실되고 말았다.

종교 개혁자들도 그런 위험성을 경고했고, 또 나중에 백스터 같은 인물은 그런 문제를 피하기 위해 많은 노력을 기울였지만, 교리 교육이 인쇄 매체에 담긴 질문과 대답을 기계적으로 암기하는 방식으로 전락한 곳이 너무나도 많았다. 이런 상황은 진정한 교육을 가로막았다. 결국 오래지 않아 진지한 교육자들이 이 문제를 지적하면서 뭔가 다른 방법이 필요하다고 목소리를 높였다.

교회 안에서 참 교육이 이루어지지 않고 있다는 새로운 비판은 기독교 교육에 우선적으로 관심을 두지 않았던 일반 교육자들의 사상에서 그 단초를 얻었다. 예를 들어, 20세기에 존 듀이와 같은 교육 사상가들은 아메리카 교육에 지대한 영향을 미쳤다. 그들은 복음주의 교육에도 깊고 지속적인 영향을 미쳤다.

∷ 광범위하게 번진 주일학교 운동

요리 문답의 인쇄가 의도하지 않았던 불행한 결과를 가져온 것처럼 주일학교 운동에서도 그와 비슷한 현상이 나타났다. 평신도 사역은 1780년에 처음 이루어졌다. 영국인 로버트 레이크스는 자비를 들여 주일 아침에 글로스터의 어린아이들을 모아 읽기와 쓰기를 가르치고, 기독교 신앙을 전하고, 도덕적 품행을 바로잡아주었다. 그의 노력은 정식 기독교 교육 프로그램이었다기보다 동정심과 복음전도의 열정에 근거한 교회 밖 운동에 가까웠다. 하지만 성직자들의 의심이 극복되자, 대서양을 사이에 둔 영국과 아메리카의 교회들은 주일학교를 기독교 교육의 주된 통로로 받아들이기에 이르렀다. 주일학교 운동은 19세기 초에 북아메리카에서 크게 유행했다.

하나님은 주일학교 운동을 통해 놀라운 역사를 일으키셨다. 하지만 교회 교육에 일대 혁신을 가져온 주일학교 운동은 교리 사역에 최소한 두 가지 점에서 부정적으로 작용했다. 첫째, 처음부터 평신도 주도의 사역으로 출발한 탓에 목회자들은 교회의 교육 사역에서 서서히 손을 떼기 시작했다. 목회자들은 더 많은 평신도 교육자를 길러내 교회 교육을 돕게 하고, 특별히 어린아이들을 가르치는 일에 속속 투입했다. 그러다 보니 종교 개혁자들과 청교도들에게는 가장 기본적이고 근본적인 비전으로 작용했던 개념, 즉 목회자가 양떼의 교사가 되어야 한다는 개념이 약화될 수밖에 없었다. 물론 항상 예외는 있는 법이지만 교육의 임무를 다른 사람들, 즉 자신보다 신학 지식이 짧고 영적 감수성도 뒤떨어지는 교인들에게 일임하는 목회자가 다수를 차지했다.

주일학교 운동이 가져온 뜻하지 않은 결과 가운데 또 하나는 주일학교 연합회의 탄생과 관련된다. 주일학교 연합회는 평신도 주도의 주일학교 운동이 계속 유지될 수 있도록 교사 훈련과 커리큘럼 개발을 통해 필요한 자원을 제공했다. 주일학교 연합회는 교파를 초월해 오직 주일학교 교육의 발전만을 목적으로 하는 단체였다. 침례교회, 장로교회, 감리교회, 감독교회는 서로 힘을 합쳐 공동의 목적을 추구했다. 물론 이는 많은 점에서 칭찬할 만한 일이었다. 하지만 요리 문답을 계속 사용하다 보니 때로 문제가 발생했다(요리 문답은 초기 주일학교 교육에서 널리 활용되었다). 예를 들어, 『하이델베르크 요리문답』 74문항에 보면 다음과 같은 질문과 대답이 기록되어 있다.

질문: 유아도 세례를 받아야 하는가?

대답: 그렇습니다. 그들도 부모들처럼 언약에 속한 하나님의 백성이기 때문입니다.

이런 사상은 침례교를 비롯해 다른 교파의 교회들이 용납할 수 없는 것이었다. 주일학교 연합회는 그런 교리 논쟁을 피하기 위해 오직 성경만을 교회 교육에 사용해야 한다는 주장을 제기했다. 이런 주장은 복음주의 개신교 신자들의 귀에 매우 바람직하게 들렸다. 그 결과 일관되고 포괄적인 관점에서 성경을 교육에 활용하려는 커다란 노력이 뒤따랐다. 하지만 성경만을 가르친다고 해서 과연 교리 논쟁을 피할 수 있을까? 그런 부작용을 최소화할 요량으로 사람들은 성경 교육의 초점을 교리를 가르치는 데서 단순히 성경 이야기를 전달하는 데로 옮기기 시작했다. 물론 성경 이야기를 가르치는 것은 좋은 일이다. 하지만 인류 구원을 위한 하나님의 역사라는 큰 틀에서 특정한 이야기만을 따로 떼어내 전달하는 일이 비일비재했다. 이는 예수 그리스도 안에 나타난 하나님의 은혜를 도외시한 채 종종 도덕적 훈계가 곁들여진 삽화적 사건에 초점이 맞추어지는 결과를 낳았다. 예를 들면, "지금까지 요나가 어떻게 해서 시련을 겪게 되었는지 알게 되었어요. 우리는 그렇게 하지 말아야 합니다"라거나 "마리아는 주님께 온전히 헌신했어요. 우리도 그래야 합니다"와 같은 식이었다.

이제 막 복음주의 교회의 주일학교에 출석하기 시작한 어린아이는 노아,

모세, 요나, 마리아에 관한 이야기를 배우게 될 것이다. 하지만 아이가 사도신경을 암송하거나 십계명을 차례로 말할 수 있는 가능성은 거의 없다. 이처럼 우리는 교회의 일치를 보존하고 촉진하기 위해 역사적 요리 문답 교육을 주일학교 교육 과정에서 제외시켰다. 그런 노력은 과거에 모든 기독교 교파를 하나로 연합하는 데 기여한 역사적 신앙의 규칙에 대한 관심을 크게 훼손시켰다. 이는 또 하나의 아이러니가 아닐 수 없다.

:: 단순히 교회의 수적 성장만을 강조하는 분위기

최근 몇십 년 동안 '교회 성장'이라는 명목 아래 최대한 많은 사람을 그리스도께 인도하겠다는 생각이 교회 사역에 지대한 영향을 미쳤다. 이 고결한 목적은 성경적인 복음전도를 지향하는 열정을 그 추진력으로 삼는다. 하지만 실천의 측면에서 보면 사람들을 교회에 데려오는 데 그쳤을 뿐, 그들을 적절한 과정을 통해 성숙한 신자로 양성하는 데는 충분히 관심을 기울이지 못한 경우가 많았다. 이런 현실은 소위 '성공적인' 교회를 본보기로 삼아 그것을 똑같이 모방하고자 한 태도 때문에 더욱 복잡하게 얽혔다. 물론 그렇다고 대형 교회들이 오로지 숫자만을 불리기 위해 그들의 영혼을 팔았다고 말하려는 의도는 전혀 없다. 다만 우리는 교회의 크기나 형태에 상관없이 단지 사람을 끌어모으는 것이 아니라 온 민족을 제자로 삼는 데 교회의 사명이 있다는 사실을 강조하고자 할 뿐이다. 사람들을 끌어모으는 데만 관심을 기울인다면, 대중의 인기에 영합하기 위해 신앙의 수준을 낮추는 잘못을 범하기 쉽다. 그런 상황에서는 엄격한 교리 교육을 적용하는 것이 지혜롭지 못한 처사로 여겨질 것이 분명하다.[49]

:: **교파 소속 교회와 독립 교회의 난립 현상**

오늘날 개신교는 그 어느 때보다도 분열이 심하다(보고에 따르면 이 글을 쓰고 있는 현재 세계 전역에 걸쳐 무려 3만 9,000개가 넘는 교파가 존재한다고 한다. 그 가운데 개신교 교파가 다수를 차지한다. 이 숫자는 매일 더 늘어가는 추세다).[50] 교파 분열은 분열 당시에는 꼭 필요한 이유가 있는 것처럼 보일 수도 있다(어떤 경우에는 분열이 불가피하다. 고전 11:19 참조). 하지만 언뜻 의도는 좋아 보여도 사실은 그릇되고 완고한 선택에서 비롯한 결과인 때가 많다. 안타깝게도 우리는 사랑으로 하나가 되기 위해 기도하라는 예수님의 명령(요 13:34-35, 17:23 참조)이나 신자들의 연합을 강조했던 바울의 가르침(엡 4:3 참조)을 진지하게 받아들이지 않는다. 그 결과 교파의 난립 현상이 나타났다. 연합은 없고 분열만이 왕성한 오늘날의 상황 때문에 심지어는 교리 사역을 진지하게 받아들이는 교회들 가운데서도 종종 "사람이 각기 자기의 소견에 옳은 대로"(삿 21:25) 행하였던 사사 시대와 같은 풍경이 나타나곤 한다. 많은 사람의 경험이 한시적 특징을 띠는 오늘날과 같은 시대에 문제는 한층 더 심각해질 수밖에 없다. 오늘날에는 사람들이 자유롭게 거주지를 이전할 수 있기 때문에 전에 다니던 교회에서 교리 교육을 받은 복음주의 신자들이 새로 이사한 곳에서 선택한 교회에서 그와 똑같은 형태의 교리 교육을 받게 될 가능성이 매우 희박하다. 이런 점을 고려하면, 뿌리도 목적도 없는 경험에 지친 나머지 본인의 신앙 사상과 어긋나더라도 로마 가톨릭교회나 동방 정교회와 같이 좀 더 안정된 신앙 터전을 선택하는 개신교 신자들이 점차 늘어나는 현상은 조금도 놀랍지 않다.[51]

결론

지금까지 언급한 이유나 그 밖의 여러 가지 이유에서 엄격한 교리 교육의 개념은 대다수 복음주의 교회에서 큰 관심을 받지 못하는 상태로 전락했다. 그럼에도 불구하고 교리 교육을 통해 신앙의 성장을 도모하는 일이 우리 시대에 반드시 필요하다는 점을 보여 주는 증거가 속출하고 있다. 모든 증거가 암시하는 대로 교리 사역을 지혜롭게 잘 실천한다면 큰 유익을 거둘 수 있다. 따라서 우리는 다음 장에서 오늘날의 교회 안에서 충실한 교리 교육을 재발견하거나 복원시킬 수 있는 방안을 제시할 생각이다.

"사랑하는 형제여, 십자가에 못 박히신 그리스도를 배우라." - 마르틴 루터[1]

이에 모세와 모든 선지자의 글로 시작하여 모든 성경에 쓴 바 자기에 관한 것을 자세히 설명하시니라(눅 24:27).

Grounded in the Gospel :
Building Believers the old-fashioned way

chapter **4**

교리 교육,
내용인가 과정인가

이제 오늘날의 교회에 적용할 수 있는 올바른 교리 교육의 내용을 다루는 일에 관심을 기울여보기로 하자. 5장에서부터는 올바른 교리 교육의 경험을 가능하게 하는 핵심 요소 몇 가지(발전적이고 문화적인 감수성, 적절한 환경을 바탕으로 한 충실한 과정, 역동적인 관계의 역할)를 상세히 언급할 작정이다. 그러나 일단 여기에서는 "무엇을 가르쳐야 하는가?"라는 질문에 초점을 맞춰 요리 문답의 내용을 다루는 데 주력할 생각이다.[2]

내용인가, 과정인가

우선 좋은 결과를 낳는 충실한 교리 교

육이 이루어지려면 내용과 과정 모두에 지속적으로 노력을 기울이는 것이 필요하다. 이 문제는 한 방향으로 치우치게 될 가능성이 매우 높다. 사실 교회는 물론 교육 이론을 논하는 일반 학계에서도 이 문제와 관련해 편향적으로 치우치는 이들이 적지 않다. 잘 알다시피 만화가의 과장된 표현 기법은 종종 편견을 부추기지만 문제를 명쾌하게 부각시키는 데 적지 않은 도움을 준다. 이런 점에 착안해 우리도 내용과 과정을 둘러싸고 벌어지는 소란스런 논쟁을 만화와 같은 형식으로 표현함으로써 독자들에게 논의의 핵심을 선명하게 드러낼 생각이다.

먼저 가르칠 내용의 관점에서 교육 과정의 엄격성과 사실성을 강조하는 보수주의자들을 살펴본 다음, 가르치는 방법의 관점에서 교육 과정의 적절성과 효율성을 강조하는 진보주의자들을 살펴보는 순서를 따르기로 하겠다. 전자의 경우는 내용이 전부다. 보수주의자들은 가르치는 내용에 전적으로 초점을 맞춘다. 하지만 후자의 경우는 모든 초점을 학습자에게 맞춘다. 진보주의자들이 "나는 수학을 가르치지 않겠소. 나는 학생들을 가르치겠소"라고 격분하면, 보수주의자들은 "학생들에게 정확히 무엇을 가르치겠다는 말이요?"라고 맞받아친다. 진보주의자들은 비판적 사고 기술을 배양하기 위해, 단지 정보 전달에 그치는 것처럼 보이는 것은 무엇이든 배격한다. 그들은 그런 교육을 사고 활동을 마비시키는 행위로 간주한다. 한편 보수주의자들은 사고의 발판이 되어줄 적절한 지식이 없으면 비판적 사고 기술을 어떻게 배양할 수 있겠느냐고 반문한다. 그러면서 그들은 주제를 직접 전달하는 데 초점을 맞춘 편향적 교육 방식에만 치우칠 뿐 학습자들이 그런 지식을 적절히 소화할 수 있는지 없는지에 대해서는 관심을 기울이지 않는 잘못을 범한다.

　과정을 강조하는 진보주의자들은 학습자의 관심이나 사고를 자극하지 못한 채 학습 내용만을 기계적으로 전달하는 교육 방식은 좋은 교육이 될 수 없다고 주장하고, 보수주의자들은 불완전하고 불충분한 내용 전달은 상황을 조금도 개선할 수 없다고 반박한다. 진보주의자들이 "당신들의 방법은 학생들의 이해력을 고려하지 않는 탓에 배우는 것을 지겹게 만들어 결국 학습에 대한 무관심을 부추길 뿐이오"라고 말하면, 보수주의자들은 "당신들의 방법은 피상적인 지식과 교만하고 버릇없는 태도만을 부추길 뿐이오"라고 대꾸한다. 둘 사이에는 그런 식의 대화가 지속된다. 보수주의자들은 전통을 중시하고 진보주의자들은 자유주의를 지향하기 때문에 교회에서도 두 집단은 서로 논쟁을 주고받으며 서로를 비하하는 발언을 서슴지 않는다. 그 결과 기독교 교육은 격한 전쟁터로 전락한다. 그런 상황은 교육의 과정이 소기의 목적을 달성하는 것을 심각하게 방해한다. 참으로 서글픈 광경이 아닐 수 없다.[3]

　서로 균형을 잃은 채 편견에 치우쳐 다툼을 벌여봤자 남는 것은 아무것도 없다. 사실 교육 내용과 과정에 똑같이 동등한 관심을 기울여야 마땅하다. 충실하고 온전한 교리 교육이 이루어지려면 양자가 서로 대화의 관계를 맺고 힘써 협력해야 한다. 그렇지 않으면 교육이나 학습 모두 결함이 발생할 수밖에 없다. 교육의 실질 내용을 강조하고 주장하려면 건전한 교육의 과정(판단력 형성과 비판적 사고의 자극)에도 똑같이 관심을 기울여야 한다. 주어진 자료를 온전히 숙지시키는 일을 효과적으로 수행하려면 진정한 학습의 필수 요소인 반성적 사고 기술(즉, 내용을 이해하고 내면화하는 능력)을 경시해서는 곤란하다.

교육은 세뇌가 아니다. 보수와 진보의 끝없는 다툼은 그릇된 이원적 사고와 의심을 불러일으킨다. 우리는 그런 교육 방법을 단호히 거부한다. 우리는 이런 우리의 입장을 이 책에서 계속 강조할 생각이다.

우리는 건전하고 실질적인 교리 교육의 내용을 중시한다. 하지만 이것은 교리 교육의 반쪽을 구성할 뿐이라는 사실을 기억해야 한다. 이 책 마지막 장에서 우리는 오늘날 교회 안에서 충실하고 온전한 교리 교육을 발전시켜 나가기 위해 필요한 방법 일곱 가지를 제시할 생각이다. 그 가운데 내용에 관계된 것은 단 하나뿐이다. 교육 내용만을 부지런히 행하고 다른 여섯 가지를 도외시한다면 교리 교육은 실패로 끝날 가능성이 매우 높다. 물론 다른 여섯 가지만을 강조하고 교육 내용을 무시해도 실효를 거두기가 어렵기는 마찬가지다.

그러면 무엇을 가르쳐야 온전하고 충실한 교리 교육이 이루어질 수 있는지를 먼저 생각해 보자. 우리는 이 장에서 교리 교육의 원천과 요소를 구별하는 데 초점을 맞추고자 한다. 5장에서부터는 여기에서 언급한 뼈대에 충분한 살을 붙여 오늘날의 교회 안에서 실제로 적용할 수 있게 할 생각이다.

기억을 돕기 위해 5-4-3-2-1이라는 번호를 붙여 우리가 생각하는 내용을 분류했다. 이들 숫자는 다음의 표에 기록된 것과 같은 의미를 지닌다.

물론 이 표는 설명이 필요하다. 4장의 나머지 내용은 이 표의 내용을 설명하는 데 모두 할애되었다. 일단 교리 교육의 개요를 표로 정리해 놓았으니 이제부터는 각각의 요소를 복음주의 교회의 신앙 교육에 적용할 수 있는 방법을 다루는 데 이 책의 지면을 모두 할애할 생각이다. 아울러 성경과 사도신경을 예수 그리스도로 단번에 드러난 하나님의 은혜에 관한 진리의 참된 구현이며 통로라고 인정하는 곳에서 효율적으로 활용할 수 있는 전략을 구축하는 것이 우리의 바람이다.

5 - 교리 교육의 다섯 가지 원천과 틀	삼위일체 하나님→성경→구원 이야기→복음→믿음
4 - 요리 문답의 네 가지 요소	사도신경 / 주기도 / 십계명 / 성례
3 - 믿음의 세 가지 측면	진리 / 생명 / 길
2 - 길의 두 가지 근본 원리	하나님 사랑 / 이웃 사랑
1 - 교리 교육의 유일한 초점	선포된 그리스도

교리 교육의 다섯 가지 원천과 틀

다섯 가지 원천이란 곧 모든 교리 교육의 근원을 가리키는 의미를 담고 있다.[4] 이들 원천에서 충실한 교리 교육의 내용이 비롯하고, 교리 사역의 영구한 토대가 구축된다. 교리 교육의 원천은 다양한 형식으로 분류될 수 있지만, 우리는 다음과 같은 다섯 가지 요소를 교리 교육의 토대로 삼고자 한다.

- 우리에게 자신을 계시하신 유일하신 성삼위 하나님
- 하나님의 계시를 충실하고 신실하게 기록한 성경
- 성경에서 전개되는 구원 이야기
- 구원 이야기의 정점이자 핵심으로서의 복음
- 복음과 복음의 의미를 실천하는 믿음

:: 다섯 가지 원천

첫째 원천: 우리에게 자신을 계시하신 유일하신 성삼위 하나님

복음의 궁극적 원천은 살아 계신 하나님이다. 바울은 "이는 만물이 주에게서 나오고 주로 말미암고 주에게로 돌아감이라 그에게 영광이 세세에 있을지어다 아멘"(롬 11:36)이라고 찬양했다. 전능하신 하나님은 눈에 보이지 않는 영원하고 불가해한 존재이시다. 기독교 신학에 따르면 이 유일하신 참하나님은 삼위, 즉 성부와 성자와 성령으로 영원히 존재하신다. 성삼위 하나님은 영원하고 완전한 사랑으로 서로 교제하신다. 하나님의 은혜로운 자기 계시가 없으면 유한하고 타락한 인간은 그분을 알 수 없다. 요한은 "본래 하나님을 본 사람이 없으되 아버지 품속에 있는 독생하신 하나님이 나타내셨느니라"(요 1:18)고 말했다. 성자 예수님을 보는 것은 곧 성부 하나님을 보는 것이다(요 14:9 참조). 우리는 성령의 사역을 통해 살아 계신 하나님을 개인적으로 알 수 있고, 또 서로 친밀한 교제를 나눌 수 있다. 다시 말해, 우리는 성삼위 하나님의 속성인 생명과 사랑, 기쁨과 평화, 의와 거룩함에 동참할 수 있다. 우리가 이런 진리를 알 수 있는 이유는 무엇일까? 그 이유는 선하신 하나님이 그것을 성경에 계시하셨기 때문이다.

둘째 원천: 하나님의 계시를 충실하고 신실하게 기록한 성경

바울은 디모데에게 이렇게 말했다. "모든 성경은 하나님의 감동으로 된 것으로 교훈과 책망과 바르게 함과 의로 교육하기에 유익하니 이는 하나님의 사람으로 온전하게 하며 모든 선한 일을 행할 능력을 갖추게 하려 함이라"(딤후 3:16-17). 성경이 가르치는 것은 모두 참되다. 성경은 삶과 믿음을 이끄는 가장 온전한 권위를 지닌 안내자다. 교리 사역은 교회의 역사를 통해 전해 온 다양한 전통을 활용하지만, 그러한 전통은 모두 성경의 가르침에 비춰 점검되고 입증되어야 한다.

성경은 모든 일에 최종 결정권을 갖는다. 하나님은 히브리어, 아람어, 헬라어를 사용해 정경(正經)에 해당하는 문서의 문장과 단락을 구성하셨다. 그 이유는 우리에게 그분의 생각과 잃어버린 자들을 향한 언약의 사랑을 보여주시고, 과거에 행하신 일과 지금 행하고 계시는 일과 앞으로 행하실 일을 설명하시며, 우리와 함께 타락한 세상의 질서를 복구하고 재창조하시기 위해서다. 이렇듯 성경은 새로운 인간성을 회복한 우리 신자들이 믿고 실천해야 할 진리다.

셋째 원천: 성경에서 전개되는 구원 이야기

성경은 하나님이 만물, 그 가운데 특히 인류의 구원을 위해 일하시는 역사를 기록한 놀라운 구원 이야기를 우리에게 전한다. 구원 이야기는 다양한 측면을 지니고 있다. 구원 이야기를 가장 단순하고 익숙한 형태로 분류하면, 창조, 타락, 구원, 영광이라는 네 가지로 정리할 수 있다. 물론 구원 이야기는 여러 가지 방법으로 요약이 가능하다. 중요한 것은 하나님이 만물과 화해하시기 위해 예수 그리스도를 통해 행하셨고, 행하시며, 행하실 것이라는 사실이다. 구원 이야기는 하나님의 백성인 우리가 이미 그리스도의 십자가를 통해 그분과 화해했다는 사실을 일깨워준다. 하나님과 화해한 우리는 화해를 전하는 사자가 되어야 한다.

넷째 원천: 구원 이야기의 정점이자 핵심으로서의 복음

예수 그리스도의 복음은 성경이 전하는 위대한 구원 이야기의 정점이자 핵심이다. 복음은 다음의 세 마디로 요약할 수 있다.

> "하나님이 죄인을 구원하신다."
>
> 이 말은 여호와이신 성삼위 하나님이 성부와 성자와 성령으로 존재하신다는 것을 의미한다. 성삼위 하나님은 주권적인 지혜와 능력과 사랑을 바탕으로 선택하신 백성을 구원하는 일에 서로 협력하신다. 즉, 성부께서는 선택하시고, 성자께서는 구속의 행위를 통해 성부의 뜻을 성취하시며, 성령께서는 새롭게 하시는 역사를 통해 성부와 성자의 뜻을 집행하신다. 구원, 곧 죄로 인해 죽은 인간을 영광의 삶으로 회복시키는 일은 처음부터 끝까지 전적으로 성삼위 하나님께 달려 있다. 하나님은 구원을 계획하시고, 성취하시고, 전달하실 뿐 아니라 죄인을 부르시고, 지켜주시고, 의롭게 하시고, 거룩하게 하시고, 영화롭게 하신다. 죄인은 사악하고 무력하고 비참할 뿐 하나님의 뜻을 행할 수도 없고, 스스로의 영적 운명을 개선할 수도 없다.[5]

복음의 좋은 소식은 구원 이야기의 정점이자 핵심이다. 우리는 구원 이야기를 교리 교육의 핵심 요소로 삼아야 한다.

다섯째 원천: 복음과 복음의 의미를 실천하는 믿음

앞서 2장에서, 신약성경에 서로 관련이 있으면서도 또한 구별되는 믿음의 개념 두 가지가 나타난다고 언급했다. 우리는 하나님의 속성과 행위와 약속과 뜻을 보여 주는 계시의 말씀에 믿음으로 반응해야 한다. 그런 믿음은 히브리서 11장에 잘 예시되어 나타난다. 믿음은 그리스도와 사도들을 통해 우리에게 전달된 하나님의 계시를 수용하는 그릇이다. 성도에게 단번에 주신 믿음의 도(유 3절 참조)를 수호하고, 주장하고, 복종하고, 대대로 전하는 것이 우리의 사명이다. 교리 교육을 과정으로 간주하면 수호와 주장을 통해 믿음을 자라게 하는 것이 핵심 목표 가운데 하나다. 반면에, 교리 교육을 내용으로 간주하면 복종과 전달을 통해 믿음을 가르치는 것이 우리의 목표다. 믿음의 구성 요소를 가장 간단하게 요약하면 다음과 같다.

- 복되신 하나님의 영광스런 복음(딤전 1:11 참조)과 복음에서 비롯하는 믿음의 다양한 차원
- 복음에 일치하는 올바른 교리(딤전 1:10 참조)
- 복음에서 비롯하는 생명(딤후 1:10 참조)
- 복음의 진리를 표현하고 반영하는 삶의 길(딛 2:1 참조)[6]

여기서 분명히 알 수 있듯이 복음은 구원 이야기의 정점이자 믿음의 요약이다. 그런 점에서 복음은 "복음의 신앙"(바울의 표현, 빌 1:27 참조)으로 불려야 마땅하다. 하지만 구원 이야기는 이야기 형식을 빌려 성경의 중요한 가르침을 제시하는 데 비해 믿음의 도는 역사를 통해 체계적으로 형성된 신학적 틀을 형성한다. 성경은 이 두 가지를 모두 예시하며 확증한다. 이들은 각각 올바른 교리 사역에서 중요한 역할을 수행한다.

:: **다섯 가지 틀**

교리 교육의 다섯 가지 원천은 교리 교육을 계획하고 실행할 때 사용할 수 있는 핵심 요소, 또는 자료로 바꾸어 표현할 수 있다. 다시 말해, 이들 원천은 교리 교육의 틀과 개념과 체계를 구축할 수 있는 방법을 제공한다.

첫째 틀: 삼위일체 교리를 중심으로 한 교리 교육

우리는 교리 교육의 초점을 온통 삼위일체 교리에 맞추어 전개할 수 있다. 가톨릭교회가 새롭게 복원한 교리 교육에 관한 문서를 검토해 보면 그런 접근 방식을 시도하고 있는 것을 확인할 수 있다. 예를 들어, 『국가 교리 교육 지침』에 보면 다음과 같은 대목이 발견된다. "기독교의 메시지를 일관되고 조화롭게 전달하려면 믿음의 다양한 진리를 하나의 핵심, 곧 삼위일체의 신비를 중심으로 구성해야 한다. 삼위일체의 신비는 다른 여러 가지 믿음에 관한 신비의 원천이자, 그 모든 것을 밝히는 빛이다."[7] 삼위일체 하나님에 대한 강조는 가톨릭교회가 말하는 '진리의 위계질서' 가운데 첫째를 차지한다.[8] 최근에 복음주의 신학자들 가운데도 교회의 삶과 사역을 이끄는 원리로서 삼위일체에 깊은 관심을 기울이는 이들이 많아졌다. 하지만 삼위일체 교리를 교리 사역과 구체적으로 연관시키는 사람은 거의 없다. 아마도 머지않아 그 점을 생각할 사람들이 나올 줄로 믿는다.

그런 방향으로 노력을 기울이다 보면 성삼위 하나님과 더욱 친밀한 교제를 나누는 것을 목적으로 하는 교리 교육이 이루어질 것이 분명하다. 제임스 토랜스는 기독교 예배를 이렇게 정의했다. "예배란 성부 하나님과 성령을 통해 인간의 몸을 입으신 성자 하나님이 서로 나누시는 교제 안에 참여하는 축복을 의미한다."⁹⁾ 우리는 그런 예배를 좀 더 풍성하게 경험할 수 있는 쪽으로 교리 교육의 방향을 맞출 수 있다.

삼위일체 교리를 중심으로 교리 교육의 내용을 결정할 경우에는 성삼위 하나님, 곧 성부와 성자와 성령에 관한 교리에 따라 교육 과정을 나눌 수 있다. 3장에서 살펴본 대로 3세기의 교리 교육은 삼위일체 교리의 형태를 띠었다. 당시 "아버지와 아들과 성령의 이름으로 세례를 베풀고"(마 28:19)라는 세례 공식에 근거해 신조가 발전되었다. 사도신경과 니케아 신조는 삼위일체 교리를 바탕으로 한다. 이들 신조는 오랫동안 교리 교육의 핵심 역할을 했다. 최근에 삼위일체 교리에 관한 관심이 새롭게 고조되고 있다. 이런 추세는 자유주의 사상의 침투로 삼위일체 교리를 오랫동안 뒷전에 방치했던 교파들에 속한 교회 지도자들의 이목을 자극하고 있다.

둘째 틀: 성경을 중심으로 한 교리 교육

교리 교육은 어디에서 이루어지든 반드시 성경에 근거해야 하고, 성경을 적극적으로 활용해야 한다. 하지만 일부 기독교 공동체에서는 문화적 정서 때문에 그런 경향이 다른 곳보다 더욱 강하게 나타날 수 있다. 이미 언급한 대로 일부 교회는 "성경 외에는 그 어떤 책도, 그리스도 외에는 그 어떤 신조도, 사랑 외에는 그 어떤 율법도 용납할 수 없다"라는 강력한 정서를 내비친다. 그런 교회 안에서 올바른 교리 사역을 회복하거나 구축하려 할 때는 교리 교육의 내용을 성경에 집중시켜 의도적으로 성경의 언어를 사용해야만 반발심을 최소화할 수 있다. 또한 교리 교육에 반발하지 않더라도 오랫동안 성경의 가르침을 정기적으로 배우지 못한 교회들의 경우에도 성경을 가장 우선적으로 가르치거나 오로지 성경만을 가르치는 것이 교리 교육을 운영하는 가장 좋은 방법이 될 수 있다.

그런 경우는 설교 시간이든 일반 교육 시간이든 모든 상황을 통해 성경을 체계적으로 가르치는 데서부터 교리 교육을 시도해 나가는 것이 좋다. 앞서 말한 대로 예루살렘의 키릴로스는 '성경 전체'를 가르침으로써 자신만의 교리 교육 방법을 개발했다. 그는 비교적 짧은 시간 안에 교리 교육을 완수할 수 있었다.[10] '오직 성경만 믿겠다'는 생각을 지닌 교회의 경우에는 예수님이 부활하신 뒤에 사도들을 가르치셨던 방법을 적용하면 좀 더 많은 관심을 부추길 수 있다. 예수님은 "너희에게 말한 바 곧 모세의 율법과 선지자의 글과 시편에 나를 가리켜 기록된 모든 것이 이루어져야 하리라 한 말이 이것이라"(눅 24:44)고 말씀하셨다. "모세의 율법과 선지자의 글과 시편"은 히브리 성경의 세 부분을 가리킨다. 누가는 "이에 그들의 마음을 열어 성경을 깨닫게 하시고"(눅 24:45)라고 덧붙였다.

디모데후서 3장 15-17절은 성경을 중심으로 한 교리 교육의 목적을 다음과 같이 잘 요약했다.

> 또 어려서부터 성경을 알았나니 성경은 능히 너로 하여금 그리스도 예수 안에 있는 믿음으로 말미암아 구원에 이르는 지혜가 있게 하느니라 모든 성경은 하나님의 감동으로 된 것으로 교훈과 책망과 바르게 함과 의로 교육하기에 유익하니 이는 하나님의 사람으로 온전하게 하며 모든 선한 일을 행할 능력을 갖추게 하려 함이라.

성경을 개괄하면서 요소요소마다 성경에 근거한 믿음과 삶의 현실을 일깨워준다면 훌륭한 믿음의 양식을 공급할 수 있다.

셋째 틀: 구원 이야기를 중심으로 한 교리 교육

구원 이야기를 통해서도 비슷하면서도 독특한 교리 교육의 틀을 구축할 수 있다. 이 방법은 교인들에게 하나님의 구원 역사를 이해시켜 구원 역사의 과정에서 그들이 서야 할 적절한 위치를 발견하게 하는 것이 그 목적이다. "이에 모세와 모든 선지자의 글로 시작하여 모든 성경에 쓴 바 자기에 관한 것을 자세히 설명하시니라"(눅 24:27)는 말씀대로, 예수님은 엠마오로 가는 제자들에게 성경의 증언을 활용해 자신의 삶과 고난과 죽음과 그 후의 영광을 가르치셨다. 이러한 내용은 아이들의 숨은그림찾기 속에 숨겨진 물건들처럼 구원 이야기와 따로 분리된 것이 아니라 그 이야기 자체에 반드시 필요한 패턴과 성취와 예측으로 구성된다. 이처럼 구원 이야기에 관한 지식은 과거나 현재나 그리스도를 온전히 이해하는 데 반드시 필요하다.

아우구스티누스는 구원 이야기를 '나라티오'라고 일컫고, 이를 예비 교리 교육(즉, 그리스도인이 되는 데 관심을 기울이는 사람들이나 기독교 신앙을 좀 더 알고 싶어하는 사람들을 위한 교리 교육)의 가장 좋은 출발점으로 받아들였다. 그는 구원 이야기를 압축적으로 전달하는 것이 교리 교사의 임무라고 강조했다. 이는 성경 전체를 개괄하기보다 구원 이야기의 중요한 국면을 선택적으로 발췌해 청중에게 명확히 전달하는 방법을 사용해야 한다는 뜻이었다. 아우구스티누스가 말한 '나라티오'는 창조 시대부터 교회 시대에 이르는 기간을 총망라한다.

오늘날 많은 교회 지도자들, 특히 주변 문화가 포스트모던 시대의 성향을 띠는 지역의 지도자들은 이야기에 근거한 교리 교육을 선호할지도 모른다. 포스트모던 시대는 모든 문화권에 속한 모든 사람에게 적용되는 하나의 거대 이론을 거부하고, 개개인의 이야기를 듣는 데 깊은 관심을 기울이는 것이 인간적이라고 생각하는 사상적 특징을 지닌다. 일부 복음주의 진영의 사역은 복음을 절대 명제로 제시하기보다 이야기식으로 풀어나가는 접근 방식을 선택하기 시작했다.[11]

넷째 틀: 복음을 중심으로 한 교리 교육

앞서 지적한 대로 구원 이야기의 핵심에는 복음이 놓여 있다. 바울은 고린도 신자들에게 보낸 편지에서 자신이 받은 것을 '전한다'는 표현을 사용했다. 그는 "내가 받은 것을 먼저 너희에게 전하였노니 이는 성경대로 그리스도께서 우리 죄를 위하여 죽으시고 장사 지낸 바 되셨다가 성경대로 사흘 만에 다시 살아나사 게바에게 보이시고"(고전 15:3-5)라고 말했다. 여기에서 '먼저'는 '첫째로 중요한 것'이라는 의미를 담고 있다. 우리는 이러한 표현에서 어떤 방법이든 교리 교육을 충실히 이행하려면 복음을 최우선 순위로 삼아야 한다는 것을 알 수 있다.

복음은 교리 교육의 출발점일 뿐 아니라 처음부터 끝까지 우리의 길잡이 역할을 한다. 교리 교육의 목적에서 보면 이런 접근 방식은 교회와 신자들이 바울처럼 "하나님의 복음을 위하여 택정함을"(롬 1:1) 입은 존재라는 사실을 전제한다. 이는 오직 복음만이 생명을 주고 썩지 않을 것을 드러내 신자들에게 하나님의 영광을 위해 살아가는 능력을 제공할 수 있다는 인식에 근거한다(딤후 1:10 참조). 교리 교육의 내용에서 보면 이는 젖처럼 섭취하기 쉬운 복음의 진리를 넘어서서 단단한 고기와 같은 심오한 진리를 배운다는 개념을 함축하지 않는다. 오히려 복음에는 젖처럼 쉽기도 하고 단단한 고기처럼 어렵기도 한 진리가 모두 담겨 있다. 따라서 우리는 이 비유적 표현을 복음의 영광스런 진리는 아무리 파헤쳐도 다 파헤칠 수 없다는 뜻으로 이해해야 한다. 현세에서나 내세에서나 복음 안에 밝히 드러난 성부 하나님의 진실과 신실하심과 정의와 사랑 및 그리스도의 겸손하심과 희생과 극진하신 사랑은 묵상하고 또 묵상해도 결코 다 헤아릴 수 없을 것이다.

다섯째 틀: 믿음을 중심으로 한 교리 교육

교리 교육의 다섯 가지 틀 가운데 마지막은 성도들에게 단번에 주신 믿음의 개념을 중심으로 하는 교리 교육이다. 이는 교리 사역을 개념화하는 고대적 표현이다. 고대 교부들은 교리 교육의 내용을 가리키는 말로 '믿음'(또는 '믿음의 법칙')이라는 표현을 사용했다.

교부들은 이 말을 일종의 신앙고백과 동일시했지만 성경에 등장하는 '믿음의 도'는 우리가 믿고 있거나 믿어야 하는 내용만이 아니라 믿음을 실천하는 방법과 그런 삶을 살아가기 위한 능력을 발견할 수 있는 곳을 가르치는 데 초점을 맞춘다. 다시 말해, 앞서 살펴본 대로 믿음을 중심으로 한 교리 교육은 1) 복음, 2) 복음에 일치하는 올바른 교리, 3) 진리 안에서 행할 수 있는 힘을 주는 복음의 능력, 4) 복음에 일치하는 삶을 살아가는 방식을 강조한다. 그러한 교리 교육의 목적은 우리로 믿음의 도를 더욱 굳게 믿고 그에 복종하게 하는 것이다(행 6:7 참조).

:: **점진적 원천, 상호 연관된 틀, 핵심 내용**

이 다섯 가지 교리 교육의 틀을 또 다른 관점에서 바라볼 수 있는 방법이 있다. 아마도 눈치 빠른 독자는 이 다섯 가지 교리 교육의 원천이 서로 발전적인 관계를 맺고 있다는 점을 알아차렸을지도 모른다. 모든 것은 삼위일체 하나님으로부터 출발한다. 만물이 그분에게서 나오고, 그분으로 말미암고, 그분에게로 돌아간다. 하나님은 성경을 통해 자신을 계시하셨다. 성경은 하나님의 위대한 구원 이야기를 우리에게 들려준다. 물론 구원 이야기의 핵심은 복음이다. 복음은 믿음의 도를 내용으로 한다. 이것이 우리가 주장하고자 하는 개념이다. 이 다섯 가지 교리 교육의 원천의 관계를 표로 간단히 나타내면 다음과 같다.

삼위일체 하나님 → **성경** → **구원 이야기** → **복음** → **믿음**

다섯 가지 교리 교육의 원천이 이런 식으로 서로 연결되어 있다는 사실은 교리 교육의 다섯 가지 틀 역시 상호 연계성을 구축하고 있다는 사실을 암시한다. 따라서 다섯 가지 틀 가운데 하나를 으뜸 되는 틀로 선택하기보다 그 모두를 염두에 두는 것이 좋다. 개개의 틀은 전체를 이해하는 데 중요한 역할을 한다. 모두 성경에 근거한 타당성을 지닌다. 모두 역사적 선례가 있을 뿐 아니라 오늘날에 적용될 수 있는 실천 가치와 설득력을 지닌다. 전도서 저자는 "범사에 기한이 있고 천하 만사가 다 때가 있나니"(전 3:1)라고 말했다. 우리가 선택한 교리 교육 방식도 그와 비슷한 확신을 바탕으로 이 다섯 가지 틀에 접근한다. 다섯 가지 틀 가운데 어느 하나든 적절한 상황에서 적절한 역할을 감당한다. 이 틀을 완전히 도외시해도 되는 상황은 결코 없다.

이들 다섯 가지는 교리 교육의 원천과 교리 교육의 틀이라는 기능을 뛰어넘어 교리 교육의 실질적인 내용까지 아우른다. 사실 교리 교육은 삼위일체 하나님의 본성과 이름과 성품과 작정과 행위 등 그분에 관한 많은 진리를 가르치는 데 중점을 둔다. 성경의 하나님은 교리 교육의 유일한 주제이시다. 충실하고 효과 있는 교리 사역이 이루어지려면 반드시 하나님께 초점을 맞춰야 한다. 『웨스트민스터 요리 문답』은 하나님 중심주의를 원리로 삼아 처음 몇 가지 질문과 대답을 통해 하나님의 본질과 행위를 설명한다. 그와 마찬가지로, 우리의 예배와 교제와 섬김과 같은 문제를 다루는 교리 교육도 하나님을 중심으로 전개되어야 마땅하다.

교리 교육을 비롯해 설교와 가르침이 있는 다양한 상황에서 성경을 읽고 선포하고 설명하는 활동이 이루어져야 한다. 구원 이야기도 단지 믿음의 도를 알고 싶어하는 구도자만이 아니라 충실한 신자들에게까지 적용되어야 할 교리 교육의 내용이다. 교회력의 활용은 구원 이야기를 재현하고, 그 이야기 안에서 우리가 어떤 위치를 차지하는가를 보여 줄 수 있는 좋은 기회를 제공한다.

복음은 교리 교육의 초기 단계뿐 아니라 과정 전체에 적용되어야 한다. 많은 사람이 설교에는 반드시 복음의 선포가 포함되어야 한다고 강조한다. 복음은 또한 성례를 통해 시각적으로 묘사되거나 선포될 수 있다. 교리 교육도 복음 안에서 이루어져야 한다. 복음을 떠난 교리 교육은 있을 수 없다. 앞서 말한 대로 믿음의 도는 삶과 교리의 길잡이 역할을 하는 복음이 그 내용이어야 한다. 앞으로 살펴보겠지만, 믿음의 도는 교리 교육의 핵심 내용을 구성한다.

요리 문답의 네 가지 요소

사도신경　　　십계명　　　주기도　　　　성례

우리는 3장에서 역사적 요리 문답의 내용이 성례에 관한 가르침을 비롯해 사도신경, 십계명, 주기도에 관한 해설에 초점을 맞추었다는 사실을 살펴본 바 있다. 요리 문답의 구성 요소는 때로 네 가지로 제시되기도 하고, 성례에 관한 가르침을 부록에 붙여 세 가지로 제시되기도 한다. 루터는 요리 문답의 세 가지 요소(십계명, 사도신경, 주기도)를 전통적으로 전해 오는 기독교의 유산으로 받아들였지만 자신의 요리 문답에 성례에 관한 가르침을 포함시켰다. 그렇다면 요리 문답의 요소는 세 가지인가, 네 가지인가? 아마도 "서넛이 있나니"(잠 30:18)라는 잠언의 표현을 빌려 "우리를 가르칠 수 있는 요리 문답의 요소에는 세 가지가 있고, 우리를 가르칠 수 있는 것은 네 가지가 있다"[12]라고 말하면 될 듯하다. 우리는 다음 항목에서 '믿음의 세 가지 측면'이라는 제목으로 요리 문답의 세 가지 요소를 다룰 생각이다. 우선은 우리가 물려받은 요리 문답과 네 가지 역사적 요소에 먼저 관심을 기울여야 한다.

다음의 표는 다양한 요리 문답에서 네 가지 요소를 어떤 순서로 배열하고 있는지를 보여 준다. 3장에서 언급한 대로 루터와 칼빈은 의도적으로 십계명을 사도신경 앞에 위치시켰다. 칼빈의 첫 번째 요리 문답은 루터의 순서를 따랐지만, 『제네바 요리 문답』은 그 순서를 바꾸었다. 『하이델베르크 요리 문답』은 최상의 요리 문답을 만들려는 시도였다. 이 요리 문답의 저자 우르시누스는 배열 순서를 설명하면서 성례를 사도신경 뒤에 위치시킨 이유는 성례가 복음의 의미를 밝히는 데 도움이 되기 때문이고, 십계명 뒤에 주기도를 위치시킨 이유는 주기도와 십계명이 그리스도 안에서 이루어진 하나님의 구원 사역을 감사하는 것과 관련이 있기 때문이라고 말했다.

『웨스트민스터 요리 문답』은 사도신경을 해설하지 않는다(대소요리 문답 모두 사도신경을 아무 해설 없이 부록으로 실었다). 만일 사도신경 해설이 실렸다면 칼빈의 『제네바 요리 문답』의 순서를 따랐을 것이 분명하다. 『웨스트민스터 요리 문답』은 사도신경 해설 대신에 하나님의 구원 역사를 비롯해 다양한 신학적 가르침을 실었다(다른 요리 문답의 경우에는 사도신경을 해설하는 난에서 이들 내용을 다룬다). 최초의 성공회 요리 문답(1549년)은 매우 간단하며, 칼빈의 두 번째 요리 문답의 순서를 따랐다. 가장 최근의 가톨릭 요리 문답은 『하이델베르크 요리 문답』의 순서를 따를 뿐 아니라, 배열 이유를 설명하는 말도 그와 비슷하다.

루터의 요리 문답	십계명	사도신경	주기도	성례	부가적 가르침
칼빈의 첫 번째 요리 문답	십계명	사도신경	주기도	성례	부가적 가르침
『제네바 요리 문답』	사도신경	십계명	주기도	'말씀에 관해'	성례
『하이델베르크 요리 문답』	율법의 요약	사도신경	성례	십계명	주기도
『웨스트민스터 요리 문답』	신학적 토대	십계명	성례	주기도	·사도신경(부록)
성공회 요리 문답	사도신경	십계명	주기도	성례[13]	
가톨릭 요리 문답	사도신경	성례	십계명	주기도[14]	

보다시피 로마 가톨릭교회의 요리 문답은 네 가지 요소를 바탕으로 하는

특성을 가장 뚜렷하게 드러낸다. 교리 교육을 회복시킨 트렌트 종교회의 이후로 로마 가톨릭교회는 이 네 가지 요소를 요리 문답의 '네 기둥'이라고 일컬어왔다. 사도신경이 그 가운데 가장 첫 번째 위치를 차지한다. 20세기 예수회 소속 교리 교육 지도자 요세프 안드레아스 융만은 이렇게 말했다. "기독교의 전통에 따라 사도신경이 수위(首位)를 차지해야 한다. 왜냐하면 기독교 신앙의 근본 교리가 그 안에 담겨 있기 때문이다."[15]

사도신경을 맨 앞에 놓는 것은 이 네 가지 요소가 교리 교육의 다섯 가지 원천에서 자연스레 흘러나온다는 사실을 이해하는 데 도움을 준다. 다섯 가지 원천 가운데 마지막은 '믿음'이다. 2장에서 살펴본 대로 그러한 표현은 성경적으로 매우 중요하다. 앞서 살펴본 대로 초기 교부들은 믿음이라는 성경의 용어를 채택해 교회의 신조를 가리켰다(그들은 때로 '믿음의 법칙'이라는 변형된 표현을 사용하기도 했다). 교리 교육의 다섯 가지 원천을 다시 살펴보면, 구원 이야기와 믿음이 복음을 상술하는 내용이라는 사실을 알 수 있다. 구원 이야기는 이야기의 형태로 복음을 상술하고, 믿음은 명제적이고 교훈적인 형태로 복음을 상술한다. 이미 말한 대로 두 가지 접근 방식 모두 교리 사역에서 유익하고 중요한 역할을 수행한다.

요리 문답의 네 가지 요소는 믿음의 정수를 요약한다. 이를 간단하게 정리하면 다음과 같다.

교리 교육에는 다섯 가지 원천과 틀이 있으며
→ 그 가운데 다섯 번째 요소는 **믿음**이고
→ 믿음은 전통적으로 **요리 문답의 네 가지 요소**를 통해 전달되었다.

종교 개혁자들이 요리 문답의 구성 요소를 네 가지로 결정했던 이유는 두 가지다. 첫째는 요리 문답의 네 가지 요소가 전통에 근거한다는 확신 때문이다. 우리는 이 사실을 이미 3장에서 살펴본 바 있다. 둘째는 이 네 가지 구성 요소가 개인과 교회의 영적 생활의 주된 측면을 모두 포괄한다는 확신 때문이다. 기독교의 근본 신앙을 나타내는 사도신경은 일종의 신학 입문서와 같고, 그리스도인의 행동 규범을 나타내는 십계명은 일종의 윤리 입문서와 같으며, 하나님과의 교제를 돕는 주기도는 일종의 기도 입문서와 같다. 아울러 하나님과의 교제를 돕고 복음을 기념하게 하는 성례는 일종의 예배 입문서와 같다.

	사도신경	십계명	주기도	성례
아우구스티누스의 「교본」	1. 믿음	2. 사랑[16]	3. 소망	
가톨릭 요리 문답	1. 믿음의 고백	3. 그리스도 안에서의 삶	4. 기도	2. 신비의 기념
백스터의 세 가지 요소	1. 믿음의 교리	2. 실천의 법칙	3. 소원의 문제	
패커의 「그리스도 안에서의 성장」	1. 근본 원리의 확증: 확신	4. 삶을 위한 계획: 행동의 법칙	3. 기도하는 법: 하나님과의 교제	2. 참여-세례로 언약을 맺음: 회개, 헌신, 교회 생활[17]
성공회 요리 문답(2008)	1. 믿음: 새로운 토대 - 니케아 신조	3. 사랑: 선행을 위한 준비 - 십계명	2. 소망: 새로운 신분과 소명 - 주기도[18]	
사도행전 2장 42절[19]	1. 사도들의 가르침	2. 성도의 교제	3. 떡을 뗌	4. 기도들

앞의 표는 이 네 가지 요소가 기독교 신앙 안에서 어떤 위치를 차지하는지를 보여 준다. 성례는 때로 요리 문답에서 부록처럼 취급되는 경우도 있고 그렇지 않은 경우도 있다. 이 네 가지 요소에 관한 성경적 토대와 전례가 사도행전 2장 42절의 네 가지 사역에서 발견된다. 우리는 이 내용을 표 맨 아래에 표기해 두었다. 각 항목 앞에 붙여진 숫자는 여러 자료에서 네 가지 요소가 나타나는 순서를 표시한다.

3장에서 살펴본 대로, 고대의 교리 학교에서는 대개 사도신경과 주기도를 세례를 위한 교리 교육의 마지막 단계에 위치시켰다. 성례에 관한 가르침은 때로는 성례를 실제로 기념하는 행위에 선행되었지만, 어떤 경우에는 새신자에게 가르침을 베풀기 전에 먼저 구체적으로 느낄 수 있는 영적 경험을 허락하기도 했다. 십계명에 관한 가르침은 중세 시대에 와서야 비로소 교리 교육의 요소에 포함되었지만, 그리스도인에게 걸맞은 윤리에 관한 가르침은 새신자를 위한 교리 교육이 처음 시작되었을 때부터 이미 이루어졌다. 윤리 교육은 다양한 성경의 계명을 설명하는 형식을 취했다.

앞으로 살펴보겠지만 요리 문답의 네 가지 요소는 오늘날에도 여전히 유효하다. 루터는 성례에 관한 가르침을 십계명, 사도신경, 주기도와 나란히 위치시켰다. 그는 요리 문답의 요소를 세 가지로 구분했지만 성례에 관한 가르침을 덧붙여 네 가지로 확대했다. 그는 이렇게 말했다. "성경에 포함된 것은 모두 간결하고 명료하고 단순한 언어로 이해할 수 있다. 왜냐하면 사랑하는 교부들과 사도들이 그리스도인의 대화와 행위와 관심을 지배하는 교리와 삶과 지혜와 학습 원리를 간단하게 요약했기 때문이다."[20] 지난 2,000년 동안 많은 그리스도인이 루터의 기본 신념에 동조해 왔다. 따라서 요리 문답의 네 가지 요소가 시대에 적절하지 못하다고 섣불리 단정해서는 곤란하다.

믿음의 세 가지 측면

진리　　　　생명　　　　길

| 앞서 살펴본 대로 요리 문답의 전통적인 구조는 때로는 네 가지, 때로는 세 가지로 구성되었다. 사도신경과 주기도와 사랑의 이중 계명을 해설하고 있는 아우구스티누스의 『교본』은 믿음과 소망과 사랑이라는 세 가지 덕목을 근거로 삼는다. 루터는 성례에 관한 가르침을 덧붙였지만 요리 문답의 세 가지 요소를 거듭 언급했다. 융만은 이 세 가지 요소, 또는 공식이 요리 문답의 핵심을 구성한다고 말하면서 "성례에 관한 가르침은 따로 분리해 생각할 수 있다"고 덧붙였다.[21]

제임스 패커는 『그리스도 안에서의 성장』이라는 최근의 교리 교육 교본에서 자신의 책이 "항상 교리 교육의 세 가지 공식으로 인정되어온 사도신경, 주기도, 십계명에 근거하며, 그 위에 기독교 세례를 첨가했다"고 밝혔다.[22] 이런 점에서 "서넛이 있나니"(잠 30:18)라는 히브리 잠언의 표현은 매우 적절한 듯하다. 우리는 이 점을 어떻게 이해해야 할까?

한 가지 방법을 제시하면 다음과 같다. 즉 요리 문답의 네 가지 요소는 믿음의 세 가지 측면을 나타낸다. 이 말을 다시 풀어 설명하면 이렇다.

교리 교육에는 다섯 가지 원천과 틀이 있으며

→ 그 가운데 다섯 번째 요소는 **믿음**이고

→ 믿음은 전통적으로 **요리 문답의 네 가지 요소**를 통해 전달되었다.

→ 이 네 가지 요소는 **믿음의 세 가지 측면**을 증언한다.

믿음에 관한 증언은 일시적이지만 믿음의 세 가지 측면은 항구적이다. 믿음보다 보는 것을 중요시하면 "내가 믿습니다"라는 신조, 즉 신앙고백은 더 이상 필요하지 않다. 우리가 부패한 본성에서 자유롭게 되어 하나님 앞에 서게 되는 날에는 우리의 행위를 인도해 줄 계명이 더 이상 필요하지 않다. 주님이 재림하시면 우리는 더 이상 "나라가 임하시오며"라거나 "뜻이…… 땅에서도 이루어지이다"라고 기도할 필요가 없다. 주님이 오시면(고전 11:26 참조) 그분의 죽으심과 부활을 증언하는 성례도 더 이상 기념할 필요가 없다.

신조는 한시적 도구이지만 그것이 증언하는 진리는 변하지 않는다. 우리가 고백하는 삼위일체 하나님은 영원히 변하지 않으신다. 십계명은 우리의 행동 방식을 가르친다. 계명이 더 이상 필요하지 않은 때가 오더라도 십계명이 가르치는 사랑과 의의 길은 영원하다. 우리가 복음을 통해 받고, 또 기념하는 생명은 영원히 풍성한 생명으로 살아 계신 하나님과 살아 있는 관계를 맺도록 인도한다. 성례가 기념하고 나타내는 언약의 관계는 의식(儀式)을 거행하거나 주기도를 암송할 필요가 없어지는 때에도 여전히 유지된다.

우리는 이러한 믿음의 세 가지 측면을 요한복음 14장 6절에 기록된 예수님의 말씀을 근거로 '진리', '생명', '길'로 표현하기로 결정했다.[23] 주님은 이 세 가지 용어를 아무렇게나 말씀하지 않으셨다. 이 세 가지 용어는 신구약성경에 나오는 중요한 세 가지 가르침을 가리킨다.

먼저 '진리'는 하나님의 자기 계시, 특히 예수 그리스도 안에서 이루어진 계시를 가리킨다. 하나님의 백성은 설교와 가르침과 복음의 빛 가운데서 살아가는 삶을 비롯해 여러 가지 올바른 교리를 통해 매일 진리에 참여한다(갈 2:5; 엡 1:13; 딤전 1:10 참조). 우리는 진리를 믿고 지키고 사랑해야 한다. 불행히도 진리를 거부하는 탓에 구원받지 못하는 사람들이 많다(살후 2:10-12 참조). 예수님은 진리를 증언하셨다(요 18:37 참조). 사실 그분 자신이 인간의 몸을 입고 나타나신 진리이셨다(요 14:6 참조). 예수님은 하나님이 허락하신 자기 계시의 총화이시다(요 1:1, 14, 18; 골 1:15, 2:9; 히 1:1-3 참조).

'생명'은 살아 계신 하나님과 영원히 살아 있는 관계를 맺는 것을 가리킨다(요 17:3 참조). 이 점은 요한의 기록에서 특히 두드러진다. 예수님은 다른 사람들에게 자신의 생명을 주셨다(요 3:16, 4:10, 5:21, 10:10, 11:25-36, 20:31; 요일 5:11-13 참조). 그분 자신이 곧 인간의 몸을 입고 나타난 생명이시다. 생명은 성령의 사역을 통해 그리스도를 믿는 사람 모두에게 주어진다(요 7:37-39; 롬 8:9 참조). 우리는 새 탄생을 통해 생명을 처음 경험하고, 온전히 주님의 은혜로 하나님의 자녀로 인정된다(요 1:12 참조).

'길'은 히브리 성경 전체에 걸쳐 나타나는 표현이다. 이 말은 하나님이 요구하시고, 또 기뻐하시는 삶의 방식을 가리킨다(시 1:6, 32:8; 사 30:21 참조). 때로 '주의 길', '의인의 길', '생명의 길'로 표현되기도 하는 이 말은 '세상의 길', '악인의 길', '사망의 길'과는 엄격하게 구분된다. 예수님은 산상설교에서 두 길을, 즉 멸망으로 인도하는 길과 생명으로 인도하는 길을 가르치셨다(마 7:13-14 참조). 신자들은 처음부터 '그 도'를 따르는 자들로 알려졌다(행 9:2, 19:9, 23, 22:4, 24:14, 22 참조). 하나님의 길은 하나님 사랑과 이웃 사랑으로 간단히 요약된다(막 12:29-31 참조). 예수님은 진리와 생명의 경우와 마찬가지로 인간의 몸을 입고 나타나신 길이시다. 위대한 사랑의 계명에 온전히 복종하신 분은 오직 예수님뿐이시다. 더욱이 예수님은 이 길을 충실히 걸으심으로써 그분을 믿는 모두를 위해 지성소에 이르는 "새로운 살 길"(히 10:20)이 되셨다. 한 사람이 죽기까지 복종한 덕분에(롬 5:19; 빌 2:8 참조) 하나님을 알고 그분과 올바른 관계를 맺을 수 있는 길이 열렸다(요 14:6-9 참조).

우리는 6장에서 이 모든 내용을 좀 더 자세히 살펴볼 예정이다. 따라서 여기에서는 이쯤 해두기로 하고 5-4-3-2-1이라는 구도에 따라 다음 항목을 생각해 보기로 하자.

길의 두 가지 근본 원리

네 하나님을 사랑하라 **네 이웃을 네 몸과 같이 사랑하라**

| 믿음의 세 가지 측면 가운데 세 번째는 우리의 행위, 즉 세상에서의 생활 방식을 다룬다. 우리는 이 과정을 '길'이라 일컬었다. 이를 다시 간단히 요약하면 다음과 같다.

교리 교육에는 다섯 가지 원천과 틀이 있으며
→ 그 가운데 다섯 번째 요소는 **믿음**이고
→ 믿음은 전통적으로 **요리 문답의 네 가지 요소**를 통해 전달되었다.
→ 이 네 가지 요소는 **믿음의 세 가지 측면**을 증언한다. 그 가운데 세 번째는 **길**이다.

앞서 지적한 대로 '길'은 교리 교육의 역사는 물론 신구약성경에서도 중요한 개념을 형성한다. 1세기 말이나 2세기 초에 작성된 것으로 추정되는 『사도들의 교훈집』에 보면 이런 내용이 발견된다. "두 길이 있다. 곧 생명의 길과 죽음의 길이다." 서로 다른 이 두 길은 '의인의 길'과 '악인의 길'(시 1:6 참조), '생명에 이르는 어려운 길'과 '멸망에 이르는 쉬운 길'(마 7:13-14 참조), '길'과 '길이 아닌 것' 등으로 표현되기도 한다.[24]

하나님을 사랑하는 삶의 방식, 또는 길은 축복의 길로서 생명과 샬롬(평화)으로 인도한다. 우리가 이미 살펴본 표현 외에도 "선한 자의 길"(잠 2:20), "지혜로운 길"(잠 4:11), "거룩한 길"(사 35:8), "하나님의 도"(눅 20:21)라는 표현들이 성경에서 발견된다. 예수님은 자신을 길이라고 주장하셨다. 그분의 삶과 죽음은 길을 분명히 보여 준다. 그분은 하나님과의 살아 있는 관계 속으로 우리를 인도하는 '새로운 생명의 길'이 되셨다.

도덕적인 혼란이 극심한 세상에서 어떻게 길과 길이 아닌 것을 구별할 수 있을까? 히브리 성경에 따르면 길을 찾는 방법은 '토라'(율법)를 묵상하는 데 있다. '토라'가 파생한 히브리어 어근은 '화살을 쏘다', '던지다'라는 뜻이다. 이 말은 목표물을 맞히거나 올바른 방향을 가리키는 것을 의미한다. '가르침'이라는 용어를 비롯해 '부모'와 '교사'도 동일 어근에서 비롯했다. 이처럼 성문화된 '토라'는 지친 방랑자들에게 마땅히 가야 할 길을 보여 준다. 이사야는 "네 뒤에서 말소리가 네 귀에 들려 이르기를 이것이 바른 길이니 너희는 이리로 가라 할 것이며"(사 30:21)라는 말로 이 점을 가르쳤다.

기독교 교리 교육의 목적은 길을 정확히 찾도록 도와주는 데 있다. 기독교 교사는 다른 사람들의 본보기가 되어 하나님이 요구하고 원하시는 삶의 방식을 보여 주어야 한다. 우리는 다른 사람들에게 길의 '교훈'을 가르쳐야 한다. 지금까지 살펴본 대로 십계명은 유대교와 기독교 모두가 역사적으로 확증한 길의 '첫걸음'에 해당한다. 기독교 요리 문답은 여기에 다양한 성경의 가르침은 물론 예수님의 산상설교를 포함시킨다. 잠언과 야고보서는 하나님의 길을 걸어갈 수 있는 지혜에 특별히 초점을 맞춘다.

간단히 말해, 주님의 길은 사랑의 길로 나타난다. 사랑하는 것이 곧 하나님의 길을 걷는 것이다. 예수님은 사랑이 모든 계명 가운데서 가장 큰 두 가지 계명이라는 점을 또다시 확증하셨다. 그분은 "네 마음을 다하고 목숨을 다하고 뜻을 다하고 힘을 다하여 주 너의 하나님을 사랑하라……네 이웃을 네 자신과 같이 사랑하라"(막 12:29-31; 눅 10:25-37 참조)고 가르치셨다. 사랑의 이중 계명은 유대교와 기독교 모두 십계명의 요약으로 간주한다. 사랑의 이중 계명은 "모든 사람의 본분"(전 12:13)이다.

하나님 사랑과 이웃 사랑은 주님의 길을 떠받치는 근본 원리다. 길은 믿음의 다른 측면들, 즉 진리와 생명보다 더 중요하지는 않다. 하지만 진리와 생명은 길을 걸어갈 수 있게끔 협력한다. 우리는 교리 사역의 목적을 이렇게 정리할 수 있다. 즉 우리는 진리를 배우고 생명으로 자유를 얻어 하나님의 길로 행한다.

하나님의 길에 복종하는 것이 우리의 목적이라는 사실을 입증하는 성경의 가르침은 너무나도 많다. 예수님은 특히 복종에 중점을 두셨다(마 28:20; 눅 37장; 요 13:17, 14:15 참조). 진리와 생명에는 관심을 기울이면서도 길을 행하려는 진지한 마음을 갖지 못한다면, 이는 그릇된 방향으로 치우쳐 하나님을 욕되게 하는 것이다. 고대의 교리 학교는 복종을 강조했다. 즉 구별된 삶으로 예수님의 길을 걸어가는 신자들을 양육하는 것이 당시 교리 학교의 목표였다. 교회는 역사적으로 이러한 목표를 종종 상실하곤 했다. 오늘날 교리 교육을 다시 회복시키려고 할 때는 사랑의 삶을 실천하라는 그리스도인의 소명에 항상 초점을 맞춰야 한다. 우리는 길의 두 가지 근본 원리, 즉 하나님 사랑과 이웃 사랑을 한시도 잊어서는 안 된다.

하지만 길의 두 가지 근본 원리를 다른 사람들에게 가르칠 때는 인류 역사상 하나님의 길에 온전히 복종하신 분은 오직 예수님뿐이시라는 사실을 염두에 두어야 한다. 하나님의 길을 찾기 위해서든 길에서 떠난 것을 다시 돌이키기 위해서든 하나님을 기쁘시게 하는 길로 행할 수 있는 힘을 얻기 위해서라면 오직 예수 그리스도를 바라봐야 한다. 오직 그리스도를 통해서만 삼위일체 하나님과의 살아 있는 교제를 나눌 수 있는 길, 즉 '새로운 생명의 길'을 걸어갈 수 있다. 이 점에 대해서는 나중에 좀 더 자세히 살펴볼 예정이다.

교리 교육의 유일한 초점

우리는 그리스도를 선포한다

| 이제 마지막으로 교리 교육의 유일한 초점을 살펴보도록 하자. 간단히 말해, 교리 교육의 초점은 그리스도를 선포하는 데 있다. 바울은 자신의 사역의 초점을 그리스도를 선포하는 일에 맞

추었다. 그의 사역 목표는 "각 사람을 그리스도 안에서 완전한 자로 세우려 함"(골 1:28)이었다. 루터는 "그리스도를 배우는 것"이 모든 그리스도인에게 필요하다고 확신했다.[25] 그리스도를 배우는 것이 그리스도인의 의무라면, 교리를 가르치고 말씀을 전하는 사람들은 열과 성을 다해 그리스도를 온전히 선포하려고 노력해야 한다.

그리스도 중심의 접근 방식은 우리가 지금까지 4장에서 논의한 내용을 통해 확연히 드러난다. 교리 교육의 다섯 가지 원천 모두가 그리스도를 중언한다. 삼위일체 하나님은 그리스도 안에서 자신을 계시하셨다. 성경은 그리스도를 증언한다. 그리스도께서는 구원 역사의 주인공이시다. 복음은 하나님이 그리스도를 통해 행하신 일과 지금 하고 계시는 일을 선포한다. 우리가 다른 사람들에게 전하는 '믿음의 도' 역시 이 모든 것을 핵심으로 삼는다.

요리 문답의 네 가지 요소도 그리스도를 가리킨다. 사도신경은 그리스도의 인격과 사역에 초점을 맞추고, 십계명은 죄인들을 그리스도께로 인도하는 안내자요 길잡이 역할을 한다(갈 3:24 참조). 십계명을 온전히 지키신 분은 오직 그리스도뿐이시다. 주기도는 그리스도께서 직접 가르치신 기도다. 주기도는 예수님이 재림하시어 그분의 왕국을 건설하실 것을 미리 증언한다. 성례는 우리의 삶 속에서 이루어지는 그리스도의 구원 사역을 보증하는 증표다.

믿음의 세 가지 측면, 즉 길, 진리, 생명은 우리가 행하는 모든 교육을 통해 그리스도를 선포해야 한다는 사실을 일깨워준다(골 1:28 참조). 길의 두 가지 근본 원리, 즉 하나님 사랑과 이웃 사랑을 온전히 이루신 분은 인류 역사상 오직 그리스도뿐이시다. 예수님은 친히 본을 보이심으로써 사랑의 계명을 가르치셨다. 우리는 예수님을 통해 사랑의 이중 계명에 담겨 있는 의미를 배울 수 있다. 우리가 방황하던 삶을 용서받고 기독교의 사랑을 실천하는 길로 행할 수 있는 능력을 부여받는 것도 오직 그리스도의 은혜를 통해서다.

따라서 교리 교육의 내용은 항상 그리스도 중심이어야 한다. 사방 그 어느 곳을 바라보든 항상 예수 그리스도의 얼굴을 보면서 마음과 생각을 그분께 집중시켜야 한다. 또한 가장 훌륭한 교리 교육은 가장 위대한 교리 교사이신 예수님이 친히 보여 주신 실천 방식을 지향하는 것이라는 점을 잊어서는 안 된다.

우리는 예수 그리스도를 선포해야 한다. 우리는 그분에 관한 참 지식을 전하는 것을 목표로 삼아야 한다. 그 안에는 신성의 모든 충만이 육체로 거하신다. 그러므로 우리도 그 안에서 충만해진다(골 2:9-10 참조). 예수 그리스도를 경험하여 참되이 아는 것이 우리의 가장 큰 소원이어야 한다(빌 3:7 참조). 우리는 "그리스도 예수 안에서 하나님이 위에서 부르신 부름의 상을 위하여"(빌 3:14) 이 목적을 향해 매진하고 힘써 전진하자고 사람들을 권고해야 한다. 교리를 가르칠 때는 항상 '부름의 상'에 시선을 고정하기를 바란다.

그리스도 중심의 교리 교육은 또한 복음 중심의 교리 교육이어야 한다. 앞서 말한 대로 복음은 교리 교육의 다섯 가지 원천 가운데 하나이자 충실한 교리 사역 전체를 아우르는 역할을 한다. 사실 복음은 교리의 실질적인 교육 내용 가운데서 매우 중요한 위치를 차지한다. 바울 사도는 복음을 사역의 중심으로 삼았다. 이 점은 다음 장에서 좀 더 자세히 살펴볼 예정이다.

결론

| 지금까지 교리 교육의 근본 내용을 구성하는 여러 가지 요소를 살펴보았다. 5-4-3-2-1의 구도로 전개한 그 내용을 다시 간략하게 정리하면 다음과 같다.

> **교리 교육에는 다섯 가지 원천과 틀이 있으며**
> → 그 가운데 다섯 번째 요소는 **믿음**이고
> → 믿음은 전통적으로 **요리 문답의 네 가지 요소**를 통해 전달되었다.
> → 이 네 가지 요소는 **믿음의 세 가지 측면**을 증언한다. 그 가운데 세 번째는 **길**이다.
> → 길의 **두 가지 근본 원리**는 하나님 사랑과 이웃 사랑이다.
> → 이를 온전히 실천하신 분은 오직 그리스도뿐이시다. 우리는 오직 그분의 은혜를 통해서만 사랑의 이중 계명을 실천할 수 있다. 따라서 교리 교육의 **유일한 초점**은 예수 그리스도께만 맞춰져야 한다.

교리 교육의 원천과 요소를 실제로 활용할 수 있는 방법은 무엇일까? 자세한 설명은 다음 장으로 미루기로 하고, 여기에서는 우리가 생각하는 접근 방식을 간단히 서술하는 것으로 만족하고자 한다.

먼저 우리는 교리 교육의 다섯 가지 원천이 교리 교육의 출발점이 되어야 한다고 생각한다. 이를 실천에 옮기려면 성경을 교리 교육의 가장 우선적인 자료로 활용해야 한다.

교리 교육의 틀을 구성하려면 구원 이야기, 복음, 믿음의 요소를 모두 합친 접근 방식이 필요하다. 이미 언급한 대로 그러한 접근 방식은 여러 가지 방법으로 이루어질 수 있다. 복음은 구원 이야기의 정점이자 핵심이다. 믿음은 본질상 복음과 삶과 교육에 적용되는 복음의 의미를 모두 아우른다. 우리의 구도는 이 세 가지 요소를 모두 결합하는 데 있다.

교리 교육의 실질 내용을 구성하려면 4장에서 다룬 모든 요소를 교리 사역에 적용해야 한다. 그러면 어디에서부터 출발해야 할까? 우리는 바울 사도처럼 "복되신 하나님의 영광의 복음"(딤전 1:11)에서부터 시작해야 한다.

내가 받은 것을 먼저 너희에게 전하였노니 이는 성경대로
그리스도께서 우리 죄를 위하여 죽으시고 장사 지낸 바 되셨다가
성경대로 사흘 만에 다시 살아나사 게바에게 보이시고(고전 15:3-5).

Grounded in the Gospel :

Building Believers the old-fashioned way

chapter **5**

복음은
교리 교육의 출발점이다

교회는 역사적으로 예수 그리스도의 복음이 '케리그마'의 중심이라고 이해해 왔다. '케리그마'는 '선포'나 '선언' 또는 '전파'로 번역된다. 이 말은 명사 형태로 신약성경에 모두 여덟 차례 사용되었다. 선포의 실질 내용은 그리스도다. 바울은 "우리가 그를 전파하여"(골 1:28)라는 말로 이 사실을 분명히 했다. 특히 '케리그마'는 그리스도의 인격과 사역에 초점을 맞춘다. 즉 '케리그마'는 "주님이시자 그리스도로 자신을 드러내시고, 사람들에게 회개의 필요성을 일깨우시며, 죄 사함을 약속하시는 예수 그리스도의 죽으심과 부활과 영광을 선포하는 것"을 의미한다.[1]

바울 사도는 복음을 선포의 핵심이자 요약으로 받아들였다. 그는 고린도 신자들에게 "내가 받은 것을 먼저 너희에게 전하였노니"(고전 15:3)라고 말했다. 그런 다음 그는 복음의 개요를 다음과 같이 간단히 설명했다. "이는 성경대로 그리스도께서 우리 죄를 위하여 죽으시고 장사 지낸 바 되셨다가 성경대로 사흘 만에 다시 살아나사 게바에게 보이시고"(고전 15:4-5). 이것이 바울이 고린도 신자들에게 전했고, 또 그들이 받아 "그 가운데"(고전 15:1) 섰던 복음의 핵심이다. 바울의 표현은 철저히 교리 교육의 의미를 내포한다. 그는 자신이 받은 것을 전달했다. 바울의 교리 교육은 복음에서부터 시작했다. 그는 고린도에서 18개월 동안 사역하면서 "예수 그리스도와 그가 십자가에 못 박히신 것 외에는 아무것도 알지 아니하기로 작정"(고전 2:2)했다. 우리는 이 말씀을 통해 바울의 교리 교육이 복음에서부터 시작했을 뿐 아니라 복음을 전 과정의 중심으로 삼고, 복음으로 끝을 맺었으며, 복음을 틀로 삼아 그 안에 다른 모든 것을 포함시켰다는 사실을 알 수 있다.

바울은 자신을 "복음을 위하여 택정함을"(롬 1:1) 입은 사람으로 묘사했다. 그는 복음 안에서 모든 힘을 다해 하나님을 섬겼다(롬 1:9 참조). 그는 "복음을 위하여 선포자와 사도와 교사로 세우심을"(딤후 1:11) 입었다. "하나님의 은혜의 복음을 증언하는 일"(행 20:24)이 그가 완수해야 할 사명이었다. 이런 말씀들은 바울이 복음을 처음에 한 번 전하고 마는 것으로 여기지 않았다는 사실을 드러낸다. 복음은 비신자들을 위한 치유책이고, 기존 신자들은 복음 외에 다른 것, 곧 젖과 같은 쉬운 진리를 버리고 고기와 같은 어려운 진리를 추구해야 한다는 것이 복음주의자들의 오랜 생각이었다. 하지만 그런 생각은 성경의 증언과는 거리가 멀다. 성경은 복음의 젖에서 시작해 복음의 고기를 먹는 데까지 나아가야 한다고 가르친다. 왜냐하면 복음에는 인간의 유한한 생각으로 온전히 이해할 수 없는 다양하고 심원한 진리가 담겨 있기 때문이다.

따라서 복음은 교회의 '케리그마'일 뿐 아니라 교회의 '디다케'가 되어야 한다. '디다케'는 사도행전 2장 42절과 같은 신약성경 본문에서 '가르침'으로 번역되었다. 이 구절은 처음 회개하고 세례를 받은 3,000명의 사람들이 네 가지 일, 즉 '사도의 가르침', '교제', '떡을 뗌', '기도'에 온전히 헌신했던 사실을 언급한다. '디다케'는 신약성경에서 '가르치다'라는 뜻으로 흔히 사용되는 헬라어 동사 '디다스코'에서 파생한 일반 용어이지만, 종종 '케리그마'의 경우처럼 전문 용어로 사용되기도 한다. 어떤 사람들은 이 두 단어를 하나로 묶어 교회의 '케리그마'와 '디다케'가 교회의 설교 사역과 교육 사역의 포괄적 내용을 구성한다고 말한다.[2]

하지만 "복되신 하나님의 영광의 복음"(딤전 1:11)이 신약성경의 '케리그마'와 '디다케'의 핵심이라는 것이 우리의 견해다. 바울과 복음과의 관계가 이 점을 뒷받침한다. 복음은 교회의 '케리그마'이기 때문에 그는 '선포자'로 세우심을 받았고, 교회의 '디다케'이기 때문에 '교사'로 세우심을 받았다. 그는 또한 같은 구절에서 '복음의 사도'로 세우심을 받았다고 말했다. 바울은 복음을 한 번도 듣지 못한 곳에서만 복음을 전했고(롬 15:20 참조), 그리스도의 복음을 확실하고 유일한 신앙의 근거로 삼았으며(고전 3:10-11 참조), 거짓 복음에 맞서 참 복음을 옹호하는 데 신명을 바쳤다(갈 1:6-9 참조). 이처럼 우리에게 맡겨진 "복되신 하나님의 영광의 복음"은 믿는 신자들은 물론 구원을 갈망하는 사람들에게 선포되고 교육되어야 한다. 복음은 교리 교육과 복음전도 사역의 핵심이다.

성경에 기록된 복음의 핵심

| 영광스런 복음의 의미는 이루 헤아릴 수 없을 정도로 심오하다. 성경에 기록된 복음의 핵심 몇 군데를 인용하면 다음과 같다.[3]

- 그가 찔림은 우리의 허물 때문이요 그가 상함은 우리의 죄악 때문이라 그가 징계를 받으므로 우리는 평화를 누리고 그가 채찍에 맞으므로 우리는 나음을 받았도다(사 53:5).[4]
- 인자가 온 것은 섬김을 받으려 함이 아니라 도리어 섬기려 하고 자기 목숨을 많은 사람의 대속물로 주려 함이니라(막 10:45).
- 하나님이 세상을 이처럼 사랑하사 독생자를 주셨으니 이는 그를 믿는 자마다 멸망하지 않고 영생을 얻게 하려 하심이라(요 3:16).
- 그에 대하여 모든 선지자도 증언하되 그를 믿는 사람들이 다 그의 이름을 힘입어 죄 사함을 받는다 하였느니라(행 10:43).
- 이 사람을 힘입어 죄 사함을 너희에게 전하는 이것이며 또 모세의 율법으로 너희가 의롭다 하심을 얻지 못하던 모든 일에도 이 사람을 힘입어 믿는 자마다 의롭다 하심을 얻는 이것이라(행 13:38-39).
- 예수는 우리가 범죄한 것 때문에 내줌이 되고 또한 우리를 의롭다 하시기 위하여 살아나셨느니라(롬 4:25).
- 우리가 아직 죄인 되었을 때에 그리스도께서 우리를 위하여 죽으심으로 하나님께서 우리에 대한 자기의 사랑을 확증하셨느니라(롬 5:8).
- 내가 너희에게 전한 복음을 너희에게 알게 하노니 이는 너희가 받은 것이

요 또 그 가운데 선 것이라……너희가……그복음]로 말미암아 구원을 받으리라(고전 15:1-2).

- 내가 받은 것을 먼저 너희에게 전하였노니(고전 15:3).
- 성경대로 그리스도께서 우리 죄를 위하여 죽으시고 장사 지낸 바 되셨다가 성경대로 사흘 만에 다시 살아나사……일시에 보이셨나니(고전 15:3-6).
- 하나님께서 그리스도 안에 계시사 세상을 자기와 화목하게 하시며 그들의 죄를 그들에게 돌리지 아니하시고(고후 5:19).
- 하나님이 죄를 알지도 못하신 이를 우리를 대신하여 죄로 삼으신 것은 우리로 하여금 그 안에서 하나님의 의가 되게 하려 하심이라(고후 5:21).
- 내가 전한 복음대로 다윗의 씨로 죽은 자 가운데서 다시 살아나신 예수 그리스도를 기억하라(딤후 2:8).
- 그가 우리를 대신하여 자신을 주심은 모든 불법에서 우리를 속량하시고 우리를 깨끗하게 하사 선한 일을 열심히 하는 자기 백성이 되게 하려 하심이라(딛 2:14).
- 그리스도도 많은 사람의 죄를 담당하시려고 단번에 드리신 바 되셨고 구원에 이르게 하기 위하여 죄와 상관없이 자기를 바라는 자들에게 두 번째 나타나시리라(히 9:28).
- 친히 나무에 달려 그 몸으로 우리 죄를 담당하셨으니 이는 우리로 죄에 대하여 죽고 의에 대하여 살게 하려 하심이라 그가 채찍에 맞음으로 너희는 나음을 얻었나니(벧전 2:24).
- 그리스도께서도 단번에 죄를 위하여 죽으사 의인으로서 불의한 자를 대신하셨으니 이는 우리를 하나님 앞으로 인도하려 하심이라(벧전 3:18).

- 사랑은 여기 있으니 우리가 하나님을 사랑한 것이 아니요 하나님이 우리를 사랑하사 우리 죄를 속하기 위하여 화목 제물로 그 아들을 보내셨음이라(요일 4:10).

　복음을 간결하게 요약한 성경 구절은 이 외에도 많다. 이 말씀들은 단지 몇 가지 예에 지나지 않는다. 이 밖에도 각자 머릿속에 떠오르는 구절이 많을 줄 안다. 복음을 요약한 성경 구절들을 살펴보면 하나님이 그 거룩하심만큼 깊고, 그 진노하심만큼 강렬한 사랑으로 타락한 인류를 위해 독생자 예수 그리스도를 보내시어 화해할 길을 열어주셨다는 진리를 간추릴 수 있다. 앞서 말한 대로 신약성경을 통해 제시된 복음의 진리는 "하나님은 죄인들을 구원하신다"라는 세 마디로 요약할 수 있다.

　화목하게 하시는 하나님의 사역은 "그리스도께서 십자가에서 치르신 대리 속죄와 그분의 영광스런 부활에 근거한다. 복음은 우리를 구원하기 위해 역사에 개입하신 하나님에 관한 좋은 소식이다. 복음은 인류의 타락한 상태, 즉 하나님과 이웃으로부터의 소외라는 나쁜 소식을 극복할 수 있는 해결책"[5]이자 언젠가 우리가 직면하게 될 하나님의 진노를 피할 수 있는 유일한 길이다. 그리스도의 속죄의 죽음을 핵심으로 삼지 않는 복음은 성경의 복음과는 거리가 멀다. 그리스도의 영광스런 속죄는 여러 가지 측면을 지닌다. 하지만 대리 속죄의 개념을 핵심으로 삼으면 나머지 측면을 모두 아우를 수 있다.

　바울은 대속, 즉 그리스도께서 우리의 죄를 대신 짊어지셨다는 것을 속죄의 본질로 파악했다. 그는 십자가를 우리를 대신해 악의 세력을 정복한 승리(골 2:15 참조)이자 우리를 향한 하나님의 극진한 사랑의 계시(고후 5:14-15 참조)로 받아들였다. 그 두 가지는 오직 그리스도의 대속이 있었기에 가능했다.[6]

물론 예수 그리스도의 사역은 대속으로만 끝나지 않는다. 그리스도께서 AD 30년경에 갈보리의 십자가를 통해 단번에 이루신 속죄의 사건은 그 뒤에 일어난 사건들, 즉 부활 승천하시어 온 세상의 주님이시자 장차 오실 심판자로 보좌에 군림하시면서 늘 우리 안에 살아 계시며 우리의 구주이자 주인과 친구가 되어주시는 은혜와 밀접하게 관련된다. 그리스도께서는 그분께 속한 백성의 선지자(교사)이자 제사장(중보자)이요 왕(주인)이시다. 그분은 백성들의 길이요 진리요 생명이시다. 믿음이라는 독특한 수단을 통해 그리스도와 관계를 맺은 사람들은 그분의 인격 안에서 길과 진리와 생명을 발견한다.

예수님은 세상에 계시는 동안 자신을 신뢰하는 사람들을 보시고, 그들의 태도를 '믿음'이라고 묘사하셨다(눅 7:9, 50 참조). 오늘날 믿음은 과연 무엇을 의미할까? 믿음은 예수님에 관한 진리를 솔직하게 인정하고 그분을 영원히 살아 계시는 구주이자 주님으로 흠모하며 영접하는 것을 의미한다. 우리는 믿음으로 지난날의 죄를 용서받고, 주님의 제자가 되어 어디로 인도하시든지 기꺼이 복종하며, 주님과 성부 하나님과 영원히 연합해 교제를 나누는 복된 상태에 들어간다. 성부 하나님은 그리스도를 통해 우리의 아버지가 되셨다(그리스도께서는 본질상 하나님의 아들이시고, 우리는 양자의 과정을 거쳐 하나님의 자녀가 되었다. 갈 4:4-7 참조). 우리는 이러한 새 생명 안에서 바울처럼 진심을 다해 "내가 그리스도와 함께 십자가에 못 박혔나니 그런즉 이제는 내가 사는 것이 아니요 오직 내 안에 그리스도께서 사시는 것이라 이제 내가 육체 가운데 사는 것은 나를 사랑하사 나를 위하여 자기 자신을 버리신 하나님의 아들을 믿는 믿음 안에서 사는 것이라"(갈 2:2) 하고 고백하는 법을 배운다. 이것이 믿음이 만들어내는 변화다.

믿음을 갖는 것은 우리의 경험 가운데서 가장 중대한 사건이다. 우리는 믿음을 통해 예수 그리스도를 믿고 의지하는 습관을 형성함으로써 1세기 신자들처럼 그리스도와 친밀한 교제를 나눈다(그리스도와 지속적으로 관계를 맺는 것은 신약성경의 가장 중요한 가르침에 해당한다). 우리는 성령의 역사로 인해 처음 믿음을 발견하고, 그 뒤부터는 우리 안에 거하시며 일하시는 성령을 통해 주님의 도덕적 형상을 따라 우리의 성품을 바꾸고, 한때 우리를 속박하던 죄에서 자유를 누리며, 하나님과 진리에 헌신하고, 그분과 동료 인간을 사랑하는 등 삶의 혁신을 이룬다. 믿음은 성부와 성자와 성령과 맺은 새로운 관계는 무슨 일이 있더라도 영원히 변하지 않는다는 사실을 깨우쳐줌으로써 우리의 마음에 평화와 기쁨을 안겨준다. 충실한 태도로 복음을 온전히 전하면 그런 놀라운 삶의 변화가 이루어진다.

복음의 본질과 의미

| 안타깝게도 복음주의자들은 종종 '모든 것을 다 갖춘' 복음이 아닌 부족한 복음을 전하고 가르치는 잘못을 저지른다.[7] 그들은 십자가에서 이루어진 하나님의 구원 사역의 핵심을 강조하고, 죄인들을 위해 십자가에 못 박히신 그리스도를 충실히 전하며, 부활을 하나

님이 죄인들을 위한 그리스도의 희생을 인정하신 증거로 제시하고, 사람들에게 하나님과 화해하라고 권고한다. 다시 말해, 복음의 본질을 전하는 일을 성실히 수행한다. 그들이 전하는 말에는 복음의 핵심 요소가 담겨 있다. 하지만 그들은 복음의 의미를 매일의 삶에 적용하는 일을 등한시한다. 그들은 우리를 하나님과 화목하게 만든 십자가가 또한 그리스도 안에서 다른 사람들과 화목을 이루는 근거가 된다는 점을 도외시한다(엡 2:11-22 참조). 그들은 하나님이 독생자를 내어주실 정도로 우리를 사랑하셨다면 우리도 한없는 사랑으로 서로를 대하는 것이 마땅하다는 점을 의식하지 못한다(요일 4:10-11 참조). 하나님이 우리가 원수 되었을 때에도 우리를 사랑하셨다는 사실을 이해한다면(롬 5:8 참조) 이웃들에게 정의와 자비를 베풀고, 원수들까지도 사랑해야 마땅하다(마 5:43-48 참조). 복음주의자들은 청중에게 그들 안에서 일하시는 하나님께 복종하며 두렵고 떨리는 마음으로 구원을 이루라고 힘써 권고하지 않는다(빌 2:12-13 참조). 그들은 성부와 성자와 늘 교통하며, 선행과 천국의 사역에 힘쓰는 것이 거듭남의 결과라는 사실을 강조하지 않는다.

"복음의 진리를 따라 바르게 행하지"(갈 2:14) 않으면 심각한 오류를 저지를 수밖에 없다. 우리는 경건하고 책임 있는 삶을 살아감으로써 이웃들의 마음을 움직여 구원자이신 하나님의 진리에 관심을 기울이게 만드는 한편(딛 2:10 참조) 그들의 존경심을 얻어내야 한다(살전 4:11-12 참조). 복음을 전파하고 가르치는 교리 사역에는 반드시 복음의 올바른 교리에 입각한 경건한 삶을 가르치는 내용이 포함되어야 한다(딛 2:1 참조).

불행히도 앞서 말한 내용을 복음 사역과 관련된 것으로 보지 않는 복음 전도자가 많다. 그들은 종종 그런 식의 설교와 가르침이 '사람들을 구원하는' 가장 중요한 사역에 집중하지 못하게 방해할 수 있다고 말한다. 하지만 구원을 그런 식으로 이해하면 복음의 범위와 영향력이 급속히 축소될 수밖에 없다. 복음은 올바른 교리와 경건한 삶으로 아름답게 장식되어야 한다. 이 두 가지가 없이 교구민이나 대중 앞에 복음을 전하는 것은 마치 벌거벗은 복음을 전하는 것이나 같다.

우리의 구원은 거듭남으로 끝나지 않는다. 성경은 우리가 구원받았을 뿐 아니라(엡 2:8 참조) 구원받을 것이라고 가르친다(롬 5:9-10, 13:11; 벧전 1:5 참조). 심지어 우리의 구원은 지금도 계속되고 있다(빌 2:12-13; 벧전 1:9 참조). 우리를 구원하는 능력은 무엇인가? 그것은 복음을 통해 우리의 삶을 변화시키는 성령의 능력이다(롬 1:16 참조). 우리는 온전히 갖추어진 복음의 교리, 즉 '온전히 옷 입혀진' 복음을 필요로 한다. 하지만 종종 그렇지 못할 때가 많다.

이른바 이머징 교회의 지도자들 가운데는 이런 불건전하고 왜곡된 상황을 못마땅하게 여겨 사회적 관심을 회복하는 데 모든 역량을 집중해야 한다고 주장하는 이들이 있다. 그들은 그러한 목적을 이루기 위해 다음과 같은 새로운 개념을 도입한다.

- '왕국의 복음' 과 '구원의 복음' 을 구별하기
- 바울의 가르침을 버리고 예수님의 가르침을 따르기
- 노골적인 복음전도를 지양하고 실천으로 복음을 전하기. 즉 단지 좋은 소식을 선포하는 데 그치지 않고 스스로 좋은 소식이 되기[8]

이런 식의 반응을 보이는 이유는 충분히 이해할 수 있지만 자칫 심각한 위험을 자초할 가능성이 높다. 이전 세대의 복음전도자들이 복음의 의미와 적용을 등한시하는 잘못을 범했다면, 새 시대의 복음전도자들은 복음 자체를 복음의 의미와 적용으로 대체하는 잘못을 저지르는 셈이다(어떤 이들은 스스로를 '후기 복음주의자'라고 일컫는다).

이들 교회 지도자의 생각은 이렇다. 복음주의 교회 안에서 복음의 본질은 정확히 전달되었지만 실천의 측면에서는 적절하지 못했다. 그러한 부적절한 결과가 빚어진 이유는 복음의 의미를 간과하고 무시했거나, 복음의 의미를 강조하는 것이 복음에 대한 집중력을 방해한다고 생각했기 때문이다. 따라서 후기 복음주의자들은 그런 적절하지 못한 요인을 제거하고 예수님에 관한 성경의 기록을 다시 읽어 복음의 의미를 복원해 그것을 참 복음으로 삼아야 한다고 결론짓는다. 이머징 교회의 지도자 한 사람은 이렇게 말했다. "좋은 소식은 예수님이 죽으신 것이 아니라 왕국이 도래했다는 것이다."[9] 물론 이 말은 예수님을 바울의 증언(고전 15:1-5 참조)과 정면으로 충돌하시도록 만든다.

이러한 견해가 번지고 있는 탓에 십자가에서 일어난 그리스도의 대속이 오늘날의 교회 안에서 조금씩 주변으로 밀려나고 있다. 제임스 패커는 마크 데버와 공동 저술한 책에서 이런 추세를 '반구속주의'라고 일컬었다. 오늘날의 비정통 견해는 "우리를 지옥에서 구원하기 위해서라면 어떤 희생도 마다하지 않으셨던 예수 그리스도의 구원 사역을 주변으로 몰아내거나, 심지어 어떤 경우에는 아예 부인한 채 경건한 삶의 선구자요 교사요 본보기이신 예수님만을 부각시킨다."[10] 이런 현상은 전혀 새롭지 않다. 찰스 스펄전은 시편 85편을 강해하면서 저명한 랍비 존 던컨의 말을 인용해 우리를 위해 십자가에서 죽으신 그리스도를 주변으로 밀어낼 때마다 속죄의 교리가 모호해진다고 역설했다. 그는 이렇게 말했다. "그들의 속죄 교리는 던컨 박사의 말에 잘 요약되어 있다. 그는 '주 예수 그리스도께서 인간의 구원과 관련이 있어 보이는 일을 나름대로 그럭저럭 잘 수행하셨다고 인정한다'고 말했다. 그들은 그런 모호한 견해로 대속의 교리를 대체했다."[11]

우리도 전에 그런 전철을 밟은 적이 있었다. 20세기 초에 근본주의자들과 근대주의자들은 서로에게 등을 돌렸다. 오늘날의 현상도 그와 비슷하다. 후기 복음주의자들도 자유주의 신학으로 치우치게 될 가능성이 없지 않다. 패커는 다른 곳에서 이렇게 경고했다. "자유주의는 끊임없이 새로운 형태로 변신을 거듭하면서 복음주의자들로 하여금 과거의 유산을 버리도록 유혹한다."[12] 보수주의 신학을 지지하는 이들은 복음의 본질을 훼손하는 이런 견해에 대해 '참 복음'을 문화적 적절성과 열정을 갖춘 '사회 복음'으로 대체하는 행위라고 당연히 비판할 수밖에 없다. 앞으로 교회 안에서 근대주의자들과 근본주의자들의 한판 승부가 또 한 차례 펼쳐질지도 모른다.[13] 이미 양쪽은 서로의 세력을 규합하기 시작한 것으로 보인다.[14]

복음과 바울에 관한 '새로운 관점'

| 지금까지 말한 내용은 대부분 오늘날 복음의 순수성을 위협하는 또 하나의 위험 요인에도 그대로 적용된다. 종종 바울에 관한 '새로운 관점'(최근에는 '새로운 관점들')으로 불리는 이 현상도 반동적인 운동의 양상을 띠기는 마찬가지다. 이 운동은 중요한 점에서 이머징

교회의 운동과는 사뭇 다르다. 예를 들어, 이머징 교회 운동은 여러 면에서 '아래로부터의 운동'의 성격을 띤다. 즉 이머징 교회 운동은 교회에서부터 시작되어 신학교의 교육 과정에 영향을 미치기 시작했다. 하지만 '새로운 관점 운동'(the New Perspectives)은 학자들로부터 시작되어 신학교와 대학교를 중심으로 그 영향력을 교회에까지 확대해 나가는 일종의 "트리클다운 운동"[15]의 성격을 띠고 있다.

이 운동을 묘사하는 표현이 '관점'이라는 단수가 아니라 '관점들'이라는 복수를 사용하는 이유는 처음에 이 운동을 시작한 사람이 단 한 사람이었지만(포로기 이후의 유대교에 관한 샌더스의 영향력 있는 해설을 담은 책이 20세기 후반기에 출판되었다), 그 뒤로는 많은 학자가 공통 주제에 관해 서로 약간씩 다른 견해를 제시했기 때문이다.

이 운동의 지지자들은 바울의 기록을 새로운 방식으로 읽게 된 이유가 순수한 학문적 양심 때문이라고 주장한다. 다시 말해, 이들 성경학자는 복음주의 개신교가 종교 개혁자들(특히 루터)의 사상에 지나치게 영향을 받은 탓에 바울의 기록, 특히 갈라디아서와 로마서를 잘못 이해했다고 확신한다. 그들의 주장은 이렇다.

> 종교 개혁자들이 바울 서신을 잘못 이해한 이유는 양심의 고민을 달래는 데 지나치게 많은 관심을 기울였을 뿐 아니라, 바울 서신의 배경이 되는 유대교를 올바로 이해하지 못했기 때문이다. 아울러 종교 개혁자들은 로마 가톨릭교회의 가르침에 맞서 싸워야 했던 자신들의 문화적 상황을 바울의 본문에 투영하는 잘못을 저질렀다. 그들은 가톨릭교회의 가르침에 복음을 왜곡하는 율법적 요소

가 있다고 보고, 바울 당시의 유대교에 대해서도 그와 비슷한 견해를 피력했다. 하지만 지금에 와서 생각하면 바울 당시의 유대교는 율법적이라기보다 은혜에 근거한 종교였다. 따라서 바울은 루터와 칼빈을 비롯한 종교 개혁자들의 생각과는 달리 율법주의와 맞서 싸우지 않았다. 종교 개혁자들은 공로주의를 앞세웠던 중세의 신앙 체계와 맞서 싸우느라 여러 가지 중요한 점에서 바울을 잘못 이해했다. 따라서 우리는 이제 새로운 관점에서 '바울이 실제로 말한 것'을 살펴보아야 한다.[16]

이러한 주장에는 복음의 본질에 관한 중요한 문제가 다수 포함되어 있다. 종교 개혁 이래로 복음주의자들은 '오직'이라는 용어를 이용해 '오직 성경으로', '오직 그리스도로', '오직 믿음으로', '오직 하나님의 영광을 위해'와 같은 슬로건을 내세웠다.[17] 하지만 이들은 특히 '오직 믿음으로'라는 개념을 문제시한다. 복음주의자들은 전통적으로 바울 서신이 '오직 믿음으로 의롭다 하심을 받는다'는 가르침을 전하는 것으로 이해했다. 그러나 이들은 이신칭의의 교리를 구성하는 핵심 용어 한두 가지에 대해 진지한 의문을 제기한다.

어떤 사람들은 문제의 관건이 바울의 '의롭다 하심'이 무엇을 의미하는지에 달려 있다고 주장한다. 즉, "바울의 말은 법적 차원에서 하나님 앞에서 의롭다고 선언된 것을 의미할까, 아니면 인격의 차원에서 실제로 의로워졌다는 것을 의미할까? 그는 그리스도의 의가 우리에게 전가되었다고 말하는가, 아니면 가톨릭교회가 역사적으로 주장해 온 대로 실제로 그 의가 우리에게 부여되었다고 말하는가?"[18] 지난날의 논쟁이 다시 불거진 듯이 보인다.

또 어떤 사람들은 믿음의 의미를 밝혀야만 수수께끼를 풀 수 있다고 주장한다. 믿음은 복음에 정신적으로 동의하는 것을 의미하는가, 아니면 그보다 훨씬 더한 무엇을 의미하는가? 사실 믿음이란 하나님에 대한 능동적이고 효과적인 신뢰를 의미하는가? 그리스도를 믿는 것은 곧 그분께 복종하는 것을 달리 표현한 것은 아닐까? 공로를 세우려는 행위나 노력을 완전히 배제하기 위해 루터가 도입한 '오직'이라는 작은 단어는 이 모든 의문과 깊은 관련이 있다. 많은 사람이 주장하는 대로 중요한 점은 '오직'이라는 용어가 성경의 근거를 지니고 있느냐에 있다. 믿음을 그리스도에 대한 능동적이고, 효과적이고, 복종적인 신뢰로 이해한다면, 종교 개혁자들의 '오직'은 믿음이 없이는 구원도 없다는 뜻이 된다. 한편 믿음을 단지 복음에 동의하는 수단으로 이해한다면 '오직 믿음으로'라는 개념은 성립될 수 없다. 하지만 굳이 '오직'의 의미를 그런 식으로 약화시킬 필요가 있을까 하는 생각이 든다.

이런 문제는 매우 중요하다. 지금까지 살펴본 대로 복음에 대한 '새로운 관점'(the New Perspectives)을 나름대로 지지하는 사람들이 제시하는 결론은 매우 다양하다. 이들은 칭의를 인격의 변화로 이해한다. 따라서 그리스도의 의가 전가되었다는 개념은 중요성을 잃게 되거나 노골적으로 부인될 수밖에 없다. 아무튼 믿음을 능동적이고 복종적인 신뢰로 이해하든 아니든, '오직'이라는 용어를 이신칭의에 적용하면 여러 문제를 야기한다.

앞서 지적한 대로 이머징 교회가 제기하는 비판은 대부분 복음주의 진영에서 복음을 부적절하게 설명하고 적용하는 것에 반발하여 비롯되었다. 특히 많은 사람이 복음주의가 그동안 '안이한 신앙주의'와 값싼 믿음을 조장해 왔다고 확신한다. "한번 구원받으면 영원히 취소되지 않는다"라는 개념은 신자를 자처하는 사람들을 종종 무관심과 게으름으로 이끌었다. 복음주의 교회의 설교와 가르침은 선행의 의미를 적절히 설명하거나 강조하는 일을 등한시해 왔다. 바울이 유대교를 공격했다는 이유로 반유대주의 정서가 형성된 것도 논란거리가 되기는 마찬가지다. 구약성경은 신약성경의 뿌리인데도, 그 둘을 서로 분리시키는 결과가 빚어지는 것도 이 문제와 깊이 관련된다. 이런 이유로 복음주의 신자들 가운데는 구약성경이 그리스도인의 삶에 적절하지 못하다고 생각하는 이들이 많다. 경건한 유대인들은 '토라'를 생명을 주는 원리로 받아들이지만, 복음주의자들은 오히려 생명을 앗아가고 죽음을 가져다준다고 믿는다.

우리는 이런 비판들이 나름대로 일리가 있다고 생각한다. 그러나 여기에서 진지하게 물어야 할 중요한 문제들을 발견한다. 사실 복음주의자들은 지금까지 언급한 비판을 받을 만한 잘못을 저질러왔다. 우리는 그런 비판을 의식하게 만들어준 학자들에게 감사한다. 우리는 복음주의 진영 안에서 때로는 노골적으로, 때로는 은밀하게 표출되곤 하는 반유대주의 정서에 맞서 싸워야 한다. 우리는 '토라'라는 아름다운 성경의 개념을 이해하는 데 좀 더 충실해야 한다. 참된 구원 신앙은 항상 사랑과 복종을 통해 그 실체를 드러낸다고 믿어야 한다. 또한 구원 교리 안에서 선행이 차지하는 올바른 위치를 찾아야 한다(선행은 우리가 구원받았다는 증거다. 엡 2:10; 딛 2:14 참조). 우리는 하나님의 거룩하심과 의로우심을 진지하게 가르쳐 은혜로 우리를 부르시어 '아바 아버지'라 부르는 관계를 맺게 해주신 하나님을 진심으로 경외할 수 있어야 한다.

하지만 우리는 '새로운 관점'(the New Perspectives) 운동가들의 관심이나 비판은 수용하되 그들이 제기한 견해 가운데 대부분은 거부할 수밖에 없다. 그들의 가르침에는 반구속주의의 형태를 띤 요소가 너무나도 많다. 그들은 구원의 핵심 요소 가운데 많은 것을 왜곡하거나 축소하는 잘못을 저질렀다. 그들이 저지른 잘못 몇 가지를 요약하면 다음과 같다.

• **제2성전 시대 유대교의 다양한 특성**: 복음주의자들이 바울 당시의 유대교를 온통 율법주의로 몰아세우는 잘못을 저질렀다면 일부 '새로운 관점'(the New Perspectives) 운동가들은 그와 반대되는 극단으로 치우쳐 바울 당시에 율법주의가 상당한 영향력을 행사했다는 사실을 간과했다(유대교 안에서나 기독교 안에서 율법주의는 늘 존재해 왔다).[19] 그런 순진한 생각은 아무 도움도 줄 수 없다.

• **율법의 엄격한 요구**: 많은 복음주의자들이 일종의 율법폐기주의를 지지하는 잘못을 저질렀다면, 많은 '새로운 관점'(the New Perspectives) 운동가들은 율법의 의로운 요구를 경시하는 잘못을 저질렀다. 그들은 율법이 절대 복종을 요구하지 않으며, 삶의 전반이 나름대로 '충실한' 증거를 드러내면 의롭다 하심을 받을 수 있다고 주장한다.[20] 우리는 '오직 믿음으로', '오직 그리스도 안에서', '오직 하나님의 영광을 위해' 의롭다 하심을 받는다는 '옛 복음'을 지지한다. 이 복음에 따르면 하나님의 율법은 완전한 복종을 요구한다. 우리는 모든 점에서 그러한 기준에 미치지 못한다. 오직 그리스도께서만 삶과 죽음을 통해 이 요구를 충족시키셨다. 우리는 그분을 믿는 믿음으로 율법의 요구를 이행하기 시작한다. 하나님께 드리는 감사와 사랑과 영

광이 우리에게 새로운 동기를 부여한다. 성경은 "그런즉 우리가 믿음으로 말미암아 율법을 파기하느냐 그럴 수 없느니라 도리어 율법을 굳게 세우느니라"(롬 3:31)고 말씀한다.

• 인간의 전적 타락: "의인은 없나니 하나도 없으며"(롬 3:10). 예수님은 경건한 부자 청년에게 "하나님 한 분 외에는 선한 이가 없느니라"(막 10:18)고 말씀하셨다. 종교 개혁자들의 '오직' 이 의미를 지니는 이유는 오직 하나님만이 선하시다는 사실 때문이다. 그와는 대조적으로 인간은 죄로 인해 부패했을 뿐 아니라 "허물과 죄로"(엡 2:1) 죽었고, "본질상 진노의 자녀"(엡 2:3)다. 따라서 의인이 의롭다 하심을 받는 것이 아니다. 그런 사람은 없다. 오히려 하나님은 "경건하지 아니한 자를 의롭다"(롬 4:5) 하시며, "그리스도 예수 안에 있는 속량으로 말미암아 하나님의 은혜로 값없이 의롭다"(롬 3:24) 하신다. 하나님은 성자의 구원 사역을 통해 "자기의 의로우심을 나타내사 자기도 의로우시며 또한 예수 믿는 자를 의롭다"(롬 3:26) 하신다.

• 하나님의 준엄하고 확실한 진노: 온전한 속죄 교리가 가장자리로 밀려날 때마다 그리스도께서 십자가에서 이루신 대속도 함께 밖으로 밀려난다.[21] 하나님의 진노를 진지하게 생각하지 않을 때마다 온전한 속죄 교리의 의미가 급속히 축소된다. 성경 저자들은 하나님의 진노를 진지하게 받아들였다. 이 사실은 신구약성경 전체에 확실히 드러나 있다. 로마서에 기록된 바울의 칭의 교리는 하나님의 진노에 초점을 맞춘다(롬 1:18, 2:1-6, 8, 16, 5:9 참조). "하나님의 진노는 그분의 사랑만큼 강력하고 인격적이다. 주 예수 그리스도의 보

혈은 우리를 향한 성부 하나님의 사랑을 드러냄과 동시에 우리를 향한 그분의 진노를 누그러뜨리는 결과를 가져왔다."[22]

• 종교 개혁자들의 성경적 통찰력: 많은 '새로운 관점'(the New Perspectives) 학자들이 루터와 칼빈을 새로운 관점에서 바라보려고 하는 이유는 그들의 사상을 철저하고 올바르게 이해하지 못했기 때문이다. 과연 종교 개혁자들이 우리보다 더 심한 문화적 편견을 가지고 바울을 바라보았을까? 오히려 성경에 대한 그들의 지식과 이해력이 우리보다 훨씬 더 깊고 광범위하지 않았을까? 그들은 놀라운 통찰력과 정심한 논리로 죄인의 부패함과 용서의 은혜와 경건한 삶의 의무와 선행의 필요성을 설명하지 않았는가? 바울에 관한 종교 개혁자들의 오해와 종교 개혁자들에 대한 '새로운 관점'(the New Perspectives) 학자들의 오해 가운데 어느 것이 더 심각할까?

• '새로운 관점'(the New Perspectives) 학자들의 문화적 편견: 일부 성경학자들은 자신들의 문화적 편견을 경시하는 것처럼 보인다. 성경 본문을 공평하고 객관적인 태도로, 즉 순수하고 과학적인 기법과 사고방식으로 접근해야 한다고 생각하는 사람이 많은 듯하다. 하지만 성경을 그런 식으로 접근해야 한다는 생각은 우리 현대인이 계몽주의 문화에 얼마나 깊이 영향을 받았는지를 보여 준다. 일부 복음주의 성경학자들은 성경을 불신앙과 회의의 눈길로 대하는 현대 학자들의 견해보다 성경 역사의 신학적 의미에 대해 더 큰 불신을 드러내는 듯이 보인다. '새로운 관점 운동'은 이런 경향을 더욱 부추긴다.

• **그리스도의 십자가와 속죄 사역의 중요성**: '새로운 관점'(the New Perspectives) 학자들의 저서 안에서 십자가가 가장자리로 밀려난 듯 보이는 현상은 조금도 놀랍지 않다. 하지만 앞서 말한 대로 바울은 고린도에서 18개월 동안 사역하면서 "예수 그리스도와 그가 십자가에 못 박히신 것 외에는 아무것도 알지 아니하기로 작정"(고전 2:2)했다. 더욱이 그는 개인적으로 그리스도의 십자가 외에는 아무것도 자랑하지 않기로 결심했다(갈 6:14 참조). "십자가는 설교와 목회 사역의 핵심이 되어야 한다."[23] 하지만 '새로운 관점'(the New Perspectives) 운동가들의 사상에 십자가가 중심을 차지하기는 어려워 보인다.

• **복음의 영광**: 복음을 '천국행 티켓'이나 보드게임 '모노폴리'의 '감옥 탈출 카드'와 같은 용도로 생각하는 것은 그 의미를 크게 훼손하는 것이다. 우리는 선행과 거룩함과 복종을 강조하지 않는 구원의 교리를 거부하는 것처럼 복음의 의미를 축소시키는 견해를 단호히 배격한다. 하지만 구원의 짐을 그리스도의 어깨에서 우리의 어깨로 옮기는 것은 복음의 영광을 훼손하는 결과를 낳을 것이다. 우리는 '오직 믿음으로'를 버리고 '오직 은혜로'만을 내세우는 '새로운 관점'(the New Perspectives) 운동가들의 주장이 구원의 짐을 주님에게서 우리에게로 옮겨놓는 잘못을 저지르고 있다고 생각하지 않을 수 없다.

이미 강조한 대로 우리는 항상 복음의 본질과 적용을 동시에 생각해야 한다. 우리는 다음 장에서 구원의 교리에 일치하는 삶의 방식과 복음에 순응하는 올바른 교리를 함께 다룰 생각이다. 복음의 진리에 일치하는 삶을 살라는 소명이 우리에게 주어졌다는 것이 곧 우리의 주장이다(갈 2:14 참조). 우리는 이머징 교회가 제기한 여러 가지 비판을 이야기하면서 이 문제 가운데 일부를 이미 다루었다. 아울러 '새로운 관점'(the New Perspectives) 운동가들의 주장을 다룰 때도 대부분 그와 똑같은 관점을 유지했다. 우리는 그 두 가지 운동을 다루면서 두 가지 잘못을 피하라고 촉구했다. 첫째는 복음의 본질과 적용을 혼동하지 말아야 한다는 것이고, 둘째는 복음의 적용을 등한시하거나 최소화시키지 말아야 한다는 것이다.

그렇다면 그리스도인은 어떤 관점에서 하나님의 율법을 바라보아야 할까? 먼저 우리는 일부 복음주의자들의 설교와 가르침에 등장하는 율법폐기주의를 거부해야 한다. 또한 복음을 '신율법주의'로 왜곡시키려는 그 어떤 시도도 용납해서는 안 된다. 즉 우리는 하나님이 성령으로 우리에게 율법에 복종할 수 있는 능력을 주셨기 때문에 성령 충만한 복종을 통해 의롭다 하심을 받게 된다는 것을 복음의 '기쁜 소식'으로 내세우는 주장을 단호히 거부해야 한다.

이 두 가지 잘못을 피하기 위해서는 신자가 복음을 믿은 후에 비로소 성령의 능력을 받아 하나님 사랑과 이웃 사랑을 요구하는 '토라'의 명령에 복종하기 시작한다는 성경의 진리를 재확인해야 할 필요가 있다(롬 8:1-4, 13:8-10; 요일 4:10-19 참조). 복음은 하나님의 율법을 무시하도록 허용하지 않는다. 오히려 복음은 능력(성령의 은사)을 주어 율법에 복종하게 한다. 신자들은 하나님의 계명에 복종해야 할 의무가 있다(요일 5:3 참조). 물론 이는 의롭다 하심을 받기 위해서가 아니다. 선행은 의롭다 하심을 받은 것에 감사하는 마음으로부터 자연스레 흘러나온다. 선행은 하나님의 주권과 은혜를 통해 값없이 구원을 받은 신자가 마땅히 드려야 할 예배의 일환이다(롬 12:1 참조). 우리 자신의 공로는 구원과는 아무 상관이 없다. 하지만 우리는 하나님이 우리를 위해 예비하신 선한 일을 행하기 위해 그리스도 안에서 새로운 피조물로 거듭났다(엡 2:8-10 참조).

하지만 세상에서는 가장 훌륭한 행위조차도 불완전할 뿐이다. 따라서 복종은 하나님이 우리를 의롭다고 하시는 근거가 될 수 없다. "한 사람이 순종하심으로 많은 사람이 의인이 되리라"(롬 5:19)는 말씀대로, 우리가 의롭다 하심을 받는 이유는 예수 그리스도께서 "죽기까지"(빌 2:8) 복종하셨기 때문이다. 우리는 우리를 구원하시고 의롭게 하시는 주님을 따라야 한다. 그래야만 복종을 통해 하나님께 감사와 영광을 돌릴 수 있다. 처음에는 복음에 복종하고(살후 1:8; 벧전 4:17 참조), 그 뒤부터는 하나님의 계명(요일 5:3 참조)과 그리스도와 그분이 명령하신 모든 것(마 28:20; 롬 16:26 참조)과 믿음의 도(행 6:7 참조)에 복종해야 한다. 하지만 처음 복음에 복종할 때와 마찬가지로 지속적인 복종 역시 전적으로 하나님의 은혜에 의존한다. 오직 하나님의 은혜만이 옳고 선한 것을 바라고 선택함으로써 의를 최대화하고 악을 최소화할 수 있는 힘은 물론, 의를 추구하는 순간에 죄가 우리 안에서 여전히 위세를 떨치더라도 새롭게 용서받고 앞으로 나아갈 수 있는 용기를 부여한다. 어떤 상황에서든 우리 자신에게서 눈을 떼고 오직 그리스도만을 바라봐야만 희망이 있다. 머해니는 이렇게 말했다.

> 당신 모습 그대로 그리스도를 바라보고, 그리스도께 아뢰고, 그리스도께 부르짖어라. 당신의 죄와 완고함과 불신앙은 물론 당신 자신을 그분의 자비에 의

탁하라. 그분께 새 마음을 구해 당신의 참된 회개와 확고한 믿음 안에서 역사하시게 하라. 이제부터는 그분을 다시 외면하지 않도록 불신앙의 악한 마음을 제거하고 그분의 율법을 마음속에 깊이 새겨달라고 간청하라.[24]

복음을 목회 사역과 신앙 교육에 적용하는 방법

'옛 복음'에 대한 이머징 교회와 '새로운 관점'(the New Perspectives) 운동가들의 도전을 논의하는 것은 복음을 교회의 가르치는 사역과 그 밖의 모든 사역의 핵심으로 삼는 것이 얼마나 중요한지를 깨닫게 해준다.

우리는 5장 서두에서 일단 신자가 된 뒤부터는 복음을 넘어서 뭔가 좀 더 심오하고 고상한 것을 추구해야 한다는 생각이 잘못이라고 지적한 바 있다. 바울은 개인적으로 만난 적이 없던 로마의 신자들에게 "할 수 있는 대로……복음 전하기를 원하노라"(롬 1:15)고 말했다. 그는 "예수 그리스도의 것으로 부르심을"(롬 1:6) 받고 "하나님의 사랑하심을"(롬 1:7) 받아 그 "믿음이 온 세상에 전파"(롬 1:8)된 로마의 신자들을 상대로 말했다. 바울은 그들과 함께 있으면서 "피차 안위함을 얻으려"(롬 1:12) 했다. 그렇다면 하나님이 그의 소원을 들어주시어 그들과 함께 있는 기회를 허락하신다면 그는 과연 무엇을 그들에게 주었을까? 아마도 복음을 주었을 것이다. 어리석고 연약한 듯 보이는 복음의 메시지가 다른 사람들의 비위를 거스를까 두려워했던 사람들과는 달리(고전 1:18-25 참조), 바울은 복음을 전혀 부끄러워하지 않았다. 왜냐하면 "복음은 모든 믿는 자에게 구원을 주시는 하나님의 능력"(롬 1:16)이기 때문이다.

복음은 구원을 주는 하나님의 능력이다. 앞서 언급한 대로, 구원은 우리가 영원한 과거에서부터 영원한 미래에 이르기까지 끊임없이 변화해 가는 과정을 모두 아우른다. 십자가에 못 박히셨다가 다시 살아나신 그리스도께서는 "자기를 힘입어 하나님께 나아가는 자들을 온전히 구원하실 수"(히 7:25) 있다. 바울은 강력한 복음의 능력을 통해 이 온전하고 완전한 구원이 이루어진다고 강조한다. 따라서 그가 복음의 사도요 선포자요 교사 외에는 아무것도 하지 않겠다고 결심한 것은 조금도 놀랍지 않다. 우리도 교리 사역에 임할 때 그의 모범을 따를 만큼 충분한 용기와 지혜를 지녔으면 하는 마음 간절하다.

'복음 알파벳'

뉴욕 리디머 장로교회의 담임목사 티모시 켈러는 오랫동안 복음 중심의 설교와 사역을 열심히 옹호해 왔다.[25] 그는 "복음은 신앙생활의 ABC이자 A부터 Z이다"라고 수없이 강조했다. 같은 맥락에서 우리는 '복음 알파벳'을 제시하고자 한다. '복음 알파벳'은 목회 사역과 신앙 훈련에 있어 복음이 기독교 교육의 가장 핵심적인 내용이 되어야 하는 이유 26가지를 의미한다.

그리스도인이 복음으로 항상 교육을 받아야 하는 이유는 무엇일까? 그 이유는 다음과 같다.

:: A - 균형(Alignment)

우리가 복음을 끊임없이 가르치고 배워야 하는 이유는 복음이 우리의 교리와 삶을 위한 '다림줄'이기 때문이다.[26] 우리는 우리의 가르침이 하나님의 영광스런 복음에 일치하는지 점검해야 한다(딤전 1:11 참조). 하나님, 인간, 죄, 구원, 교회, 말세를 비롯한 교리들에 관한 가르침이 복음에 일치하지 않는다면 단호히 배격해야 한다. 우리의 삶도 복음에서 비롯하는 올바른 교리에 일치해야 하기는 마찬가지다. 베드로와 바나바처럼 우리도 "복음의 진리를 따라 바르게 행하지"(갈 2:14) 않는다면, 하나님이 바울과 같은 형제나 자매를 세우시어 우리를 꾸짖어 바로잡아주시기를 바란다.

:: B - 신앙(Belief)

우리가 복음을 끊임없이 가르치고 배워야 하는 이유는 심지어 그리스도인조차도 하나님의 기쁜 소식을 진정으로 믿기가 어렵기 때문이다. 십자가의 복음은 세상의 관점이나 문화를 거스른다. 복음은 세상의 눈에 어리석고 연약하게 비친다. 또 육신의 관점에서 보면 너무 좋아 사실로 받아들이기가 어렵다. 신자들을 고소하는 사탄은 모순되는 말로 우리의 의심을 자극한다. 그는 대제사장 여호수아를 대적했듯이 하나님 앞에서 우리를 대적한다(슥 3:1 참조). 스스로의 허물을 잘 알고 있는 상황에서 사탄의 속삭임까지 듣다 보면 도무지 복음의 진리를 선뜻 믿을 수가 없다.

복음이 전제하고 함축하는 내용을 적절히 깊은 수준까지 이해하는 것은 일평생이 걸리는 과업이 아닐 수 없다. 따라서 우리는 몇 번이고 거듭 복음을 배우면서 하나님이 우리의 마음에 복음의 진리를 깊이 각인시켜주시기를 기도해야 한다.[27] 우리는 "내가 믿나이다 나의 믿음 없는 것을 도와주소서"(막 9:24)라고 부르짖어야 한다.

:: **C - 상황화**(Contextualization)

바울은 복음을 위해 "여러 사람에게 여러 모습이"(고전 9:22) 되기로 결심했다. 그는 복음이 다양한 문화적 상황에서 다양한 문화적 형태를 띨 수 있고, 또 그래야 한다고 생각했다. 하지만 우리는 복음을 다른 문화권에 전달할 때, 우리 자신의 문화적 특성을 절대시하는 잘못을 저지를 수 있다. 일부 선교사들은 다른 민족에게 복음을 전달할 때 서구 문화를 강요하는 경향이 있다. 고의로 그런 잘못을 저지르며 문화 제국주의의 야심을 드러내는 경우도 없지 않지만, 대개의 경우는 무의식적으로 복음의 초문화적 요소와 문화적으로 변경이 가능한 요소를 적절하게 구별하지 못하는 무지에 그 원인이 있다. 그런 잘못을 피하려면 복음의 핵심을 가르치고 배움으로써 우리라는 질그릇과 그 안에 담겨 있는 보배를 구별하는 안목을 키워야 한다(고후 4:7 참조).

:: **D - 깊이**(Depth)

거듭 강조하지만 우리는 젖처럼 섭취하기 쉬운 복음의 진리를 넘어서서 단단한 고기와 같은 심오한 진리로 나가지 않는다. 단지 젖과 같은 복음의 진리에서 고기와 같은 복음의 진리로 나아갈 뿐이다. 심지어 바울도 복음의 진리를 모두 설명하고 그 의미를 삶에 적용한 뒤에도 여전히 놀라움과 경이로움에 사로잡힌 채 "깊도다 하나님의 지혜와 지식의 풍성함이여, 그의 판단은 헤아리지 못할 것이며 그의 길은 찾지 못할 것이로다"(롬 11:33)라고 감탄했다.

복음의 깊고 강력한 진리(특히 우리의 마음에 복음이 역사할 때 나타나는 능력)를 찬양하는 내용이 다음에 인용한 청교도들의 기도에 잘 드러나 있다.

> 복되신 주 예수님,
>
> 인간의 생각으로는 복음을 생각할 수도, 발명할 수도 없나이다.
>
> 영원한 은혜를 베푸시는 주님은 복음의 전달자이자 복음 자체이십니다.
>
> 주님은 세상에서 한없는 긍휼을 베푸시며 살아가셨고,
>
> 온갖 모욕과 상처와 죽음을 마다하지 않으시고 생명을 바치셨습니다.
>
> 그 덕분에 제가 죄를 속량하고 구원을 받아 자유를 얻었습니다.
>
> 오, 하나님이시여, 이런 길을 마련해 주셨으니 당신을 찬양합니다.
>
> 오, 하나님의 어린 양이시여, 이 길을 열어주셨으니 영원히 감사드립니다.
>
> 오, 거룩한 성령이시여, 이 구원의 길을 제 마음에 적용시켜주시니
>
> 높이 찬양드립니다.
>
> 영광스런 삼위일체시여, 복음의 효력이 제 존재 구석구석까지 다 미치도록
>
> 제 영혼에 복음을 깊이 각인시켜주옵소서.
>
> 복음을 듣고, 인정하고, 고백하고, 느끼게 하옵소서.[28]

:: E - 복음전도(Evangelism)

복음은 신자들의 양식이다. 한편 복음은 믿지 않는 사람들을 구원하는 수단이기도 하다. 우리는 그리스도의 사랑으로 만민에게 복음을 전해야 한

다. 아시시의 프란체스코는 동료 수사들에게 사람들의 허락을 받았을 때만 말씀을 전하라고 당부하면서 "하지만 모든 형제가 행동으로 말씀을 전해야 한다"라고 덧붙였다.[29] 프란체스코의 말은 종종 "항상 복음을 전하라. 필요할 때만 말을 사용하라"로 의역된다. 사실, 말은 언제나 필요하다. 우리는 항상 복음의 증인이 되어야 한다(행 1:8 참조). 복음을 전하는 것이 증인인 우리의 사명이다. 우리는 복음을 전할 때 올바른 복음을 전해야 한다. 왜냐하면 세상에는 위조된 거짓 복음이 많기 때문이다.

:: F - 충실(Fidelity)

참된 복음에 충실하려면 계속해서 배우고 복종하려고 노력해야 한다. 또 거짓 복음이 침투하지 않게 하려면 늘 깨어 경계해야 한다. 교회는 항상 거짓 복음에 맞서 싸워왔다. 심지어 1세기경에도 바울은 거짓 복음에 맞서 싸워야 했다. 베드로와 유다와 요한도 마찬가지였다. 바울처럼 우리도 다른 복음을 결단코 용납하지 않겠다고 결심해야 한다. 우리의 불완전한 생각이 만들어낸 복음은 물론, 심지어는 하늘의 천사가 전한 복음이더라도 참 복음이 아닌 경우에는 단호히 거부해야 한다(갈 1:6-9 참조). 또한 우리는 우리가 섬기는 이들에게서도 동일한 충실함을 기대해야 한다. 복음을 계속 배우고 반복해야만 알곡과 가라지를 가려내기 위한 분별력을 유지할 수 있다.

:: G - 은혜(Grace)

우리가 복음을 계속해서 가르치고 배워야 하는 이유는 복음 중심이 곧 은혜 중심의 믿음과 삶을 보장하기 때문이다. 복음에서 벗어나면 율법폐기주의나[30] 율법주의에 치우치게 된다. 어느 쪽으로 치우치든 그리스도의 아름다우심과 매력을 드러낼 수 없다. 은혜 중심이 아닌 사람이나 교회를 보면 힘이 빠지고 낙심이 된다. 우리 모두 영광스런 복음을 배우고, 또 배워야만 하나님의 은혜 안에 굳게 설 수 있다(벧전 5:12 참조). 베드로는 "오직 우리 주 곧 구주 예수 그리스도의 은혜와 그를 아는 지식에서 자라가라 영광이 이제와 영원한 날까지 그에게 있을지어다"(벧후 3:18)라고 말했다.

:: H - 소망(Hope)

우리가 복음에 초점을 맞추는 이유는 복음이 곧 소망의 근원이기 때문이다. 우리의 마음은 물론 주변 세상이 온통 상처와 슬픔으로 가득한 상황에서 우리는 무슨 소망을 가질 수 있을까? 복음을 제외하면 아무 소망도 없다. 복음 안에는 크고 견고한 소망이 있다. 매일을 살아가기에 충분한 믿음과 사랑이 이 소망에서 비롯한다(골 1:5 참조). 복음을 축소하는 것은 안일한 신앙주의를 조장하거나 구원의 짐을 하나님의 손에 맡기기보다 인간의 어깨 위에 짊어지우는 잘못을 저지르게 한다. 그런 잘못을 범한다면 확실한 소망을 붙잡을 수 없다. 영광스런 복음은 복된 소망이자(딛 2:13 참조) 영혼의 닻이다(히 6:19 참조). 우리 안에 계시는 그리스도께서는 영광의 소망이시다(골 1:27 참조). 이것이 복음 안에 있는 소망이다(골 1:23 참조). 하나님이 우리를 자녀로 삼으셨다는 확신과 우리가 그리스도의 형상을 닮아 영원히 그분과 함께 살게 될 것이라는 믿음에 근거한 소망을 마음속 깊이 간직하면 이 세상에 있는 동안에 그분을 더욱 닮기 위해 열심히 바라고 노력할 수 있다(요일 3:1-3 참조).

:: I - 친밀함(Intimacy)

우리는 복음을 통해 살아 계신 하나님과 친밀한 관계를 맺는다. 복음에는 하나님의 사랑이 나타난다. 하나님은 그 사랑으로 우리를 양자로 삼아 가족이 되게 하셨다. 요한은 "보라 아버지께서 어떠한 사랑을 우리에게 베푸사 하나님의 자녀라 일컬음을 받게 하셨는가, 우리가 그러하도다"(요일 3:1)라고 말했다. 성령께서는 우리에게 복음을 믿을 수 있는 능력을 주실 뿐 아니라 우리의 마음에 친히 들어와 거하시며 "아바 아버지"라고 부르짖게 하신다(갈 4:6 참조). 예배와 가르침과 설교와 교제와 봉사를 통해 복음을 반복하면, 하나님과 무한히 친밀한 교제를 나눌 수 있다.

:: J - 열심(Jealousy)

우리가 복음을 배우고 가르치는 이유는 우리가 섬기는 사람들을 위해 열심을 내야 하기 때문이다. 바울 사도는 고린도 신자들에게 이렇게 말했다. "내가 하나님의 열심으로 너희를 위하여 열심을 내노니 내가 너희를 정결한 처녀로 한 남편인 그리스도께 드리려고 중매함이로다"(고후 11:2). 여기에서 '열심'으로 번역된 말은 사실 '질투'를 뜻한다. '질투'라는 말은 사도의 직분을 맡은 바울에게 어울리지 않는 것처럼 들린다. 하지만 하나님 자신도 질투하는 하나님이시다(출 20:5 참조). 언약을 통해 참 사랑의 관계를 맺은 사람들은 서로 상대방의 사랑을 독차지하지 못하면 질투심을 느끼기 마련이다.

바울은 "뱀이 그 간계로 하와를 미혹한 것같이 너희 마음이 그리스도를 향하는 진실함과 깨끗함에서 떠나 부패할까 두려워하노라"(고후 11:3)고 말했다. 우리가 가르치고 섬기는 사람들 앞에 참 복음을 제시해야만 그들이 미혹을 당하지 않게 도울 수 있다. 참 복음을 더욱 깊이 알게 되면 '다른 예수'나 '다른 복음'을 인지하고 거부할 수 있는 분별력이 생겨난다.

:: **K - 지식**(Knowledge)

우리가 신자가 된 뒤에도 계속 복음을 배워야 하는 이유는 복음이 하나님의 지식과 지혜를 드러내기 때문이다. 십자가에 못 박히신 그리스도의 복음이 세상 사람들에게는 어리석어 보일지라도, "오직 부르심을 받은 자들에게는 유대인이나 헬라인이나 그리스도는 하나님의 능력이요 하나님의 지혜"(고전 1:23-24)이시다. 복음은 온전한 자들의 지혜(고전 2:6 참조), 곧 "은밀한 가운데 있는 하나님의 지혜"(고전 2:7)다. 하나님은 "성령으로 이것을 우리에게"(고전 2:10) 보이셨다. 바울은 "누가 주의 마음을 알아서 주를 가르치겠느냐 그러나 우리가 그리스도의 마음을 가졌느니라"(고전 2:16)고 결론지었다.

하나님의 지혜를 아는 지식 안에서 자라고 싶은가? 우리 주 예수 그리스도의 은혜와 지식 안에서 자라고 싶은가? 그렇다면 복음을 굳게 붙잡아야 한다.

:: **L - 사랑**(Love)

"우리가 아직 죄인 되었을 때에 그리스도께서 우리를 위하여 죽으심으로"(롬 5:8)라는 말씀대로, 복음은 하나님의 무한한 사랑의 계시다. 우리 자신은 물론 우리가 섬기는 신자들 모두가 복음을 굳게 붙잡아야 한다. 성만찬은 모든 감각을 통해 십자가에 못 박히신 그리스도를 기억할 수 있는 기회를 제공한다(고전 11:26 참조). 복음을 통해 나타난 하나님의 사랑은 사랑의 응답을 요구한다. 성만찬은 하나님의 사랑을 선포하고, 그에 대한 보답으로 서로 사랑할 것을 가르친다(고전 11:27 참조).

'사랑의 사도' 요한은 이러한 진리를 다음과 같이 온전히 드러냈다. "사랑은 여기 있으니 우리가 하나님을 사랑한 것이 아니요 하나님이 우리를 사랑하사 우리 죄를 속하기 위하여 화목 제물로 그 아들을 보내셨음이라 사랑하는 자들아 하나님이 이같이 우리를 사랑하셨은즉 우리도 서로 사랑하는 것이 마땅하도다"(요일 4:10-11).

:: **M - 사명**(Mission)

왜 우리는 복음을 계속해서 배우고 가르쳐야 할까? 그 이유는 우리 시대에 하나님이 행하고 계시는 위대한 사역을 깨닫기 위해서다. 하나님은 만물과의 관계를 회복하는 사역을 적극적으로 행하고 계신다. "하나님께서 그리스도 안에 계시사 세상을 자기와 화목하게 하시며"(고후 5:19)라는 말씀대로, 이것이 곧 하나님의 아들이 세상에 오신 목적이다. 이 사역은 그리스도의 몸, 곧 오늘날 온 세상에 흩어져 있는 교회를 통해 계속된다. 성부께서 성자를 보내 이루고자 하신 이 사역을 성자께서는 교회에게 일임하셨다(마 28:18-20; 요 20:21 참조). 그분은 우리와 항상 함께하겠다고 약속하셨다. 주님과 함께 거하는 것은 그분이 맡기신 사명을 이행하는 것과 똑같이 중요하다. 왜냐하면 그리스도께서 우리 안에 거하시고 우리가 그분 안에 거할 때 비로소 우리의 사명을 효과적으로 수행할 수 있기 때문이다.

:: N - 이야기(Narrative)

우리가 항상 복음을 배워야 하는 이유는 복음이 세상에서 이루어진 하나님의 구원 이야기의 정점이자 핵심이기 때문이다. 4장에서 살펴본 대로 우리는 하나님의 부르심을 받아 구원 이야기에 참여했다. 오늘의 시대는 만민에게 동일하게 적용되는 거대 이론을 거부한다. 이런 시대에는 하나님이 사람들에게 복음 이야기가 곧 그들 자신의 이야기라는 사실을 일깨워주시기를 기도하면서 충실하게 복음을 전하는 일이 더욱더 중요하다.

:: O - 복종(Obedience)

복음은 최소한 세 가지 점에서 복종을 요구한다(롬 1:5 참조). 첫째, 우리는 복음을 믿고 받아들임으로써 복음에 복종한다(요 6:29 참조). 둘째, 구원 신앙은 하나님의 은혜를 힘입어 복종하는 삶을 살아갈 수 있게 한다(빌 2:12-13 참조). 셋째, 우리는 모든 민족에게 복음을 전하라는 그리스도의 명령에 복종해야 한다(마 28:18-20 참조). 우리는 신앙 교육과 훈련을 통해 복음의 요구에 열과 성을 다해 부응해야 한다.

:: P - 고난(Passion)

우리는 매년 성주간을 지킴으로써 주님의 고난을 기념한다. 그와 마찬가지로 성만찬에 참여할 때마다 '주의 죽으심을 그가 오실 때까지 전한다.' 하나님이 성만찬을 제정하신 이유는 고난의 종이신 그리스도를 믿을 뿐 아니라 그분을 위해 기꺼이 고난을 감당하게 하시기 위해서다(빌 1:29 참조). 바울은 복음을 전하고 교회를 세우면서 자신이 당했던 고난을 그리스도의 고

난에 동참하는 의미로 이해했다(골 1:24; 빌 3:10-11 참조). 우리는 고난도 우리의 소명 가운데 일부라는 사실을 말과 행동을 통해 분명히 가르쳐야 한다.

:: **Q - 생명력**(Quickening)

우리는 본질상 죄와 허물로 죽은 죄인으로 진노의 대상이지만 하나님은 사랑과 은혜로 그리스도와 함께 우리를 다시 살리셨다(엡 2:1-5 참조). 하나님은 우리가 복음을 믿고 예수 그리스도를 의지할 때 과거와 마찬가지로 지금도 여전히 우리를 살리시는 사역을 행하고 계신다. 루터의 신학은 복음이 죽은 영혼을 살리는 말씀이라는 사실을 특별히 강조한다. 하나님은 무한한 자비로 그런 말씀을 우리에게 전하신다. 우리는 우리 자신을 위해 이 말씀에 계속 귀를 기울여야 할 뿐 아니라 이 말씀을 다른 사람들에게 충실하게 전해야 한다.

:: **R - 의**(Righteousness)

"복음에는 하나님의 의가 나타나서 믿음으로 믿음에 이르게 하나니"(롬 1:17). 바울이 로마서에서 가르친 내용은 매우 복잡하고 심오하다. 하지만 우리는 복음이 최소한 두 가지 점에서 하나님의 의를 드러낸다는 사실을 알 수 있다.

첫째, 복음은 하나님이 의로우시다고 선언한다. 복음은 우리의 죄가 그리스도를 통해 완전히 속량되었기 때문에 하나님이 그것을 근거로 우리에게 용서를 베푸신다고 가르친다(롬 3:24-26; 요일 1:9, 2:2 참조). 둘째, 하나님은 우리가 예수 그리스도를 믿을 때 복음으로 우리를 의롭다고 선언하신다. 하나님은 복음 안에서 "자기의 의로우심을 나타내사 자기도 의로우시며 또한 예수 믿는 자를 의롭다"(롬 3:26) 하셨다. 따라서 복음을 충실히 가르치고 전하는 일은 더 이상 말이 필요하지 않을 만큼 중요하다.

:: S - 구원(Salvation)

구원의 신비는 앞서 말한 내용과 밀접하게 관련된다. 성경은 "복음은 모든 믿는 자에게 구원을 주시는 하나님의 능력이 됨이라"(롬 1:16)라고 가르친다. 앞서 살펴본 대로 이는 단지 복음전도만을 뜻하지 않는다. 복음 자체가 믿는 사람을 처음부터 끝까지 줄곧 구원하는 능력이다. 복음에는 구원과 관련된 위대한 교리(선택, 중생, 칭의, 성화, 영화 등)가 모두 포함되어 있다. 이것이 복음이 교회의 모든 사역 가운데서 중심이 되어야 하는 이유다.

:: T - 신학(Theology)

우리의 교리와 삶은 복음에 일치해야 한다. 그릇된 신학 사상은 복음을 왜곡시키고, 그릇된 복음은 수많은 이단을 양산한다. 사탄은 교묘한 솜씨로 하나님의 진리를 왜곡시키는 데 정통한 신학자다. 우리는 이 점을 다음 장에서 좀 더 자세히 살펴볼 생각이다.

:: U - 일치(Unity)

우리의 설교와 가르침이 복음에 초점을 맞추면 교회의 일치에 많은 도움이 된다. 우리는 이 사실을 20세기 후반기에 활동했던 빌리 그레이엄을 통해 분명히 확인할 수 있다. 빌리 그레이엄의 전도 운동은 다양한 교파와 교회의 협력과 일치를 이끌어냈다.³¹⁾ 21세기가 시작될 무렵에도 복음전도와 교회 연합을 목적으로 하는 복음 운동이 목하 진행 중이다.

물론 세상에서 완전한 일치는 불가능하다. 여러 가지 다양한 신념과 인간의 타락을 둘러싼 이론들이 서로 대립하고 있기 때문이다. 하지만 복음을 중심점으로 삼는다면 지엽적인 논쟁을 최소화시키는 데 큰 도움이 될 수 있다(빌 1:18 참조).

:: V - 비전(Vision)

생각을 복음에 집중하면 우리의 마음을 하나님의 마음에 일치시키는 데 도움이 된다. 하나님이 소중히 여기시는 일을 소중히 여기지 않으면 무가치한 일이나 불필요한 분쟁에 얽매이기 쉽다. 예수님은 앞에 있는 기쁨(히 12:2 참조), 즉 자신의 고난과 죽음을 통해 많은 사람을 영광으로 인도할 수 있다는 기쁨(히 2:10-18 참조) 때문에 상상을 초월하는 고난과 치욕을 견디셨다. 바울도 복음과 구원 사역을 위해 온갖 고난을 기꺼이 감수했다(고전 9:23; 빌 1:12-13; 딤후 1:11-12 참조). 복음의 비전은 복음을 위해 싸울 수 있는 용기와 온갖 시련을 견딜 수 있는 인내를 독려한다.

:: W - 예배(Worship)

우리가 복음을 계속 가르치고 배워야 하는 이유는 복음만큼 예배와 찬양을 자극할 수 있는 것이 없기 때문이다. 지난 20세기 동안 교회에서 애창되어 온 찬송가를 대충만 훑어보아도 이 사실을 분명히 알 수 있다. 고대든 현대든 가장 훌륭한 찬송가, 즉 신자들이 늘 즐겨 부르는 찬송가는 항상 복음을 그 내용으로 한다. 즉 하나님께 영광을 돌리고, 그리스도를 높이고, 그리스도의 십자가와 속죄 사역이 내용의 중심을 이룬다. 기독교 예배의 다른 요소들인 설교, 신앙고백, 기도, 성례의 경우도 예외가 아니다. 복음을 없애면 기독교 예배도 덩달아 사라진다. 교회에서 애창되는 수많은 복음 중심의 찬송가 가운데 하나를 소개하면 다음과 같다.

> 내가 공을 세우나 은혜 갚지 못하네.
> 쉼 없이 힘쓰고 눈물 근심 많으나
> 구속 못할 죄인을 예수 홀로 속하네.
>
> 빈손 들고 앞에 가 십자가를 붙드네.
> 의가 없는 자라도 도와주심 바라고
> 생명 샘에 나가니 맘을 씻어주소서.[32]

더 이상의 설명은 불필요하다. 이러한 찬송가에 언급된 복음은 언제나 놀람과 경탄을 자아낸다.

:: **X - 관대함**(Xenophilia)

우리가 여기에서 생각한 헬라어는 '이방인, 나그네, 낯선 자에 대한 사랑'을 뜻하는 '필로크세니아'다. 여기에서 유래한 영어 단어도 그 의미는 똑같다.[33] 영어 성경에서 '필로크세니아'는 '접대'(롬 12:13; 벧전 4:9 참조), 또는 "손님 대접하기"(히 13:2)로 번역되었다. 나그네를 대접하는 것은 교회 지도자의 자격 조건 가운데 하나다(딤전 3:2 참조). 마지막 심판 때에 예수님에게서 칭찬을 받을 것인지 심판을 받을 것인지는 '지극히 작은 자'와 그리스도를 영접했느냐 영접하지 않았느냐에 달렸다(마 25:35, 43 참조). 예수님의 성육신과 고난은 물론 그 외에 복음서에 기록된 사건들에서 우리는 그분이 친히 이방인 사랑의 본을 보여 주셨다는 사실을 깨달을 수 있다. 우리는 그분에게 낯선 이방인이었을 뿐 아니라 심지어 원수였다. 하지만 예수님은 원수인 우리를 위해 목숨까지 내어주셨다(롬 5:8 참조). 복음은 그런 사랑을 본받으라고 요구한다(요일 4:10-11 참조).

:: Y - 헌신(Yielding)

우리가 교인들에게 계속 복음을 제시해야 하는 이유는 하나님의 자비하심 안에서 우리의 목숨을 산 제물로 온전히 그분께 바쳐야 하기 때문이다(롬 6:13, 12:1 참조). 복음을 통해 드러난 하나님의 인자하심은 우리의 회개를 촉구해(롬 2:4 참조) 더 이상 우리 자신을 위해서가 아니라 우리를 위해 죽으시고 부활하신 주님을 위해 살게 한다(고후 5:15 참조).

:: Z - 열정(Zeal)

하나님이 우리와 우리가 섬기는 사람들의 마음에 복음과 복음의 그리스도를 위한 열정으로 가득 채워주시기를 기도한다. 우리는 바울의 삶에서 그런 열정을 분명히 확인할 수 있다. 예수님도 마찬가지셨다. 그분이 공생애를 시작하면서 던지신 첫마디는 회개하고 복음을 믿으라는 것이었다(막 1:15 참조). 사실, 그분의 사역 전체가 복음을 전하는 일이었다. 예수님이 삶과 죽음을 통해 말씀하고 행하신 일은 모두 다 인류를 위한 하나님의 좋은 소식을 전하는 데 그 목적이 있었다. 5장은 물론 앞으로의 내용을 통해 우리가 바라는 소원이 있다면, 영광스런 복음, 즉 그리스도의 좋은 소식으로 주님을 섬기는 동안에 잠시도 영혼의 열정이 식지 않고 끝까지 지속되는 것이다(롬 12:11 참조).

결론

| 교리 사역은 복음을 전하고 가르치는 데서부터 출발해야 한다. 충실한 교리 교육은 믿음의 도나 구원 이야기는 물론, 복음을 중심으로 해야 한다. 다음 장에서는 복음이 믿음과 삶에 어떤 영향을 미치는지를 살펴볼 생각이다. 이를 위해 우리는 앞서 '믿음의 세 가지 측면'이라고 일컬었던 내용에서부터 시작하고자 한다.

"나를 따르라. '나는 길이요 진리요 생명이다.'
길이 없으면 갈 수 없고, 진리가 없으면 알 수 없고, 생명이 없으면 살 수 없다.
나는 네가 따라야 할 길이고, 네가 믿어야 할 진리이며, 네가 바라야 할 생명이다.
나는 아무도 침범할 수 없는 길이요, 절대 무너지지 않을 진리요, 끝이 없는 생명이다.
나는 가장 올곧은 길이요, 가장 고귀한 진리요, 참된 생명이요,
창조되지 않은 복된 생명이다.'" - 토마스 아 켐피스

Grounded in the Gospel :

Building Believers the old-fashioned way

chapter 6

믿음의
세 가지 측면

우리의 사명도 바울 사도처럼 그리스도를 전파하는 데 있다(골 1:28 참조). 그리스도께서는 가르치는 사역의 근본이자 핵심이시다. 우리는 하나님의 영광스런 복음을 신자와 비신자 모두에게 전하고 가르친다. 복음을 도외시한 채 다른 곳에 더 중요하고, 더 심오한 무엇이 있는 것처럼 찾아 헤매서는 안 된다. 물론 복음은 지금까지 살펴본 대로 다양하고 무한한 측면을 지닌다. 복음의 의미와 적용은 무궁무진하다. 이번 장에서는 그리스도를 전파하는 사역의 몇 가지 차원을 살펴보도록 하자.

다림줄 역할을 하는 복음

복음의 다양한 의미와 적용을 다루는 방법 가운데 하나는 복음을 우리의 사고와 말과 가르침과 삶의 기준선으로 받아들이는 것이다.[2] 다림줄은 끝에 추를 달아 맨 줄을 말한다. 인류가 오랫동안 다림줄을 사용해 온 목적은 크게 두 가지다. 하나는 수직, 또는 직각을 측정하기 위해서고, 다른 하나는 깊이를 측정하기 위해서다. 다림줄을 벽이나 물속에 드리우는 목적은 깊이를 측정하기 위해서다. 바울은 복음을 생각하는 순간 그리스도의 사랑의 깊이에 놀라워하며 신자들이 성령의 조명을 통해 측량할 수 없는 사랑의 깊이를 헤아릴 수 있게 해달라고 기도했다(엡 3:18-19 참조). 하지만 영광스런 복음의 깊이를 다 측량할 수 있을 만큼 긴 다림줄은 존재하지 않는다. 게리는 새신자 시절에 교회에서 예배를 드리면서 불렀던 옛 찬송가에 깊이 매료되었다. 그 찬송가의 일부를 소개하면 다음과 같다.

> 하늘을 두루마리 삼고 바다를 먹물 삼아도
> 한없는 하나님의 사랑 다 기록할 수 없겠네.
> 하나님의 크신 사랑 그 어찌 다 쓸까.
> 저 하늘 높이 쌓아도 채우지 못하리.
> 하나님 크신 사랑은 측량 다 못하네.
> 영원히 변치 않는 사랑 성도여 찬양하세.[3]

우리는 깊고 깊은 사랑과 자비와 은혜 속에서 살아 계신 하나님과 친밀한 교제를 나눌 수 있는 축복과 그분의 길로 행할 수 있는 능력을 길어올릴 수 있다. 그 어떤 다림줄로도 복음의 깊이를 다 측량할 수는 없지만, 복음 자체가 우리의 다림줄이 되어 우리의 삶과 사역과 교리의 깊이와 질을 측량한다.

한편 건축가들은 건물이 수직으로 잘 세워져 있는지를 측정하기 위해 다림줄을 사용한다. 하나님은 아모스 선지자에게 다림줄을 이스라엘 백성 가운데 두라고 명령하셨다(암 7:7-8 참조). 하나님은 선택하신 백성이 길에서 떠나 올바로 살아가지 못하는 탓에 심판을 받게 되었다는 사실을 일깨워주시려고 다림줄의 상징을 사용하셨다. 마찬가지로 복음은 우리의 교리와 삶을 측정하는 다림줄이다. 바울은 디모데에게 그의 삶과 가르침을 잘 살피라고 당부했다. 그래야만 디모데 자신은 물론 그가 가르치는 사람들이 구원받을 수 있었기 때문이다(딤전 4:16 참조).

아울러 바울은 디모데에게 "복되신 하나님의 영광의 복음"(딤전 1:11)에 일치하는 올바른 교리를 가르쳤다. 그는 디도에게도 "오직 너는 바른 교훈에 합당한 것을 말하며"라고 당부하면서 신자들이 걸어야 하고 행해야 하고 살아가야 할 길에 관한 교훈을 상세히 가르쳐주었다(딛 2:1-10 참조). 두 경우 모두 당부한 내용이 비슷하다. 간단히 말해 바울은 복음에 일치하는 올바른 교리와 가르침을 전하고, 올바른 교리에 합당한 삶의 방식을 견지하라고 권고했다.

디도서 2장 1절에 대한 킹제임스 성경은 우리가 제시하고자 하는 원리를 매우 흥미롭게 표현한다. 오늘날의 사람들에게 이 말은 자칫 혼동을 일으킬 소지가 높다. "But speak thou the things which become sound doctrine"이라는 바울의 말은 도대체 어떤 뜻일까? 우리가 가르치는 것은 무엇이든 충분히 다루고 거듭 반복하기만 하면 차츰 바른 교훈이 될 수 있다는 의미일까? 바울이 다른 곳에서 말한 대로 그런 일은 한마디로 불가능하다. 이에 대한 해답은 '되다'를 뜻하는 'become' 동사의 옛 용법에 있다. 지금도 사람들은 이따금 "그 드레스가 너에게 정말 잘 어울린다"(That dress really becomes you)라는 표현을 사용한다. 이는 드레스가 그것을 입은 사람의 자연스런 아름다움을 더욱 돋보이게 한다는 뜻이다. 디도서 2장에서 바울이 말하고자 하는 요점은 교회가 "하나님의 교훈을 빛나게"(딛 2:10) 하는 삶을 살도록 신자들을 가르쳐야 한다는 것이다. 바울은 1장에서도 "미쁜 가르침을 그대로"(딛 1:9) 지키라고 말했다. 그는 2장에서 디도에게 신자들에게 "복음에 따라서 살고, 복음에 합당하고, 복음을 영화롭게 하는" 삶을 살도록 가르치라고 권고했다.[4]

교회가 복음에 일치하지 않는 교리를 가르치거나 삶을 허용할 경우에는 큰 폐해가 초래된다. 잘 아는 대로 우리는 성령 안에서 구원의 날까지 인 치심을 받았다. 또한 그분은 진리의 영이시다(요 15:26 참조). 우리가 앞서 말한 잘못을 저지르면 성령께서는 크게 근심하신다. 또한 복음에 일치하지 않는 교리는 이단의 씨앗을 배태하거나 진리를 왜곡시킨다. 거룩하지 못한 삶의 방식은 "우리 구주 하나님의 교훈을 빛나게" 하기는커녕 그와 정반대의 결과를 낳는다. 신자답지 못한 삶을 살면 교회에 대한 비신자의 관심을 더욱 멀어지게 만들기 때문에 그들이 복음의 메시지를 듣고, 믿고, 받아들이기가 더욱 어려워진다. 바울은 선지자들의 말을 인용해 로마의 유대교 신자들이 소명에 합당하지 못한 삶을 사는 탓에 "하나님의 이름이……이방인 중에서 모독을 받는도다"(롬 2:24; 사 52:5; 겔 36:22 참조)라고 꾸짖었다. 그리스도인인 우리가 소명에 합당한 삶을 살지 못할 때도(엡 4:1 참조) 불신 세계에 하나님의 이름을 모욕할 빌미를 내주게 된다.

바울은 복음의 다림줄에 부합하지 않았던 사례를 하나 소개한다. 그는 갈라디아 신자들에게 동료 사도였던 베드로를 책망한 일을 언급했다. 베드로는 복음이 이방인들 사이에서 어떤 역사를 일으켰는지를 알아보려고 안디옥에 방문했다. 그곳에서 자신이 목격한 사실을 인정하고 이방인 신자들과 함께 식사를 했다. 그때 몇몇 유대인 신자들이 야고보를 비롯해 예루살렘 교회의 지도자들로부터 보냄을 받아 안디옥의 상황을 살피려고 그곳에 도착했다. 그러자 베드로는 "이방인과 함께 먹다가 그들이 오매 그가 할례자들을 두려워하여 떠나"(갈 2:12) 물러갔다. 바울은 베드로의 행위를 '위선'이라고 질타했다. 베드로의 위선은 심지어 바울과 함께 이방인들에게 열심히 복음을 전한 바나바를 비롯해 그곳에 있던 다른 유대인 신자들까지 그릇된 길에 치우치게 만들었다. 바울은 "그들이 복음의 진리를 따라 바르게 행하지 아니함을 보고"(갈 2:14) 베드로와 다른 유대인 신자들을 책망했다.[5]

사실 베드로 자신도 이방인 고넬료의 집을 방문했을 때 복음에 근거한 핵심 진리를 언급한 바 있었다. 즉 그는 "내가 참으로 하나님은 사람의 외모를 보지 아니하시고 각 나라 중 하나님을 경외하며 의를 행하는 사람은 다 받으시는 줄 깨달았도다"(행 10:34-35)라고 말했다. 나중에 이방인 신자들을 처리하는 문제를 결정하기 위해 예루살렘 공회가 열렸을 때도 베드로는 참석자들 앞에서 "마음을 아시는 하나님이 우리에게와 같이 그들에게도 성령을 주어 증언하시고 믿음으로 그들의 마음을 깨끗이 하사 그들이나 우리나 차별하지 아니하셨느니라……우리는 그들이 우리와 동일하게 주 예수의 은혜로 구원받는 줄을 믿노라"(행 15:8-11)고 말했다. 하지만 그는 자신이 담대하게 옹호했던 교리를 행동으로 부인하는 잘못을 저지르고 말았다.

우리 가운데 그와 비슷한 잘못을 저지르지 않은 사람이 누가 있겠느냐며 베드로를 너무 심하게 책망하는 것은 옳지 않다고 말할 사람이 있을지도 모른다. 물론 바울의 글을 주의 깊게 읽어보면 그가 스스로 완전한 상태에 이르렀다고 주장하지 않았다는 사실을 엿볼 수 있다(빌 3:12 참조). 사실 그는 자신을 죄인 중의 죄인으로 여겼다(딤전 1:15 참조). 이 세상에 사는 한 하나님의 기준에 온전히 부합하는 삶을 살 수 있는 사람은 아무도 없다. 하지만 바울과 베드로에게 요구되었던 대로 우리에게도 이미 받은 진리에 따라 그리스도 안에서 하나님이 위에서 부르신 부름의 상을 위해 달려가라는 소명이 주어졌다(빌 3:14-16 참조). 우리는 이러한 소명을 이루는 것을 목표로 삼아야 한다.

그렇다면 무엇이 영광스런 진리에 일치하는 올바른 교리일까? 그러한 교리는 다양하다. 이들 교리는 하나님, 인간, 죄, 그리스도, 구원, 성령, 교회, 말세 등 여러 가지 신학적 주제와 관련된다.[6] 오늘날 많은 논의와 논쟁의 주제로 부각된 속죄 교리를 비롯해 모든 종류의 은혜의 교리가 여기에 해당한다. 우리는 "충실한 신자들과 더불어 성령의 능력으로" 부지런히 성경을 듣고, 배우고, 읽으면서 그 의미를 충실히 파헤침으로써 이들 교리에 관한 우리의 가르침이 옳은지 그른지를 분별해야 한다.[7] 신중한 분별력을 지녀야만 영광스런 복음에 부합하는 신학적 결론에 도달할 수 있다. 만일 그렇지 못하면 우리의 가르침은 복음의 다림줄에 어긋나게 되고, 그럴 경우에는 처음부터 다시 출발해야 한다.

올바른 교리를 실생활에 적용하는 방법은 무수히 많다. 하나님과 이웃을 향한 우리의 행동은 복음의 진리를 드러내야 하고, 또한 서로 아름답게 조화되어야 한다. 베드로가 안디옥에서 그랬던 것처럼 인종을 차별하는 것은 복음의 다림줄에 어긋난다. 야고보서 2장에서 경고하고 있는 대로 부자를 좋아하고 가난한 자를 멸시하는 행위도 복음의 다림줄에 어긋난다. 곤궁한 처지에 있는 형제나 자매를 보고서도 실제로 그들을 돕지 않고 한갓 말로만 위로를 전하는 척하는 것도 복음의 다림줄에 어긋난다(요일 3:16-18 참조). 복음을 깊이 묵상할수록 복음의 기이함과 경이로운 은혜의 교리와 우리의 삶에 부과된 의로운 의무를 더욱 확연히 깨달을 수 있다.

믿음의 도를 구성하는 첫째 핵심 요소는 복되신 하나님의 영광스런 복음이다. 영광의 복음은 하나님의 구원 계획과 구원 사역과 관련된 다양한 현실을 망라한다. 믿음의 도를 구성하는 둘째 핵심 요소는 영광의 복음에 부합하는 올바른 교리이고, 셋째 핵심 요소는 그러한 교리에 일치하는 삶의 방식이며, 넷째 핵심 요소는 복음의 능력에서 비롯하는 놀라운 생명력을 경험함으로써 주님의 길을 걸어갈 수 있는 힘을 얻는 것이다. 이 가운데 마지막 세 가지는 복음에서 비롯하는 믿음의 세 가지 측면(또는 차원)에 해당한다. 우리는 지금까지 이 세 가지 측면을 원론적으로 진술했다. 그럼 이제 이들 측면을 좀 더 확실하고 구체적으로 드러낼 수 있는 역사적, 성경적 방법을 살펴보기로 하자.

4장에서 말한 대로 교리 교육의 세 가지 측면(진리, 생명, 길)은 지난 2,000년 동안 교회의 실천을 통해 사회심리학적으로 타당하고 역사적으로 확증된 성경적 원리에 해당한다. 이들 믿음의 세 가지 측면은 복음에 내재한다. 각각의 측면은 서로 분리되지 않으면서 동시에 제각기 독특한 내용을 지닌다. 우리는 여기에서 귀납적인 추론 방식으로 이들 측면을 살펴볼 생각이다. 다시 말해, 먼저 이 삼중 계획이 뛰어난 지혜에 근거한다는 사실을 입증하는 증거들을 제시하고, 그 다음에 내용을 간단히 요약한 뒤 한 가지 제안을 덧붙이는 방법을 선택했다. 우리가 제시할 증거에는 역사, 성경, 사회심리학이라는 다양한 분야에서 발췌한 사실들이 포함된다.[8]

역사적 증거

| 정통 신앙을 고수하는 교회들은 늘 일관된 태도로 오직 예수 그리스도만이 세상의 깊은 갈망과 필요를 충족시키실 수 있다고 확신해 왔다. 하지만 삼중 차원을 통해 그리스도를 선포하는 지혜가 교회의 가르치는 사역을 통해 여실히 입증되었다는 점을 깊이 인식하는 경우는 별로 없었다. 특히 교리 교육의 경험이 거의 없는 교회들의 경우에는 이 원리를 쉽게 간과할 수밖에 없다. 그 이유는 이 삼중 차원이 역사적 요리 문답을 통해 가장 분명하게 부각되었기 때문이다.

앞서 3장에서 논의한 대로 종교 개혁 시대의 요리 문답은 믿음의 도를 구성하는 세 가지 요소, 즉 사도신경, 십계명, 주기도에 주로 초점을 맞추었다.[9] 이들 세 가지 요소에 세례와 성만찬에 관한 교훈이 덧붙여졌다. 물론 이들 성례는 다른 세 가지 요소와 동등한 지위를 누리지 못했다. 청교도 시대의 요리 문답도 대부분 그와 동일한 형태를 유지했다.

우리는 3장에서 루터를 비롯한 종교 개혁자들이 인쇄된 요리 문답을 통해 가르친 내용이 교회가 구전으로 전해 온 요리 문답(즉, 하나님의 계명에 근거한 신조 교육과 윤리 교육 및 주기도에 근거한 기도 교육)과 일치한다는 점을 지적한 바 있다.

그러면 이제는 교회가 특별히 이들 세 가지 요소를 교리 교육의 토대로 받아들이게 된 이유를 살펴보는 데 관심을 기울여보기로 하자.

교회 지도자들이 공식 차원에서 이 세 가지 요소를 공통 근거로 받아들이기로 합의했다는 주장은 많은 무리가 따른다. 사실 그들은 전혀 합의를 시도하지 않았다. 오히려 이 세 가지 요소에 대한 합의는 제각기 자발적으로 이루어지다가 나중에 교회에서 공식적으로 인준되었다고 말하는 것이 옳다. 합의가 그런 식으로 이루어졌다는 사실은 지금까지 출판된 다양한 요리문답에 실린 여러 가지 서론과 해설에 드러난 증거를 살펴보면 더욱 분명해진다. 가장 자주 제기되는 이유는 최소한 다음 세 가지다.

첫째 이유는 역사적 선례다. 이 주장은 오늘날의 복음주의 신자들에게 그다지 설득력이 없는 듯하다. 복음주의 신자들은 늘 "우리는 성경을 믿는다. 성경 어디에 그런 말씀이 있느냐?"고 묻는다. 성경에 충실하려는 태도는 반드시 필요하고, 또 칭찬할 만하다. 하지만 우리에게 전해진 기독교의 전통을 쉽게 경시하는 태도는 전혀 바람직하지 않다. 그것은 오히려 성경의 정신에 위배된다. 예수님을 위해 사람들을 제자로 삼는 일을 처음 시도했던 사람들은 우리가 아니다. 우리가 진정한 겸손과 지혜를 지니려면 과거 시대의 형제와 자매들이 교리를 가르치고 제자를 훈련했던 방법을 신중히 살펴보고, 그러한 방법이 성경의 가르침에 일치하는지를 시험해 봐야 한다. 교리 교육의 내용을 계속 고치거나 우리가 앞서간 신자들보다 성경에 충실할 가능성이 더 높다고 단정하는 것은 지혜롭지 못한 태도다.

교회의 역사(특히 종교 개혁 이전 시대)를 거치면서 발전해 온 개념과 관습을 무시하는 태도는 오늘날 우리를 성경을 믿는 신자로 만든 역사적 교회에 관해 고집스럽고 순진하기 짝이 없는 무지를 드러내는 셈이다. 성경을 정경으로 인정하고 있는 현실과 성경에 근거한 정통주의를 지지하며 현재의 방식으로 예배를 드리는 우리의 신앙 관습을 비롯해 우리가 믿는 성경적 기독교를 구성하는 여러 요소 가운데 앞서 지나간 오랜 교회의 전통에 깊은 영향을 받지 않는 요소는 거의 없다.[10] 따라서 교회의 역사를 고의로 무시하면 성경과 무관한 신앙과 실천을 주장하게 될 가능성이 훨씬 더 높아질 수밖에 없다.

예수님이 마태복음 7장에서 가르치셨듯이 우리의 눈에 있는 들보는 보지 않고 옛 신자들의 눈에 있는 티를 빼내겠다고 덤벼서는 안 된다. 고대의 신자들이나 종교 개혁자들은 주변 문화에 많은 영향을 받지 않았느냐고 반문할지도 모르겠다. 물론 그렇다. 하지만 그렇게 말하면서도 정작 우리 자신은 그와 유사한 한계에서 자유롭다고 생각하는 것은 자기기만에 불과하다. 따라서 우리는 옛 신자들이 가르친 믿음의 도에 겸손히 귀를 기울임으로써 교리 교육에 관한 그들의 지혜를 배워야 한다.

교회가 믿음의 도를 구성하는 세 가지 요소를 받아들인 둘째 이유는 이 세 가지 요소가 성경에 깊이 근거하고 있다는 사실 때문이다. 먼저 주기도와 십계명은 누가 보아도 명백한 성경의 가르침이다. 이 두 가지는 성령의 영감으로 기록된 성경의 가르침일 뿐 아니라 하나님이 직접 가르치신 가르침이기도 하다. 출애굽기 20장과 신명기 5장에 등장하는 십계명은 하나님이 친히 손으로 기록하신 계명이다(출 31:18 참조). 구약성경은 물론 신약성경에도 십계명은 여러 차례 언급되어 나타난다(막 10:18-19; 롬 13:9 참조). 우리가 주기도라고 일컫는 기도도 예수님이 직접 가르치신 기도다. 주기도는 복음서에 두 번 기록되었다(마 6:9-12; 눅 11:2-4 참조). 예수님이 이 기도를 그 외에도 여러 차례 더 가르치셨을 가능성도 없지 않다. 따라서 교회가 이 두 가지 요소에 특별히 관심을 기울였던 것은 조금도 놀랍지 않다.

하지만 사도신경은 그런 일치된 증거의 뒷받침을 받지 못한다. 『웨스트민스터 요리 문답』은 사도신경을 해설하지 않는다. 『웨스트민스터 요리 문답』에는 사도신경이 종종 해설 없이 부록으로 첨부되었다. 물론 그렇다고 해서 사도신경을 무시한 인상은 전혀 없다. 『웨스트민스터 요리 문답』을 채택한 교회들은 항상 사도신경과 그 안에 담겨 있는 가르침을 존중해 왔다. 하지만 이 요리 문답이 사도신경에 관한 해설을 싣지 않음으로 종교 개혁 시대의 요리 문답과 궤를 달리한 것은 분명하다.

일부 개신교 교회는 사도신경을 좀 더 노골적으로 배제한다. 이미 살펴본 대로 "성경 외에는 그 어떤 책도, 그리스도 외에는 그 어떤 신조도, 사랑 외에는 그 어떤 율법도 용납할 수 없다"라는 슬로건이 교회의 게시판에 부착되어 있는 것을 심심하지 않게 목격할 수 있다. 이 슬로건은 자유 교회 운동이 지니고 있는 성향을 드러낸다. 하지만 어떤 점에서 그런 함축적인 슬로건 자체가 신앙고백의 형태에 해당할 뿐 아니라 다른 사람들이 받아들여 전해 준 의미심장한 전통의 일부일 수 있다.

복음주의 신자들은 사도신경을 비롯해 교회의 역사를 통해 만들어진 이런저런 신조가 성경보다 더 큰 권위를 지니고 있다고 믿지 않는다. 하지만 동서고금을 막론하고 개신교와 가톨릭교회는 지금까지 사도신경이 성경의 근본 진리를 충실하게 요약하고 있다는 사실에 아무 이의를 제기하지 않았다. 종교 개혁자들과 그들의 후예들도 대부분 믿음의 핵심 원리가 사도신경 안에 충실하고, 명백하고, 간결하게 함축되어 있다고 믿는다.

이 세 가지 요소가 역사적 요리 문답의 핵심을 구성하게 된 셋째 이유는 성경의 근본 진리를 간략히 소개함으로써 기독교 신앙 전체를 개괄하는 서론과 같은 역할을 하기 때문이다. 사도신경은 신학의 기초 훈련을 제공하고, 십계명은 윤리의 기본 원리를 제시하며, 주기도는 기도 생활의 첫걸음을 인도한다.

신학과 윤리와 기도라는 이 세 가지 요소는 교회의 역사를 거치면서 또 다른 방식으로 발전해 왔다. 즉 이 세 가지 요소는 '기도의 법칙', '믿음의 법칙', '삶의 법칙'이라는 용어를 통해 적절히 표현되었다. 이들 가운데 앞의 두 가지, 즉 '우리는 기도하고(또는 예배하고) 우리는 믿는다'라는 표현은 종종 함께 언급된다.[11] 여기에 마지막 용어를 첨가하면 '우리는 기도하고, 믿고, 또 산다'라는 신앙생활의 세 가지 법칙이 성립한다.

신앙생활의 세 가지 법칙은 이미 오래전 이스라엘 백성의 삶에서 명백히 드러났다. 아브라함 요수아 헤셸은 유대인의 종교 생활을 이렇게 요약했다. "예배, 교육, 실천은 우리의 전통 안에서 종교적 실존의 주된 측면과 정확히 일치한다. 이 세 가지는 하나다. 이 세 가지 길을 걸어가야만 하나의 목적지에 도달할 수 있다. 이스라엘 민족은 천지만물의 하나님이 곧 역사의 하나님이시고, 그분의 길을 아는 것이 곧 그분의 뜻을 아는 것이라는 사실을 발견했다."[12] 더욱이 회당은 역사적으로 세 가지 핵심 요소를 지향하는 기관으로 인식되었다. 즉 회당은 모임의 장소, 교육의 장소, 기도의 장소였다.[13] 회당의 목적은 베네딕트 수도회가 정한 신앙생활의 규칙과도 일맥상통한다. 이 규칙은 기독교 수도원 운동의 규범으로 자리잡았다. 수도사의 하루 일과는 성경 연구, 공동체를 섬기기 위한 노동, 기도 사역(가장 중요했다)

의 세 가지로 이루어졌다. 이 세 가지 활동은 '하나님의 일'로 간주되었다.

다음의 표는 신앙생활의 세 가지 영역에 초점을 맞춘 역사적 사례를 간단히 요약한 것이다.

유대인의 종교 경험	교육	예배	실천
회당의 세 가지 목적	교육의 장소	기도의 장소	모임의 장소
기독교의 신앙생활	기도의 법칙	믿음의 법칙	삶의 법칙
아우구스티누스의 「교본」	믿음 (사도신경)	소망 (주기도)	사랑 (하나님 사랑과 이웃 사랑)
베네딕트 수도회의 수도원 규칙	성경 연구	기도 사역 ('하나님의 일')	공동체를 섬기기 위한 노동
종교 개혁자들의 요리 문답	사도신경 해설	주기도 해설	십계명 해설

성경적 증거

이번에는 성경이 우리가 역사적 증거를 통해 발견한 포괄적 신앙 원리를 지지하는지의 여부를 살펴보자. 우리는 이미 앞에서 이 문제를 간단히 언급했다. 우리는 성경이 믿음의 삼중 차원을 교육과 삶의 지침으로 인정한다고 믿는다. 물론 이 문제는 항상 분명하지는 않다. 우리는 그렇게 주장할 의도도 없고, 믿음의 삼중 차원이 신앙생활의 영역을 모두 포괄할 수 있는 유일한 방법이라고 강조하고 싶은 생각도 없다. 하지만 우리는 교회가 신자들에게 신앙생활의 세 가지 측면(신조, 이웃과의 관계, 하나님께 대한 헌신)을 가르친 것은 지혜로운 목회 방법이자 성경에 근거한 실천 관습이었다고 확신한다. 우리는 성경이 이를 지지한다고 믿는다.

유대교의 가장 위대한 신앙고백은 신명기 6장 4절에 기록된 '쉐마'다. 그곳에 보면 "이스라엘아 들으라 우리 하나님 여호와는 오직 유일한 여호와이시니"라는 말씀이 발견된다. 이는 신학의 가장 근본적인 진리, 즉 하나님은 한 분뿐이시라는 진리를 믿고, 굳게 붙잡으라는 명령이다. 유대교 저술가들은 오랫동안 유대교가 신학적 종교라기보다 윤리적 종교라고 한결같이 주장해 왔지만, 유대교가 신학을 중시하고 유대교 신앙의 신학적 취지를 진지하게 받아들였다는 것은 부인할 수 없는 사실이다. 하나님은 오직 한 분이시니 마땅히 "마음을 다하고 뜻을 다하고 힘을 다하여 네 하나님 여호와를 사랑하라"(신 6:5)는 명령에 유대교의 가장 근본적인 신앙고백이 담겨 있다.

이 중요한 성경 본문에서 우리는 이른바 두 가지 형태의 신학, 즉 직설적 신학과 규범적 신학의 전형을 발견할 수 있다. 이 개념은 우리가 사실로 인정하는 신학적 진리에는 항상(분명하지 않으면 은연중에라도) 그에 상응하는 명령이 뒤따른다는 점을 일깨워준다. 이 개념은 계시와 반응의 원리로 바꾸어 말할 수도 있다. 하나님과 그분의 위대한 행사와 우리의 삶을 위한 그분의 뜻이 계시될 때마다 우리는 삶을 통해 그에 적절하게 반응해야 한다. 방금 인용한 신명기 본문도 마찬가지다. 즉, 이 말씀은 유일하신 하나님이 계시니 온전한 사랑과 헌신을 그분께 바치라는 뜻이다.

우리는 신약성경의 본문에서도 직설적-규범적 구도, 또는 계시와 반응의 원리를 발견할 수 있다. 예를 들어, 요한은 "하나님은 사랑이시다"라고 말했다. 이 직설적 신학은 "서로 사랑하라"는 규범적 신학으로 곧바로 이어진다(요일 4:7-8 참조). 요한은 몇 구절 뒤에서 그러한 취지를 좀 더 확대시켜 "사랑은 여기 있으니 우리가 하나님을 사랑한 것이 아니요 하나님이 우리를 사랑하사 우리 죄를 속하기 위하여 화목 제물로 그 아들을 보내셨음이라 사랑하는 자들아 하나님이 이같이 우리를 사랑하셨은즉 우리도 서로 사랑하는 것이 마땅하도다"(요일 4:10-11)라고 권고했다. 또한 요한은 같은 서신에서 하나님은 빛이시라고 말하고, 곧바로 그 빛 가운데서 행하라고 말했다(요일 1:5-7 참조). 하나님은 의로우시기 때문에 의를 행하는 자는 곧 하나님에게서 난 자로 간주될 수 있다(요일 2:29, 3:7 참조). 이렇듯 올바른 행동은 올바른 신앙 못지않게 중요하다. 이런 사실은 "내가 너희에게 분부한 모든 것을 가르쳐 지키게"(마 28:20) 함으로써 모든 민족을 제자로 삼으라고 당부하신 예수님의 전도 명령을 생각나게 한다.

우리는 포괄적 신앙의 원리를 확증하는 또 다른 성경적 증거를 앞서 2장에서 지적했던 히브리 성경의 세 가지 구조에서 찾을 수 있다. 월터 브루거만은 『창조적인 말씀』이라는 책에서 '타나크'의 삼중 구분이 이스라엘 신앙 교육의 세 축을 구성한다는 주장을 제기했다.[14] 즉, 그는 율법서가 하나님의 명령에 대한 '의무를 일깨우고', 선지서는 '정의의 붕괴'를 증언하며, 성문서는 '질서에 대한 통찰력'을 드러낸다고 설명했다. 브루거만은 예레미야 선지자를 죽이려고 했던 악인들의 음모를 기록한 예레미야서 본문을 자신의 논리를 뒷받침하는 발판으로 사용했다. "그들이 말하기를 오라 우리가 꾀를 내어 예레미야를 치자 제사장에게서 율법이, 지혜로운 자에게서 책략이, 선지자에게서 말씀이 끊어지지 아니할 것이니"(렘 18:18). 브루거만은 악인들은 오직 마음속에 악한 음모를 계획할 뿐이었지만 이스라엘 백성 가운데서 활동하던 세 유형의 교사들을 옳게 지적했다고 말했다. 이들 세 유형의 교사는 '타나크'에 제시된 세 유형의 가르침과 정확히 일치한다.

우리는 신약성경에서도 앞서 언급한 포괄적 신앙 원리를 확증하는 구절을 여러 곳에서 발견할 수 있다. 특히 요한일서에는 유익한 예가 많이 등장한다. 요한은 하나님을 참으로 알고 있는지, 그분에게서 난 자인지, 또 하나님의 자녀인지를 분별할 수 있는 여러 기준을 제시했다. 첫째는 신학적인 시험이다. 즉, 하나님을 아는 사람은 예수님이 그리스도시요(요일 2:22 참조) 육신으로 오신 하나님의 아들이실 뿐 아니라(요일 4:15, 5:5, 10 참조) 우리의 죄를 위해 화목 제물이 되셨다는 사실(요일 4:2, 9-10 참조)을 믿는다. 둘째는 도덕적인 시험이다. 옳은 일을 행하고 동료 신자들을 사랑하는 이들만이 하나님에게서 난, 그분의 자녀에 해당한다(요일 3:6-10, 4:7-8, 16, 19-21 참조). 셋째는 우리 안에 거하시는 성령의 증언이다(요일 3:24, 4:13 참조). 성령의 기름 부음을 받은 사람은 진리를 분별하고, 듣고, 지킬 수 있다(요일 2:20, 4:6 참조).

아울러 바울도 디모데와 디도에게 보낸 목회서신에서 올바른 교리와 신자가 취해야 할 삶의 태도를 강조했다. 그는 디모데에게 "네가 네 자신과 가르침을 살펴 이 일을 계속하라 이것을 행함으로 네 자신과 네게 듣는 자를 구원하리라"(딤전 4:16)고 말했다. 또한 그는 디도에게, 교회 지도자들에게 "바른 교훈"(딛 1:9)과 그에 합당한 삶(딛 2:1 참조)을 가르치라고 당부했다.

예수님도 가르치는 사역을 통해 포괄적 신앙 원리를 지지하셨다. 그분은 진리를 전하셨다(요 3:31-32, 18:37 참조). 사실 그분은 육신의 형태로 나타나신 진리 자체셨다. 예수님은 보이지 않으시는 하나님을 온전히 계시하셨다(요 1:14, 18, 14:9 참조). 예수님은 사람들을 불러 초월자이신 하나님과 관계를 맺게 하셨고, 그런 관계를 통해 생명을 제공하셨다(요 5:21, 7:37-38, 10:10, 17:3 참조). 예수님은 우리가 걸어가야 할 길, 즉 하나님을 사랑하고 이웃을 사랑하는 길에 관해 많은 것을 가르치셨다. 그분은 단지 말로만 가르치지 않으시고 친히 그 길을 걸어가심으로 우리에게 본을 보이셨다(막 10:45; 요 13:15, 34-35 참조). 우리는 예수님 안에서 선지자요 제사장이요 왕이신 그리스도의 삼중 직분을 발견하게 된다. 예수님은 지상에 계시는 동안에도 그 세 가지 직분을 모두 행하셨다.

마지막으로 이번에는 사도행전 2장 42절에 언급된 대로 갓 세례를 받은 새신자들의 네 가지 의무에 초점을 맞춰보자. 앞서 말한 대로 그들은 네 가지 활동, 즉 사도들의 가르침을 듣고, 성도들과 교제를 나누고, 떡을 떼고, 기도하는 데 집중했다. 우리는 여기에서도 전인적인 신앙 체험에 관한 증거를 발견할 수 있다. 『사도들의 교훈집』은 처음부터 끝까지 복음 중심의 기조를 이룬다. 성도들의 교제는 그리스도의 몸에 함께 참여하는 것이다. 떡을 떼는 것은 우리가 성만찬이라고 부르는 의식을 말하고, 기도는 본질상 공동체적이고 예전적인 의미를 지녔다. 당시 신앙 공동체 안에서 이루어진 교리 교육은 세 가지가 아니라 네 가지 요소에 근거했다. 로마 가톨릭교회의 교리 교육도 '우리는 믿는다', '우리는 기념한다'(예전), '우리는 기도한다', '우리는 생활한다' 라는 네 가지 요소로 이루어진다. 앞서 살펴본 대로 종교 개혁자들의 요리 문답에도 성례에 관한 가르침이 포함되어 있었다. 하지만 이 네 가지 요소는 교리 교육의 세 가지 측면, 또는 원리 안에 모두 함축되어 있다. 그동안 교리 교육의 세 가지 측면이 집단 예배라는 환경 안에서 신자에게 신조와 규범과 훈련을 제공한다는 지적이 종종 있었다.[15] 모든 것이 살아 계신 하나님과 교제하는 것에 관련된다. 교리 교육을 네 가지로 나눠 접근하는 방식도 타당하지만, 우리는 지금까지 말해 온 대로 예배와 기도를 '기도의 법칙'에 함께 포함시켜 믿음의 세 가지 측면을 부각시키는 방법을 선택하고자 한다.

교리 교육의 내용에 접근하는 방법은 다양하다. 그런 방법들은 모두 성경의 지지를 받는다. 지금까지 살펴본 성경적 증거와 역사적 증거 몇 가지를 합치면 다음과 같은 표를 얻을 수 있다.

유대인의 종교 경험	교육	예배	실천
회당의 세 가지 목적	교육의 장소	기도의 장소	모임의 장소
기독교의 신앙생활	기도의 법칙	믿음의 법칙	삶의 법칙
아우구스티누스의 「교본」	믿음 (사도신경)	소망 (주기도)	사랑 (하나님 사랑과 이웃 사랑)
베네딕트 수도회의 수도원 규칙	성경 연구	기도 사역 ('하나님의 일')	공동체를 섬기기 위한 노동
종교 개혁자들의 요리 문답	사도신경 해설	주기도 해설	십계명 해설
타나크	토라 (이스라엘을 형성하는 토라)	케투빔 (묵상해야 할 토라)	네비임 (복종해야 할 토라)
그리스도의 삼중 직분	선지자 (진리의 선포)	제사장 (생명의 중재)	왕 (법의 선언과 집행)
요한이 제시한 신자의 증거	예수 그리스도에 관한 진리를 믿는 믿음	내면에 거하시는 성령의 증거를 아는 지식	하나님께 복종하고 동료 신자들을 사랑하는 마음
바울이 디모데에게 준 명령	네 가르침을 살피라	하나님 나라를 위해 힘쓰라	네 삶을 살피라
바울이 디도에게 준 명령	올바른 교리를 가르쳐라	영원한 삶을 내다보라	올바른 교리에 합당한 삶을 가르쳐라
사도행전 2장 42절에 언급된 활동 네 가지	사도들의 가르침	떡을 떼는 것과 기도	성도들의 교제
신학의 덕목 세 가지	믿음	소망	사랑
그리스도의 세 가지 정체	진리	생명	길

사회심리학적 증거

믿음의 세 가지 측면이 인간의 마음에 깃들어 있는 가장 깊은 필요와 갈망에 어떻게 응답하는지를 알아보기 위해 이번에는 마지막으로 사회심리학적 증거를 간단히 살펴보기로 하자.

지금까지 신자와 비신자를 막론하고 많은 저명한 사상가가 인간의 영혼에 심한 갈증이 존재한다는 사실을 지적해 왔다. 아우구스티누스는 그의 『고백록』에서 "주님을 위해 저희를 지으셨으니 주님 안에서 안식을 얻을 때까지 저희의 마음은 쉼을 얻지 못하나이다"라고 말했다.[16] 파스칼은 오직 "하나님만이 채워주실 수 있는" 영혼의 "무한한 심연"을 다른 것들로 채우려고 노력하는 것은 무익하다고 말했다.[17] 루이스는 '갈망, 동경'을 뜻하는 독일어 '센수흐트'를 사용해 영혼의 깊은 갈망을 묘사했다. 그는 자신의 어린 시절을 이렇게 술회했다.

> 실제 동산이 하지 못했던 일을 장난감 동산이 대신했다. 그로 인해 나는 자연을 형태와 색채의 저장소가 아니라 시원하고, 상쾌하고, 신선하고, 활력이 넘치는 것으로 인식하기에 이르렀다. 그러한 인상이 당시에는 중요하게 생각되지 않았지만, 시간이 지나면서 곧 나의 기억에 중요하게 자리 잡았다. 내가 살아 있는 동안 낙원에 대한 나의 상상 안에는 형의 장난감 동산에 대한 기억이 고스란히 남아 있을 것이다. 날마다 유치원 창문을 통해 바라보면 우리가 '푸른 언덕'이라고 부른 캐슬리 힐스의 낮은 능선이 드러났다. 그곳은 그렇게 멀지 않았지만 어린아이들로서는 도무지 갈 수 없는 곳이었다. 그곳은 나에게 갈망, 즉 '센수흐트'를 일깨워주었다. 그런 갈망 때문에 나는 좋든 나쁘든 여섯 살이 채 되

기도 전에 '블루 플라워'의 열성 팬이 되었다.[18]

마르바 던은 『그것은 잃어버린 명분인가?』에서 '센수흐트'의 개념을 좀 더 자세히 설명했다. 그녀는 루이스의 작품을 토대로 이러한 현상을 도무지 채울 수 없는 깊은 갈망으로 묘사했다.

> 그 무엇으로도 기껏해야 일시적으로밖에 채울 수 없는, 충만을 원하는 이 깊고 절대적인 갈망이여. ……이토록 강렬한 갈망을 느끼는데도 세상에는 이를 만족시킬 수 있는 것이나 억누를 수 있는 것이 존재하지 않는다면, 우리는 다른 세상을 위해 만들어진 것이 분명하다. '센수흐트'가 하나님 안에서 진정한 안식을 찾을 수 있도록 그분이 창조하신 갈망이라는 사실을 인식할 때 우리는 비로소 갈망의 근원지를 찾아낼 수 있다.[19]

루이스와 던이 하나의 단어로 묘사한 현상은 사실 여러 측면을 지닌다. 존 스토트는 동서고금을 막론하고 모든 인간이 탐구해 온 '세 가지 문제'를 언급했다. 그것은 의미에 대한 탐구, 초월에 대한 탐구, 공동체에 대한 탐구다.[20] 스토트의 설명에 따르면 인간의 '센수흐트'는 세 가지의 독특한 특성을 지닌다. 우리는 내면의 허기를 어렴풋이 감지할 뿐 아니라 인간으로서 사회심리학적 욕구를 느낀다. 스토트는 하나님의 지혜와 자비 덕분에 교회의 사역을 통해 이러한 욕구를 충족시킬 수 있다고 주장한다. 교회는 가르치는 사역을 통해 의미에 대한 탐구에, 예배 사역을 통해 초월에 대한 탐구에, 성도의 교제를 통해 공동체에 대한 탐구에 각각 해결책을 제시할 수 있다.

하지만 스토트는 교회들이 불충실하고 무기력한 탓에 탐구하는 영혼을 만족시키지 못하는 불행한 현상이 종종 빚어지고 있다며 안타까워했다. 사실 우리의 가르침은 적절하지 못할 때가 많고, 우리의 예배는 무의미할 때가 많으며, 우리의 교제는 포용보다는 배척을 원할 때가 많다.

이러한 세 가지 각도에서 인간의 영적 갈증을 묘사하는 내용을 뒷받침하는 증거가 여러 곳에서 발견된다. 진 에드워드 비스는 아돌프 쾨벨레의 초기 작품을 바탕으로 루터의 사상에 나오는 몇 가지 개념을 통해 그릇된 영성 세 가지를 지적했다. 그것은 사변, 신비주의, 도덕주의다.[21] 우리 안에 존재하는 큰 공허감을 충족시키고 의미의 탐구를 해결하기 위해 어떤 사람들은 지적인 사변을 해결책으로 선택한다. 하지만 그런 노력은 종종 "항상 배우나 끝내 진리의 지식에 이를 수"(딤후 3:7) 없는 결과를 낳는다. 이미 많은 사람이 절대 진리는 존재하지 않는다고 결론을 내린 상태다. 사변의 길에는 목적지가 존재하지 않는다. 그들은 단지 여정에 동참하고 질문을 던질 뿐 아무 대답이나 결론을 기대하지 않는다.

신비주의는 스토트가 말한 초월에 대한 탐구와 관련이 있다. 이 경우에는 다양한 '영적 경험'을 통해 신성한 것과의 접촉을 시도한다. 여기에서 신성한 것은 인격적인 존재일 수도 있고 아닐 수도 있다. 신비주의는 명상이나 향정신성 약물 사용을 통한 실험은 물론 심지어는 성애(性愛)를 통한 황홀경의 추구와 같은 방법을 동원한다.

도덕주의는 스토트가 말한 공동체에 대한 탐구를 해결하기 위한 방법이다. 도덕주의는 이웃에게 선을 행하는 것을 말한다. 이타심의 발휘를 통해 인간은 자신이 필사적으로 갈망하는 만족을 얻을 수 있다고 생각한다. 하지만 이 길도 결국 사변의 길과 마찬가지로 막다른 골목에 부딪칠 뿐이다. 이런 길을 걷는 사람들 가운데 도중에 몇 번씩 다른 곳으로 도망치고 싶은 충동을 느껴보지 않은 사람은 거의 없다. 그들은 모든 것을 다 시도해 본 뒤에 "헛되고 헛되며 헛되고 헛되니 모든 것이 헛되도다"(전 1:2)라고 말한 전도서 저자의 심정을 느끼지 않을 수 없다.

스토트가 말한 세 가지 탐구와 비스가 논박한 세 가지 영성은 역사의 초창기부터 인류가 탐구해 온 문제를 상기시킨다. 철학의 연구 분야를 전통적으로 분류해 온 방법 가운데 하나는 인식론, 존재론, 가치론이라는 세 분야로 분류하는 것이다. 인식론은 지식을 얻는 방법과 지식의 본질을 탐구하는 학문이다. 인식론은 "무엇이 사실인가? 어떻게 그것을 아는가?"라고 질문한다. 그리고 존재론은 "존재의 본질은 무엇인가?"라는 질문을 탐구하고, 가치론은 "무엇이 선한가?"라는 질문으로 가치를 탐구한다.[22] 우리는 여기에서 지금까지 논의해 온 삼중 차원에 대한 또 하나의 증거를 발견할 수 있다.

앞서 논의한 역사적 증거를 떠올리면 흥미로운 일치점을 발견할 수 있다. 인간의 영혼은 의미를 추구한다. 사도신경은 하나님이 우리에게 전해주신 놀라운 구원 이야기를 설명하는 데서부터 시작한다. 인간은 또한 초월을 추구한다. 주기도는 성례와 함께 살아 계신 하나님과 교제를 나누는 삶으로 우리를 인도한다. 우리는 다른 사람들과 함께하는 공동체를 갈망한다. 십계명은 하나님과 이웃과 더불어 지혜롭고 행복하게 살아갈 수 있는 방법을 가르친다.

이런 다양한 증거들을 모두 종합하면 그리스도의 영광스런 복음과 믿음의 세 가지 측면이 인간의 욕구와 갈망을 해결할 수 있는 유일한 길이라는 점을 익히 짐작할 수 있다. 옛날에 주일학교에서 오갔던 농담 가운데 "무슨 질문을 하든지 정답은 하나, 예수 그리스도야"라는 말이 있다. 하지만 여기에서 이 말은 결코 농담이 아닌 사실이다. 길이요 진리요 생명이신 예수님은 인간의 모든 필요, 즉 가장 깊고 절대적인 세 가지 욕구를 채워주실 수 있는 유일한 해결책이시다. 이런 점에서 "우리가 그를 전파하여 각 사람을 권하고 모든 지혜로 각 사람을 가르침은 각 사람을 그리스도 안에서 완전한 자로 세우려 함이니"(골 1:28)라고 말했던 바울은 참으로 지혜로웠던 사람이다.

길, 진리, 생명

지금까지 우리는 우리의 선포가 포괄적 신앙 원리를 지향해야 한다고 강조해 왔다. 다시 말해, 우리는 개인과 교회를 상대로 인간의 다양한 특성을 모두 아우르는 전인적인 신앙 교육을 실시해야 한다. 다음 장부터는 이 모든 논의를 교리 사역의 방법론에 어떻게 적용할 수 있는지를 살펴볼 생각이다. 하지만 아직은 가르침의 주제, 즉 교리 사역의 내용에 좀 더 관심을 기울여야 한다.

우리는 우리가 선포해야 할 믿음이 세 가지 측면을 지닌다고 주장해 왔다. 이 세 가지 측면은 밀접하게 관련되기 때문에 서로 겹치는 부분이 많다. 따라서 이 세 가지를 너무 완벽하게 분리하려고 해서는 안 된다. 각각에 구체적인 이름을 붙이는 것은 그 내용을 더욱 깊이 이해해 효과적으로 적용하는 데 유익할 것이다.

앞서 살펴본 대로 아우구스티누스는 이 세 가지 측면을 믿음과 소망과 사랑으로 일컬었다. 그는 이른바 '세 가지 신학적 덕목'으로 일컬어져온 것에 관심을 집중했다. 이러한 접근 방식이 지니는 장점은 이들 용어가 성경에서 발견될 뿐 아니라 교회의 삶과 가르침을 통해 오랫동안 강조되어온 것이라는 점에서 더욱 배가된다.

오랜 세월을 거치면서 가톨릭과 개신교 모두 이 세 가지 덕목의 중요성을 강조해 온 학자들이 많았다. 하지만 이 세 가지를 교리 교육의 내용보다는 목적으로 보는 편이 더 적절하다는 것이 우리의 신념이다. 다시 말해, 우리는 믿음과 소망과 사랑을 이끌어낼 수 있도록 가르쳐야 한다. 믿음의 세 가지 측면을 계속해서 가르치면 이들 세 가지 덕목이 우리의 마음속에서 자연스레 형성될 것이다.

우리는 믿음의 세 가지 측면에 성경에서 사용된 또 다른 표현을 적용하기로 결정했다. 우리가 선택한 표현은 길, 진리, 생명이다. 이 표현은 요한복음 14장 6절에 기록된 예수님의 말씀에서 비롯했다. 예수님은 그 대목에서 사도들에게 자신을 보는 것이 곧 성부를 보는 것이라고 말씀하셨다. 성자는 성부를 계시하신다. 성자를 떠나서는 아무도 성부와 관계를 맺을 수 없다. 예수님은 요한복음에서 "내가 곧 길이요 진리요 생명이니"(요 14:6)라고 말씀하셨다. 이 말씀은 우리에게 너무 익숙한 탓에 각각의 용어가 전달하고자 하는 의미를 깊이 생각하지 않는 경향이 있다. 이들 용어는 어디에서 비롯했을까? 예수님이 갑작스레 떠올려 조합하신 것일까? 그것이 아니면 다른 이유가 있을까?

여기에서 요한복음 14장 6절을 자세히 주해할 생각은 없다. 또한 예수님이 우리가 믿음의 세 가지 측면을 일컫는 의미로 이들 용어를 사용하는 것과 같은 맥락에서 그것들을 언급하셨다고 주장할 의도도 없다. 우리는 단지 다음 두 가지 요점을 언급할 뿐이다. 첫째, 요한복음 14장 전체 문맥에서 예수님은 자신과 성부의 독특한 관계를 언급하시며 스스로를 성부께 나갈 수 있는 유일한 통로라고 주장하셨다. 예수님을 아는 사람은 곧 성부 하나님을 안다(요 14:9, 5:19-27, 17:3 참조). 둘째, 예수님이 사용하신 세 가지 표현, 즉 길, 진리, 생명은 그분이 인간의 몸을 입으신 하나님으로서 우리와 어떻게 관계를 맺으시는지를 알려준다. 이제 이들 용어를 하나씩 간단히 살펴보기로 하자.

∷ 길

길은 요한복음 14장 1-5절의 문맥에서 오직 예수님을 통해서만 성부 하나님께 나갈 수 있다는 사실을 보여 준다. 예수님은 "나로 말미암지 않고는 아버지께로 올 자가 없느니라"(요 14:6)고 말씀하셨다. 여기에서 길은 예수님이 요한복음에서 그 이전에 하셨던 말씀, 곧 "나는 양의 문이라"(요 10:7)는 말씀을 생각나게 한다. 예수님은 그곳에서 "내가 문이니 누구든지 나로 말미암아 들어가면 구원을 받고 또는 들어가며 나오며 꼴을 얻으리라"(요 10:9)고 덧붙이셨다. 아울러 길은 히브리서 10장 19-20절을 생각나게 한다. 그리스도께서 흘리신 보혈을 통해 지성소로 우리를 인도하는 새로운 살 길이 열렸다. 즉 우리는 휘장인 그분의 육체를 통해 하나님께 나간다. 바울도 십자가의 능력으로 장벽이 무너져 유대인과 이방인이 "한 성령 안에서 아버지께 나아감을"(엡 2:18) 얻었다고 말했다.

이처럼 길은 예수님의 속죄의 죽음을 가리킨다. 그분은 우리를 위해 죽으시고 부활하심으로써 우리에게 구원의 길을 열어주셨다. 예수님은 자신의 죽음을 염두에 두시고 "내가 땅에서 들리면 모든 사람을 내게로 이끌겠노라"(요 12:32)고 말씀하셨다.

그러나 다른 구절에서 길은 또 다른 개념을 지니는 것으로 나타난다. 그러한 개념은 신구약성경에서 매우 중요한 역할을 한다. 히브리 성경에서 이 표현은 삶의 태도나 방식을 뜻한다.[23] 이 점에서 '악인의 길'과 '의인의 길'은 서로 대조를 이룬다(시 1편 참조). '의인의 길'은 생명과 축복의 길이다. 그것은 '여호와의 길'이다. 하지만 '악인의 길'은 죽음과 저주의 길이요 타락한 세상의 길이다. 하나님의 백성은 분명한 선택의 기로에 서 있다(신 30:11-20 참조). '의인의 길'은 종종 '여호와의 길, 또는 길들', '그의 길', '너희의 길' 등으로 묘사된다(시 25:4, 7-10 참조). 예레미야 6장 16절은 하나님의 백성이 마땅히 걸어야 했지만 그렇게 하기를 거부했던 '옛적 길'과 '선한 길'을 언급한다. 구약성경은 사람이 토라를 묵상하는 한편, 지혜롭고 경건한 스승의 도움을 받아 마땅히 걸어가야 할 길을 분별해야 한다고 가르친다(시 32:8; 사 30:21 참조).

그렇다면 '여호와의 길'은 무엇인가? 한마디로 사랑이다. 하나님의 길을 걷는 것은 그분과 이웃을 사랑하는 삶을 말한다. 하나님에 대한 사랑은 그분의 계명에 복종하는 행위를 통해 표현된다(신 6:4; 요 14:15; 요일 5:3 참조). 우리가 복종해야 할 계명 가운데 가장 큰 계명은 이웃 사랑이다. 예수님은 신명기

6장 4-5절과 레위기 19장 18절을 한데 합쳐 하나님 사랑과 이웃 사랑보다 더 큰 계명은 없다고 가르치셨다(막 12:28-31 참조).

예수님은 마태복음 7장에서 서로 극명하게 대조되는 두 길의 개념을 적용해 두 갈래로 갈라지는 두 개의 문을 언급하셨다. 그 가운데 하나는 생명에 이르는 길이고 다른 하나는 죽음에 이르는 길이다. 예수님을 믿는 사람들은 "그 도를 따르는 사람"(행 9:2, 19:9, 23, 24:22 참조)이라 불렸다. 신약성경 시대가 지난 직후에 작성된 초기 기독교 문서에도 두 길에 관한 가르침이 종종 등장했다. 앞서 언급한 대로 『사도들의 교훈집』에는 "두 길이 있다. 곧 생명의 길과 죽음의 길이다"라는 구절이 기록되어 있다.

자신을 성부 하나님께 나가는 유일한 길이라고 가르치신 예수님의 말씀과 성경 전체에 등장하는 길의 개념을 조화시킬 수 있는 방법은 무엇일까? 우리는 다음과 같이 제안하고자 한다. 하나님의 길은 생명과 축복의 길이다. 하나님의 계명에 복종하며 그 길을 걷는 사람은 그분 앞에서 형통한 삶을 살아갈 것이다.

모세의 율법은 "너희는 내 규례와 법도를 지키라 사람이 이를 행하면 그로 말미암아 살리라"(레 18:5)고 가르친다. 하지만 로마서 3장 9-18절을 읽어 보면 하나님의 계명에 온전히 복종할 수 있는 사람은 아무도 없다는 것을 알 수 있다. 아울러 모세의 율법은 "이 율법의 말씀을 실행하지 아니하는 자는 저주를 받을 것이라"(신 27:26)고 경고한다.

바울 사도는 이러한 율법을 근거로 다음 몇 가지를 주장했다. 1) 율법으로는 아무도 의롭다 하심을 받을 수 없다(율법에 온전히 복종할 수 있는 사람은 아무도 없기 때문이다). 2) 그리스도께서 십자가에 죽으심으로 우리를 대신해 저주를 받으시고 우리를 율법의 저주에서 구원하셨다. 3) 따라서 우리는 오직 그리스도를 믿는 믿음으로 의롭다 하심을 받고 성령을 선물로 받아 살아간다(갈 3:6-14 참조). 예수님은 십자가에 죽기까지(빌 2:8 참조) 온전히 복종하심으로(롬 5:19 참조) 우리의 불순종을 극복하셨다. 그분은 "우리에게 지혜와 의로움과 거룩함과 구원이"(고전 1:30) 되셨다. 간단히 말해 하나님의 길을 온전히 걸으신 분은 오직 예수님뿐이기 때문에 그분은 우리가 성부 하나님께 나가 생명을 얻을 수 있는 유일한 길이 되신다. 창세기 3장 이후로 인류는 "생명 나무의 길"(창 3:24; 히 9:8 참조)과 단절되었다. 하지만 그리스도를 통해 우리에게 "새로운 살 길"(히 10:20)이 열렸다. 우리는 오직 그분을 믿음으로써 "그 이름을 힘입어 생명을"(요 20:31) 얻는다.[24]

:: **생명**

길은 요한복음 14장 6절에 언급된 또 하나의 용어인 생명으로 이어진다. 이 용어의 의미를 이해하려면 이 용어를 반복하는 요한의 글을 검토해 봐야 한다.[25]

- 그 안에 생명이 있었으니 이 생명은 사람들의 빛이라(요 1:4).
- 이는 그를 믿는 자마다 멸망하지 않고 영생을 얻게 하려 하심이라(요 3:16).
- 내가 주는 물을 마시는 자는 영원히 목마르지 아니하리니 내가 주는 물은 그 속에서 영생하도록 솟아나는 샘물이 되리라(요 4:14).
- 아버지께서 죽은 자들을 일으켜 살리심같이 아들도 자기가 원하는 자들을 살리느니라(요 5:21).

- 나를 믿는 자는 성경에 이름과 같이 그 배에서 생수의 강이 흘러나오리라 (요 7:38).

- 내가 온 것은 양으로 생명을 얻게 하고 더 풍성히 얻게 하려는 것이라(요 10:10).

- 나는 부활이요 생명이니(요 11:25).

- 영생은 곧 유일하신 참 하나님과 그가 보내신 자 예수 그리스도를 아는 것이니이다(요 17:3).

- 너희로 믿고 그 이름을 힘입어 생명을 얻게 하려 함이니라(요 20:31).

- 또 증거는 이것이니 하나님이 우리에게 영생을 주신 것과 이 생명이 그의 아들 안에 있는 그것이니라 아들이 있는 자에게는 생명이 있고 하나님의 아들이 없는 자에게는 생명이 없느니라 내가 하나님의 아들의 이름을 믿는 너희에게 이것을 쓰는 것은 너희로 하여금 너희에게 영생이 있음을 알게 하려 함이라(요일 5:11-13).

인용한 구절들을 찬찬히 살펴보면 여기에 언급된 생명이 살아 계신 하나님과의 친밀한 관계를 가리킨다는 점을 알 수 있다. 이 관계는 예수님을 믿는 사람이 "영생을 얻었고 심판에 이르지 아니하나니 사망에서 생명으로"(요 5:24) 옮기었다는 것을 의미한다. 영생은 지금부터 영원토록 누릴 수 있는 선물이다. 예수님을 믿는 사람은 이미 영생을 소유했다. 따라서 영광의 소망은 그의 것이 되었다. 요한의 기록에서 생명의 선물은 성령의 선물과 밀접하게 연관된다(요 7:38-39 참조). 성령의 임재는 우리가 하나님의 자녀(요일 4:13 참조)라는 사실을 보증한다. 성령께서는 우리를 거룩하게 하는 사역을 행하시며(살후 2:13; 벧전 1:2 참조), 우리가 장래에 누리게 될 영광을 보장하신다(엡 1:13-14 참조).

그러면 우리는 어떻게 이 생명을 경험할 수 있을까? 그 방법은 오직 예수 그리스도를 영접해 그분과 관계를 맺는 것뿐이다. 그분은 인간의 몸으로 나타나신 하나님의 생명이시다.

생명에 관한 또 하나의 흥미로운 구절이 사도행전 5장에서 발견된다. 하나님의 천사가 사도들이 갇혀 있는 감옥의 문을 열어주었다. 천사는 그들을 감옥에서 구해 낸 뒤 "가서 성전에 서서 이 생명의 말씀을 다 백성에게 말하라"(행 5:20)고 지시했다. 어떤 사람들은 생명이 도(길)와 함께 초기에 기독교를 가리키는 용어였다고 말하기도 한다.[26]

:: 진리

이제 마지막으로 요한복음 14장 6절의 세 가지 용어 가운데 중간에 언급된 진리에 대해 생각해 보기로 하자. 보이지 않으시는 하나님에 관한 진실이 그리스도를 통해 드러났다. 그리스도께서는 하나님의 신비를 구체적으로 나타내셨다. 그분 안에 "지혜와 지식의 모든 보화가 감추어져"(골 2:3) 있다. 히브리 선지자들이 충실히 증언했던 하나님이 독생자를 통해 자신을 드러내셨다(히 1:1-3 참조). 요한은 하나님의 "말씀"(로고스)이 "육신이 되어"라고 말하고 나서 "우리가 그의 영광을 보니 아버지의 독생자의 영광이요 은혜와 진리가 충만하더라"(요 1:14)라고 덧붙였다. 아울러 바울은 "예수 그리스도의 얼굴에 있는 하나님의 영광을 아는 빛"(고후 4:6)이 우리에게 비쳤다고 말했다.

역사적 증거	유대인의 종교 경험	교육	예배	실천
	회당의 목적 세 가지	교육의 장소	기도의 장소	모임의 장소
	기독교의 신앙생활	기도의 법칙	믿음의 법칙	삶의 법칙
	아우구스티누스의 「교본」	믿음 (사도신경)	소망 (주기도)	사랑 (하나님 사랑과 이웃 사랑)
	베네딕트 수도회의 수도원 규칙	성경 연구	기도 사역 ('하나님의 일')	공동체를 섬기기 위한 노동
	종교 개혁자들의 요리 문답	사도신경 해설	주기도 해설	십계명 해설
성경적 증거	타나크	토라 (이스라엘을 형성하는 토라)	케투빔 (묵상해야 할 토라)	네비임 (복종해야 할 토라)
	그리스도의 삼중 직분	선지자 (진리의 선포)	제사장 (생명의 중재)	왕 (법의 선언과 집행)
	요한이 제시한 신자의 증거	예수 그리스도에 관한 진리를 믿는 믿음	내면에 거하시는 성령의 증거를 아는 지식	하나님께 복종하고 동료 신자들을 사랑하는 마음
	바울이 디모데에게 준 명령	네 가르침을 살피라	하나님 나라를 위해 힘쓰라	네 삶을 살피라
	바울이 디도에게 준 명령	올바른 교리를 가르쳐라	영원한 삶을 내다보라	올바른 교리에 합당한 삶을 가르쳐라
	사도행전 2장 42절에 언급된 활동 네 가지	사도들의 가르침	떡을 떼는 것과 기도	성도들의 교제
	신학의 덕목 세 가지	믿음	소망	사랑
사회심리학적 증거	인간의 깊은 갈망 (루이스, 던)	센수흐트		
	세 가지 탐구 (스토트)	의미	초월	공동체
	철학의 분야 세 가지	인식론	존재론	가치론
	그릇된 영성 세 가지 (비스)	사변	신비주의	도덕주의
결론	유일한 해답	"우리는 그리스도를 선포한다" (골 1:28 참조)		
	전하고 가르쳐야 할 것	"복되신 하나님의 영광의 복음" (딤전 1:11)		
	복음의 의미와 적용	복음에 합당한 올바른 교리	복음에서 비롯하는 생명력	올바른 교리에 일치하는 삶의 방식
	우리가 선포하는 그리스도	진리	생명	길

우리는 믿음의 세 가지 측면을 진리, 생명, 길이라고 했다. 이러한 표현을 사용함으로써 부가적 이익을 얻을 수 있는 이유는 이들 용어가 믿음과 소망과 사랑, 또는 교육과 예배와 실천 등 다른 표현들과는 달리 우리가 선포해야 할 그리스도 자신을 가리키기 때문이다.

복음이 선포하는 그리스도께서는 성육신을 통해 보이지 않으시는 하나님에 관한 진리를 구체적으로 드러내신 분이시며, 목마른 영혼에게 하나님의 생명을 주실 수 있는 유일한 존재이시다. 그리고 세상에 계실 때 복종을 통해 우리에게 하나님의 길을 보여 주셨고, 심지어는 십자가에 죽기까지 성부께 온전히 자신을 바치심으로써 우리를 위해 구원의 길을 열어주신 분이시다. 우리는 이 모든 사실을 교리 교육을 통해 늘 새롭게 기념하고 반복해서 가르쳐야 한다.

지금까지 깨달은 내용과 제안을 앞에서 간단한 표로 만들어 제시했다. 보다시피 우리는 6장에서 논의한 역사적, 성경적, 사회심리학적 증거를 표에 활용했다.[27]

관계 지향적인 교리 교육

| 　　　　　　　　　　　　6장을 마무리하기에 앞서 교리 교육의 관계 지향적 성격을 강조하기 위해 다음과 같이 표를 하나 더 첨가했다. 지금까지 정리한 내용이 너무 도식적이고 공식 같은 느낌이 들거든 관점을 약간 달리해야 할 필요가 있을 것이다. 우리의 초점은 그리스도를 선포하고, 그분에 대한 반응을 이끌어내는 데 있다. 다음의 표가 이런 우리의 의도를

잘 설명해 주리라 믿고 더 이상 다른 말은 덧붙이지 않겠다.

"우리는 그리스도를 선포한다"(골 1:28 참조)			
그리스도께서는 누구신가?(요 14:6 참조)	진리	생명	길
우리에게 어떤 분이신가?	선지자	제사장	왕
우리가 부르심을 받은 목적	제자가 되기 위해	예배자가 되기 위해	종이 되기 위해
우리가 속한 성도들의 공동체	"진리의 기둥과 터" (딤전 3:15)	살아 계신 하나님의 성전(엡 2:20-22 참조)	그리스도의 몸이자 신부 (고전 12:12-27; 엡 5:22-33 참조)
우리에게 주신 생명의 원리	성도에게 단번에 주신 믿음(유 3절)	새롭고 더 나은 언약 (히 7-10장)	하나님 나라 (막 1:15)
우리가 훈련해야 할 덕목	믿음	소망	사랑
그리스도에 대한 우리의 반응	진리를 배우고	생명을 통해 자유를 얻고	생명의 길을 걷는 것

"지혜로운 사람은 모두 나이가 많지만
나이가 많은 사람이 모두 지혜롭지는 않다." - 랠프 베닝[1]

Grounded in the Gospel :
Building Believers the old-fashioned way

chapter 7

복음의 신앙 안에서 성장하라

영적 성장을 위한 성경의 비전

| 3장에서 살펴본 대로 초창기 교리 교육은 영적 성장을 포함하는 신앙의 여정으로 간주되었다. 하나님의 일에 관해 무관심했던 사람들이 '구도자'로 발전하고, 그들 가운데 더러는 '교리 학습자'로 발전해 의도적이고 지속적인 노력을 통해 하나님의 계시된 진리를 배웠다. '교리 학습자'는 하나님의 은혜에 힘입어 '자격을 갖춘 자', 즉 '세례 후보자'로 성장했고, 갓 세례를 받은 사람은 교회 안에서 '초심자'라는 칭호를 얻었다. 하지만 이것으로 신앙의 여정이 모두 끝난 것은 결코 아니다. '초심자'는 계속되는 하나님의 은혜를 통해 성장과 발전을 거듭함으로써 '충실한 신자'의 반열에 합류했다.

성경은 시종일관 신앙생활의 발전과 성장을 위한 비전을 제시한다. 신앙의 성장은 이따금 어린아이가 성인으로 성장하는 자연스런 과정의 일부로 간주된다. 예를 들어, 신앙 공동체에 속한 성인들은 자녀들에게 하나님의 일을 가르쳐야 할 의무가 있다(신 6:1-9, 11:18-21; 시 78:1-8; 엡 6:4 참조). 아울러 어린아이들과 젊은이들은 지혜를 배워 어리석은 일을 멀리해야 한다(잠 1-9장 참조). 바울은 이따금 수신자들의 나이를 염두에 두고 부모와 자녀들을 위한 가르침을 각기 달리했다(엡 6:1-4; 골 3:20-21 참조).

기독교 교육자들은 특히 최근 몇십 년 동안 피아제, 콜버그, 에릭슨, 파울러와 같은 교육학자들의 영향 아래 자연 성장의 문제에 지대한 관심을 기울여왔다. 물론 교육학자들의 사상을 비판적으로 수용하고 그들의 통찰력을 잘 분별하려는 노력이 필요하겠지만, 그러한 관심의 전환은 대체적으로 매우 바람직하다고 할 수 있다.[2] 우리의 교리 교육도 신중하고 분별 있는 태도로 신앙 공동체에 속한 학습자들의 자연 능력을 고려하는 것이 중요하다.

교리 교육의 관점에서 발달 이론을 지혜롭게 적용하면 교육 내용과 과정을 적절히 조정하는 데 도움이 된다. 예를 들어, 어린아이들은 대부분 사실, 목록, 구절 등을 암기하는 능력이 뛰어나다. 이 점을 잘 이용하면 좋다. 이런 능력은 비판적 사고 능력이 증대되면서 점차 약화되는 경향이 있다. 『웨스트민스터 소요리 문답』과 침례교의 요리 문답 등을 활용해 자신의 교회에 맞는 요리 문답을 만든 스펄전은 요리 문답을 가르칠 때는 어린아이의 암기 능력을 십분 활용하라고 조언했다. "가정이나 주일학교에서 요리 문답을 사용하는 사람들은 그 의미를 잘 설명하기 위해 노력해야 한다. 하지만 그 내용을 암기하게 하는 것도 매우 중요하다. 왜냐하면 세월이 흐르면서 그 의미를 차츰 이해할 것이기 때문이다."[3]

　이 말은 교리 교육의 내용은 일평생 계속 배우며 활용할 수 있지만 각 단계마다 서로 다른 과정을 적용할 수 있다는 사실을 의미한다. 예를 들어, 십계명을 비롯한 계명들은 어린아이들에게 '해야 할 일과 해서는 안 될 일'의 형태로 단순화시켜 적용할 수 있고, 좀 더 크면 십계명을 암기하게 하고, 가장 기초적인 의미를 설명하는 단계로 넘어가야 한다. 아울러 이른바 질풍노도의 시기라고 부르는 사춘기에 접어들면 교리 교사는 십계명을 다시 하나씩 살펴보면서 점차 무르익어가는 지적 능력에 맞춰 그 의미와 적용 방법을 설명하는 교육을 시도할 수 있다. 사춘기 청소년이 성인이 되면 교사와 학습자의 상호 협력에 의해 교육이 진행될 수 있기 때문에 그만큼 교육의 경험이 더욱 효과적으로 발전할 수 있다. 왜냐하면 성인들은 십계명의 의미와 적용 방법을 계속 배워나가면서 각자 자신의 삶을 통해 얻은 많은 경험을 교육 현장에 가져 나르기 때문이다.

　교회에서 어린아이들에게 교육 내용을 암기시키는 방법에 대해 많은 비판이 제기되어왔다. 하지만 그런 비판을 곧이곧대로 받아들이는 것은 지혜롭지 못하다. 물론 단순한 암기는 교육적이거나 발전적인 효과를 충분히 발휘할 수 없고, 마치 일종의 주문과 같은 것으로 전락할 수 있다. 하지만 아무것도 암기하지 않게 하는 것이 해결책일까? 그렇지는 않다. 구절, 신조, 찬송가, 목록 등을 쉽게 외우는 어린아이들의 능력은 하나님이 주신 것이다. 그러한 능력을 활용하면 그들의 '영혼의 곳간'을 가득 채워줄 수 있다. 그렇게 하면 나이가 들면서 그들이 마음껏 꺼내 사용할 수 있는 자원을 갖게 될 것이다.[4] 토랜스는 이렇게 말했다.

교사는 정보 공급에 관심을 기울이지 말고 어린아이의 잠재 능력을 '끌어내어' 스스로 판단할 수 있도록 돕는 일에 초점을 맞춰야 한다고 주장하는 교육 이론은 매우 잘못되었다. ……교리 교육은 아직 모든 것을 이해할 수 있는 정신 능력이 성숙하기 이전의 어린아이에게 상당한 양의 역사적, 교리적 정보를 제공하는 한편, 정신적, 영적 능력이 성장해 가는 동안 생각할 수 있는 교육 내용을 부여한다. ……그런 식으로 어린아이의 능력을 자극시켜 이해력의 확장을 도모함으로써 이해의 범위를 더욱 넓혀가도록 돕는다.[5]

무엇인가를 형성하거나 만들고자 할 때는 반드시 도구가 필요하다. ……아주 어릴 적부터 기독교 교리의 근본 원리를 가르쳐 어린아이의 마음과 영혼 안에 깊이 뿌리를 내리게 만들어야만 복음의 온전한 진리를 볼 수 있는 눈과 들을 수 있는 귀와 이해할 수 있는 마음을 갖출 수 있다. ……어린아이에게 일찍부터 도구를 쥐어주라. 그러면 끝까지 그리스도 안에서 제자직을 완성해 나갈 것이다.[6]

자연적 성장과 영적 성장

| 물론 자연적 성장과 영적 성장은 서로 정비례하지 않는다. 앞서 인용한 대로 "지혜로운 사람은 모두 나이가 많지만 나이가 많은 사람이 모두 지혜롭지는 않다."[7] 즉 은혜 안에서의 성장은 나이나 신앙생활의 연수에 비례하지 않는다. 오랫동안 신앙생활을 했다고 해서 반드시 그만큼 신앙이 성장하는 것은 결코 아니다. 신약성경 저자들은 때로 성장의 증거가 없는 신자들을 엄히 책망했다. 예를 들어, 바울은 고린도 신

자들에게 이렇게 말했다. "형제들아 내가 신령한 자들을 대함과 같이 너희에게 말할 수 없어서 육신에 속한 자 곧 그리스도 안에서 어린아이들을 대함과 같이 하노라"(고전 3:1). 히브리서 저자도 비슷한 이유로 신자들을 이렇게 책망했다. "때가 오래되었으므로 너희가 마땅히 선생이 되었을 터인데 너희가 다시 하나님의 말씀의 초보에 대하여 누구에게서 가르침을 받아야 할 처지이니 단단한 음식은 못 먹고 젖이나 먹어야 할 자가 되었도다"(히 5:12).

성경이 나이의 많고 적음에 상관없이 영적 진보를 종종 언급하는 것은 조금도 놀랍지 않다. 강조의 초점은 신자는 누구나 구원의 경험을 통해 날로 성장해야 한다는 사실에 있다. 요한은 어떤 신자들은 '아이들'로, 어떤 신자들은 '아비들'로, 어떤 신자들은 '청년들'로 각각 일컬었다. 그의 표현은 나이의 많고 적음이 아니라 영적 성숙도를 가리킨 것이 분명하다(요일 2:12-14 참조).[8]

성경에서 신자들의 지속적인 영적 성장을 강조하는 구절 몇 군데를 인용하면 다음과 같다.

- 우리가 다 하나님의 아들을 믿는 것과 아는 일에 하나가 되어 온전한 사람을 이루어 그리스도의 장성한 분량이 충만한 데까지 이르리니 이는 우리가 이제부터 어린아이가 되지 아니하여……온갖 교훈의 풍조에 밀려 요동하지 않게 하려 함이라(엡 4:13-14).

- 내가 기도하노라 너희 사랑을 지식과 모든 총명으로 점점 더 풍성하게 하사 너희로 지극히 선한 것을 분별하며 또 진실하여 허물 없이 그리스도의 날까지 이르고 예수 그리스도로 말미암아 의의 열매가 가득하여 하나님의 영광과 찬송이 되기를 원하노라(빌 1:9-11).

- 너희 믿음의 진보와 기쁨을 위하여 너희 무리와 함께 거할 이것을 확실히 아노니(빌 1:25).

- 내가 이미 얻었다 함도 아니요 온전히 이루었다 함도 아니라 오직 내가 그리스도 예수께 잡힌 바 된 그것을 잡으려고 달려가노라……푯대를 향하여 그리스도 예수 안에서 하나님이 위에서 부르신 부름의 상을 위하여 달려가노라 그러므로 누구든지 우리 온전히 이룬 자들은 이렇게 생각할지니(빌 3:12-15).

- 그러므로 너희가 그리스도 예수를 주로 받았으니 그 안에서 행하되 그 안에 뿌리를 박으며 세움을 받아 교훈을 받은 대로 믿음에 굳게 서서 감사함을 넘치게 하라(골 2:6-7).

- 경건에 이르도록 네 자신을 연단하라(딤전 4:7).

- 우리가 그리스도의 도의 초보를 버리고……완전한 데로 나아갈지니라(히 6:1-2).

- 갓난아기들같이 순전하고 신령한 젖을 사모하라 이는 그로 말미암아 너희로 구원에 이르도록 자라게 하려 함이라(벧전 2:2).

- 그러므로 너희가 더욱 힘써 너희 믿음에 덕을, 덕에 지식을(벧후 1:5).

- 오직 우리 주 곧 구주 예수 그리스도의 은혜와 그를 아는 지식에서 자라가라(벧후 3:18).

참 복음 안에서의 성장

| 영적 성장은 매우 중요하다. 영적 성장은 반드시 복음의 신앙 안에서 이루어져야 한다. 사실 영적 성장은 복음의 신앙 안에서만 가능하다. 하나님의 구원 사랑을 확신하는 믿음과 그리스도

의 형상을 닮아 그분과 영원히 함께 거할 것이라는 소망(이 소망은 오직 복음만이 줄 수 있다)을 지닌 사람만이 순결하고 경건한 마음으로 영적 성장을 도모할 수 있다(요일 3:1-3 참조).

바울은 갈라디아 교회에 보낸 편지에서 신자들이 복음의 신앙을 저버린 것에 대해 분노를 표출했다. 다시 말해, 그들의 성장은 모두 잘못된 방향으로 치우쳤다. 그들이 참 복음을 버리고 거짓 복음을 선택한다면 그릇된 교리의 영향 아래 놓이는 것은 당연했다. 참 복음을 버리면 생명을 주시는 성령의 능력을 경험할 수 없기 때문에 주님의 길을 충실히 걸어갈 수 없다. 바울은 그러한 사실을 알고 있었기에 호된 질책을 아끼지 않았다. 그 가운데 몇 곳을 인용하면 다음과 같다.

- 그리스도의 은혜로 너희를 부르신 이를 이같이 속히 떠나 다른 복음을 따르는 것을 내가 이상하게 여기노라 다른 복음은 없나니 다만 어떤 사람들이 너희를 교란하여 그리스도의 복음을 변하게 하려 함이라 그러나 우리나 혹은 하늘로부터 온 천사라도 우리가 너희에게 전한 복음 외에 다른 복음을 전하면 저주를 받을지어다(갈 1:6-8).
- 어리석도다 갈라디아 사람들아 예수 그리스도께서 십자가에 못 박히신 것이 너희 눈앞에 밝히 보이거늘 누가 너희를 꾀더냐 내가 너희에게서 다만 이것을 알려 하노니 너희가 성령을 받은 것이 율법의 행위로냐 혹은 듣고 믿음으로냐 너희가 이같이 어리석으냐 성령으로 시작하였다가 이제는 육체로 마치겠느냐(갈 3:1-3).
- 그러나 너희가 그때에는 하나님을 알지 못하여 본질상 하나님이 아닌 자들

에게 종노릇하였더니 이제는 너희가 하나님을 알 뿐 아니라 더욱이 하나님이 아신 바 되었거늘 어찌하여 다시 약하고 천박한 초등학문으로 돌아가서 다시 그들에게 종노릇하려 하느냐……내가 너희를 위하여 수고한 것이 헛될까 두려워하노라(갈 4:8-11).

- 나의 자녀들아 너희 속에 그리스도의 형상을 이루기까지 다시 너희를 위하여 해산하는 수고를 하노니 내가 이제라도 너희와 함께 있어 내 언성을 높이려 함은 너희에 대하여 의혹이 있음이라(갈 4:19-20).
- 만일 우리가 성령으로 살면 또한 성령으로 행할지니(갈 5:25).

바울은 골로새 신자들에게는 좀 더 긍정적인 말로 비슷한 관심을 표명했다. 그는 이렇게 권고했다. "그러므로 너희가 그리스도 예수를 주로 받았으니 그 안에서 행하되 그 안에 뿌리를 박으며 세움을 받아 교훈을 받은 대로 믿음에 굳게 서서 감사함을 넘치게 하라"(골 2:6-7). 그런 다음 그는 곧바로 "누가 철학과 헛된 속임수로 너희를 사로잡을까 주의하라 이것은……그리스도를 따름이 아니니라"(골 2:8)고 경고했다.

복음 안에서 신앙의 여정을 시작한 뒤에는 동일한 복음 안에서 앞으로 나아가야 한다. 신앙의 성장은 오직 복음 안에서만 가능하다. 하나님이 주시는 의는 처음부터 끝까지 오직 복음의 구원 능력과 믿음으로만 얻을 수 있다(롬 1:16-17; 빌 3:9 참조). 바울은 "빌립보 사람들아 너희도 알거니와 복음의 시초에"(빌 4:14)라는 말로 그들에게 처음 복음을 받아들였던 때를 상기시켰다. 그들은 처음부터 "복음을 위한 일"(빌 1:5)에 참여했다. 바울은 "복음의 신앙을 위하여"(빌 1:27) 그리스도의 복음에 합당한 삶을 살라고 당부했다.

건강한 인간이 자연스레 성장하듯이 건강한 신자도 자연스레 영적으로 성장하기 마련이다. 은혜 안에서의 성장이 이루어지지 않을 때는 사랑으로 권고하는 것이 필요하다. 개인 신자든 충실한 신자들의 공동체든 복음의 신앙 안에서 건강한 영적 성장이 이루어져야 한다. 왜냐하면 오직 복음만이 올바른 진리의 교훈을 가르치고, 성령을 통해 생명력을 부여함으로써 주님의 길을 걸어가게 할 수 있기 때문이다. 따라서 인위적으로 고안한 영적 성장의 목표를 향해 나아가는 것은 부질없는 일이자 영광의 복음을 저버리는 위험한 시도다.

옛 모델과 현대적 적용

| 이 모든 사실을 염두에 두고 이번에는 무엇을, 어떻게, 어디에서, 언제 가르칠 것인지를 생각해 보자. 지금까지 우리는 교리 교육의 핵심 내용을 구성하는 여러 요소를 살펴보았다. 그 가운데는 위대한 구원 이야기, 구원 이야기의 정점이자 핵심인 영광의 복음, 복음에서 비롯한 믿음의 세 가지 측면 등이 포함된다. 아울러 우리는 사도신경, 주기도, 십계명, 성례에 관한 교리 교육을 통해 그러한 가르침이 역사적으로 어떻게 이루어졌는지를 살펴보았다. 우리는 복음의 신앙이 기독교 교육의 적절한 틀을 제공할 수 있다고 말했다. 그러면 이제 우리는 지금까지 영적 성장을 다루면서 얻어낸 깨달음을 바탕으로 어떠한 교리 교육의 접근 방식을 확립할 수 있을까?

2세기에서 5세기 사이에 발달한 고대의 교리 학교는 그리스도를 향한 신

앙 여정 안에 존재하는 다양한 단계와 국면을 포괄하는 방법을 고안했다. 그때그때 주어진 상황이 다르고, 시간이 흐르면서 형태에도 약간의 변화가 생겨났지만, 우리는 아우구스티누스의 사역을 통해 형성되었던 교리 학교의 교육 과정을 본보기로 삼을 수 있다. 다음의 표를 보면 3장에서 논의했던 내용이 기억날 것이다. 이 표는 특히 교리 교육의 발전 단계와 각 단계의 교육 내용 사이의 관계에 초점을 맞춘다.

아우구스티누스의 사역을 통해 형성된 교리 교육의 과정		교리 교육의 내용
구도자	믿음에 관심을 보이는 사람들	위대한 구원 이야기를 설득력 있게 진술한다.
교리 학습자	신앙 교육을 받기로 작정한 사람들	오랫동안 지속적으로 교회의 예배에 참여하게 하고, 성경의 가르침에 근거한 윤리와 교리를 가르친다.
세례 후보자	세례를 받을 자격을 갖춘 사람들	기도와 금식과 도덕적 권고와 사도신경과 주기도에 관한 해설로 구성된 집중 교육을 실시한다.
초심자	갓 세례를 받은 사람들	성례의 의미와 신비를 설명하고 성만찬에 처음 참여하게 한다.
충실한 신자	세례받은 신자로서 한동안 신앙생활을 해온 사람들	예배를 드리는 가운데 정기적으로 구원 이야기와 성경의 교훈을 가르친다.

:: 가입 예전[9]

오늘날 교리 교육의 회복에 열정을 기울이는 사람들은 보통 여러 단계와 국면으로 구성된 고대 교리 교육의 형태를 따른다. 우리는 성경과 전통에 근거한 교리 교육의 핵심을 현대의 복음주의 교회에 적용하려는 우리 나름의 방안을 제시하기 전에, 세 가지 사례를 함께 검토해 볼 생각이다.

첫째 사례는 로마 가톨릭교회에서 사용하는 '가입 예전'이다. 요한 바오로 2세는 제2차 바티칸 공의회의 결정에 따라 교리 교육의 회복을 지시했다. 그 결과로 '가입 규칙'이 만들어졌고, 그것에서 '가입 예전'이 비롯되었다. 1988년 이후로 미국 가톨릭교회는 '가입 예전'을 의무적으로 사용해 왔다. '가입 예전'은 그리스도 안에서 신앙 여정의 여러 단계를 거쳐 온전한 가톨릭 신자로 거듭나게 하는 데 초점을 맞춘다. 각 단계마다 그에 적절한 교육이 이루어진다. 1988년에 규정된 교육 과정은 다음과 같다.

'가입 예전' 개요

- **교리 학교 입문 이전의 복음전도 단계**: 정해진 기간이나 일정한 교육 과정이 없이 복음의 가치를 설명함으로써 신앙을 가질 수 있는 기회를 제공하는 단계.

- **첫째 단계 - 교리 학교 입문**: 특히 기념일이나 축일에 거행하는 예전으로 교리 학교의 과정을 시작하는 단계. 후보자는 신앙생활을 시작하겠다는 생각을 말하고, 교회는 "그리스도의 길을 따르라"는 하나님의 부르심에 부응하겠다는 후보자의 의도를 받아들인다.

- **교리 학교의 단계**: 기한은 개인의 성장 속도에 맞춰 정하고, 교리 학습자의 믿음과 회심을 독려하고 배양하는 데 초점을 맞추는 단계. 말씀의 전례와 귀신 축출 및 축복을 구하는 기도가 이 과정을 돕는 수단으로 활용된다.

- **둘째 단계 - 선택, 또는 등록의 단계**: 대개 사순절 기간의 첫째 주일에 거행하는 예전으로 교회가 가입 의식을 기꺼이 받아들이겠다는 교리 학습자의 의도를 공식적으로 인정하는 단계. 선택된 자의 위치에 오른 교리 학습자는 가입 의식을 받아들이겠다는

의지를 표명한다.

- **정화와 깨달음의 단계**: 선택된 자로 지정되기 직전의 단계로서 대개 부활절 철야 기간에 거행되는 입문 의식에 앞서 사순절 기간에 이루어진다. 이는 회심에 초점을 맞춘 성찰의 기간으로 성토요일의 준비 예식을 비롯해 구체적인 반성과 고백의 시간과 더불어 진행된다.

- **셋째 단계 - 가입 의식의 집행**: 대개 부활절 철야 기간에 통합되어 거행되는 예전으로 선택된 자는 세례와 견진성사와 성만찬을 통해 신자로서의 입문이 완료된다.

- **세례 이후의 교리 교육, 또는 신조 전수의 단계**: 대개 가입 의식이 거행되고 난 이후의 부활절 기간에 이루어진다. 이 기간에 갓 신앙생활을 시작한 사람은 적절한 교리 교육을 받고, 주일에 충실한 신자들과 성만찬에 참여함으로써 신앙 공동체에 완전히 참여하게 된다.

각 단계마다 신앙 공동체 안에서 예전이 집행된다. 기도와 찬송과 상징과 전례 강연을 곁들인 다양한 형태의 예전이 이루어진다. 그 가운데 교리 학습자로 인정하는 의식을 예로 들면 다음과 같다.

미사 집전 신부: "유일하신 참 하나님과 그분이 보내신 예수 그리스도를 아는 것이 곧 영원한 생명입니다. 하나님은 그리스도를 죽은 자 가운데서 다시 살리시어 생명의 주님이시자 보이는 것과 보이지 않는 모든 것의 통치자로 삼으셨습니다. 진정으로 주님의 제자가 되어 그분이 세우신 교회의 일원이 되기를 원한다면 그분이 우리에게 계시하신 진리를 온전히 배워 알아야 합니다. 그대들의 생각을 예수님의 생각에 일치시켜야 합니다. 복음의 가르침에 따라 살기 위해 노력하고, 주 하나님과 이웃을 힘써 사랑해야 합니

다. 그리스도께서는 그런 삶을 명령하시고, 또 친히 완전한 본을 보여 주셨습니다. 그대들은 이러한 복음의 가르침을 기꺼이 받아들이겠습니까?"

교리 학습자: "네, 그렇게 하겠습니다."

미사 집전 신부(후견인들과 회중에게 돌아서서 비슷한 질문을 던진다): "후견인들이여, 그대들은 이들 후보자를 우리 앞에 데려왔습니다. 그대들과 여기 함께 모인 모든 사람에게 묻습니다. 이들 후보자가 그리스도를 발견하고 그분을 따르도록 돕겠습니까?"

온 교인: "그렇게 하겠습니다."

미사 집전 신부(양손을 모으고): "자비로우신 하나님, 여기 이 종들을 위해 감사드립니다. 주님이 많은 방법으로 이들을 찾으시고 부르신 덕분에 이들이 주님을 찾기 위해 나왔습니다. 주님이 오늘 이들을 부르셨고, 이들은 우리 앞에서 그 부름에 응했습니다. 주님을 찬양합니다. 영광을 받으소서."

온 교인(찬양이나 말로): "주님을 찬양합니다. 영광을 받으소서."

미사 집전 신부(후보자들의 이마에 십자가를 그으면서 각 사람의 이름을 부르며): "그대들의 이마에 있는 십자가를 받으세요. 이제는 그리스도께서 친히 이 사랑의 상징으로 그대를 굳세게 하실 것입니다. 그분을 알고 따르는 법을 배우기 바랍니다."

온 교인(찬양이나 말로): "주 예수 그리스도시여, 영광과 찬양을 돌리나이다."

예수님을 찾아가는 여정

| 우리는 『예수님을 찾아가는 여정』이라는 책에서 관심을 기울일 만한 또 하나의 사례를 발견할 수 있다.[10] 복음주의 예배 신학자 로버트 웨버가 고안한 이 방법 역시 고대 교리 학교의 모델

에 근거한다. 웨버의 방법을 간략하게 요약하면 다음과 같다.

단계	영적 목표	내용	통과 의식
구도자	회심	복음	회개 의식
듣는 자	제자 훈련	교회의 본질과 예배의 의미와 성경을 읽고 기도하는 법 훈련	서약식
무릎을 꿇는 자	영적 무장	기도(주기도)와 신조(사도신경)로 영적 전쟁을 위해 무장	세례식
충실한 자	연합	은사를 발견해 활용하고 청지기와 증인의 삶을 살기 위해 교회에 온전히 참여	성만찬 (지속적으로 영적 자양분을 공급하는 의식)

웨버는 자신의 방법이 고대의 복음전도 방식에 근거한다고 설명한다. 그의 책은 옛 용어를 구체적으로 사용하고 있지는 않지만, 고대 교리 교육의 관습을 이해하는 데 유익한 설명을 제공한다. 이 개요에서 알 수 있듯이 그는 신앙 여정의 전환점을 이루는 다양한 통과 의식을 곁들여 교육 과정을 모두 네 단계로 나누었다. 아울러 각 단계마다 활용할 수 있는 자료를 소책자에 담아 펴내기도 했다.[11]

신앙 교육을 위한 일곱 가지 헌신

| 셋째 사례는 게리가 최근에 스티브 강과 공동으로 개발한 것으로 가르침과 양육이라는 교회의 사역에 항상 뒤따라야 할 일곱 가지 헌신으로 구성되어 있다. 이들 헌신 가운데 앞의 다섯 가지

는 참여자가 통과해야 할 단계, 또는 과정으로 간주될 수 있고, 나머지 두 가지는 교회의 윤리적 기조와 더 밀접히 관련된다. 일곱 가지 헌신은 A부터 G까지 머리글자 형식으로 표현되었다.

다시 말하지만, A부터 E까지의 헌신 단계는 신자들이 복음의 신앙 안에서 성장해 가는 과정을 나타낸다. A단계인 '영광스런 복음에 접근하는 단계'(Access to the glorious Gospel)에는 '기독교 신앙 연구'와 같은 프로그램을 활용할 수 있다.[12] B단계 '세례'(Baptism)는 세례 후보자를 준비시키기 위한 교리 교육을 가리킨다. 이와 동일하거나 비슷한 과정이 유아 세례를 받은 뒤 입교 의식을 치르는 사람들에게 적용될 수 있다. 이 단계에는 이미 충실한 신자의 위치에 오른 사람들을 이따금 초청해 과거에 배운 내용을 다시 복습하거나 새로 음미하게 할 수도 있다. C단계인 '언약 공동체에 대한 헌신'(Commitment to the covenant community)은 교회에서 기능을 온전히 발휘할 수 있는 신자로 훈련하는 과정에 초점을 맞춘 신앙 교육을 가리킨다. 아울러 D단계 '복음 안에서 성장과 발전을 이루는 단계'(Deepening and developing in the Gospel)는 사도행전 2장 42절에 언급된 네 가지 활동을 중심으로 다양하게 신앙을 경험하는 과정을 가리킨다. '화해 사역에 참여하는 단계'(Engagement in the ministry of reconciliation)인 E단계는 성숙한 신자들을 다양한 형태의 화해 사역에 참여하도록 준비시키는 단계를 뜻한다. '후속 성장의 단계'(Follow-up)와 '은혜 중심의 단계'(Grace cultivation)라는 마지막 두 가지 헌신은 주로 교회의 윤리적 기조에 초점을 맞춘다. 즉 앞의 다섯 가지는 개개인의 신앙 여정이 어느 단계에 이르렀는지 상관없이 모든 교인을 상대로 지속적인 목회적 돌봄이 이루어져야 한다는 점을 상기시키고, 나머지 두 가지는 율법주의의 태도가 아니라 은혜로운 분위기 안에서 이 모든 사역이 이루어져야 한다는 점을 강조한다.

	기초 교육	성장	나눔	지속적인 발전
A 영광스런 복음에 접근하는 단계	구도자를 위한 기본 경험. 평신도들의 가정을 중심으로 이루어지는 것이 이상적이다. 구원 이야기와 복음에 초점을 맞춘다.			
B 세례	세례를 준비하기 위한 교리 교육이 정식으로 이루어지는 단계. 사도신경, 주기도, 십계명에 관한 교육에 초점을 맞춘다. 세례와 입교 후보자들은 물론 이미 등록 교인이 된 신자들도 참여할 수 있다. 교회는 세례와 입교 의식을 기쁘게 축하해야 한다.			
C 언약 공동체에 대한 헌신	등록 교인이 되는 데 필요한 교육을 집중적으로 시키는 단계(세례 이전 교육을 좀 더 보충하는 내용으로 이루어진다). 교역자들과 성숙한 신자들이 교육을 담당한다. 진리, 생명, 길이라는 세 가지에 초점을 맞춰 복음을 더 상세히 가르친다. 아울러 교회의 특성, 교파, 교회의 산하 기관 등에 대한 교육 및 등록 교인의 특권과 책임에 관한 교육을 실시한다. 소명을 이해하고 참여하는 것을 출발 단계로 삼는다.			
D 복음 안에서 성장과 발전을 이루는 단계	등록 교인들은 특히 사도행전 2장 42절에 언급된 네 가지 활동을 중심으로 교회의 훈련과 가르침에 복종한다. 예배와 공식 교육에 참여하는 것과 동시에 다양한 일상 환경 속에서 성장을 추구한다. 진리, 생명, 길이라는 세 가지 요소를 십분 활용해 지속적으로 성장하는 한편, 말씀 훈련과 공동체 생활과 소명 이해에 초점을 맞춘 교육이 이루어진다. 소그룹 활동과 성경 공부 모임을 통해 교인들이 교육 과정의 연속성(기초 교육, 성장, 나눔, 지속적인 발전)을 이해하도록 돕는다. 교인들은 '에클레시아'(교회가 함께 모이는 시간) 사역과 '디아스포라'(교회가 흩어지는 시간) 사역에 적극적으로 동참한다.			
E 화해 사역에 참여하는 단계		등록 교인이 된 사람들(적절하다면 등록 교인이 되고 싶어하는 사람들도 포함시킬 수 있다)이 다양한 사역(에클레시아 사역과 디아스포라 사역)에 참여한다. 사역의 기회, 봉사 활동, 선교 여행, 그리스도인의 직장 생활에 관한 세미나와 같은 프로그램을 통해 소명 훈련을 시키고, 지속적인 리더십 훈련을 통해 교회의 다양한 사역을 이끌어나갈 지도자를 양성한다(이 경우에는 반드시 등록 교인이어야 한다).		
F 후속 성장의 단계	위에서 말한 A-E의 단계를 거친 사람들도 최종 목표에 도달한 것은 아니다. 그들도 여전히 양떼를 이끄는 목자들, 즉 교역자, 장로, 성숙한 신자들의 보살핌을 받아야 한다. 지도자들은 양떼가 잘되기를 위해 기도하고, 그들을 헌신적으로 보살펴야 한다.			
G 은혜 중심의 단계	위에서 말한 여러 단계가 율법적으로 남용되지 않으려면 설교, 교육, 찬양, 교제 등 교회의 모든 사역이 은혜 중심이 되어야 한다. 교회 지도자들은 은혜 중심의 분위기를 조성하고, 교인들은 모두 열심히 기도하면서 그러한 분위기를 힘써 지켜나가야 한다.			

* 이 표의 출처는 다음과 같다. Gary A. Parrett and Steve Kang, *Teaching the Faith, Forming the Faithful: A Biblical Vision for Education in the Church* (Downers Grove, IL.: IVP Academic, 2009), chap. 13.

결론
| 신자들의 신앙 성장을 돕기 위해 마련된 이 세 가지 사례는 모두 영적 성장을 강조하는 성경의 가르침에 진지하게 귀를 기울이고 있다. 영적 성장에 관한 관심은 교리 사역에 반드시 필요한 요소다. 이 밖에도 충실하고 효과적인 교리 교육이 이루어지려면 두 가지 요소가 더 필요하다. 다음 장에서는 이에 대해 살펴볼 예정이다.

"본질적인 것은 서로 힘을 합해 굳게 지키고,
본질적이지 않은 것은 자유롭게 대처하며,
무슨 일이든 관대한 태도를 잃지 마라."[1]

Grounded in the Gospel :
Building Believers the old-fashioned way

chapter 8

교리 교육의 선 긋기와 편 고르기

　우리는 8장에서 충실하고 효과적인 교리 교육의 두 가지 요소에 초점을 맞출 생각이다. 우리는 이를 '선 긋기'와 '편 고르기'라고 일컬으려 한다. '선 긋기'란 핵심적인 교리와 지엽적인 교리를 구분하는 법을 가르치는 교리 교육을 뜻한다. 교회가 가르치는 내용이 모두 똑같이 중요하지는 않다. 이런 사실을 깨우치는 것만으로도 훌륭한 가르침이 될 수 있다. 교리 교사가 관심을 기울여야 할 '선 긋기'는 우리가 중요하다고 믿는 교리들, 즉 1차적, 2차적, 3차적 교리들을 다른 사람들이 가르치는 신념과 구별하는 법을 가르치는 것이다. 이는 우리가 믿는 것이 다른 사람들이 믿는 것과 다르다는 것을 의미한다. 이런 점에서 '선 긋기'는 자연적으로 '편 고르기'로 이어진다. 교리 교육의 이 두 가지 요소는 교리 사역의 역사

전반에 걸쳐 나타나는 현상이다. 오늘날 교리 교육의 회복을 위해 노력할 때도 이러한 현상은 여전히 계속되어야 마땅하다.

가장 중요한 일을 먼저 하라

앞서 '믿음의 도'와 그 관련 용어를 살펴보면서 교리 교육의 내용 가운데는 중요성에 있어서 차이가 있다고 지적했다. 성경의 증언을 진지하게 받아들인다면, 교회가 때와 장소를 불문하고 반드시 가르쳐야 할 진리가 있기 마련이다. 이는 가르치는 내용이 중요성의 측면에서 서로 차이를 드러낸다는 뜻이다. 다른 내용보다 먼저 가르쳐야 할 내용이 있다. 즉 어떤 교리는 다른 교리보다 더 중요하다.

바울은 복음을 교리 사역의 가장 중요한 위치에 올려놓았다. 그는 복음의 메시지를 개괄하면서 고린도 신자들에게 "내가 받은 것을 먼저[첫째로 중요한 것으로] 너희에게 전하였노니"(고전 15:3)라고 말했다. 바울은 가장 중요한 일을 가장 먼저 했다. 그는 복음의 초석을 놓았다. 복음은 '믿음의 도'를 구성하는 다른 모든 요소의 토대다.

교리 교육의 내용은 가장 중요한 교리를 먼저 가르치는 데서부터 출발해야 한다. 우리는 중요한 교리와 그렇지 않은 교리 사이에 선을 그어 학습자들에게 상대적으로 중요한 교리부터 가르쳐야 한다. 하지만 1차적, 2차적, 3차적이라는 표현을 사용하는 것은 일부 신자들에게 자칫 오해를 불러일으킬 소지가 많다. 바꾸어 말해 그런 표현은 때로 유익한 면이 없지 않지만, 1차적이라는 이유로 다른 것들을 아예 무시하는 부작용이 빚어질 수 있다.

이는 앞서 인용한 "본질적인 것은 서로 힘을 합해 굳게 지키고, 본질적이지 않은 것은 자유롭게 대처하며, 무슨 일이든 관대한 태도를 잃지 마라"라는 명언에 언급된 '본질적인'과 '본질적이지 않은'과 같은 표현의 경우도 마찬가지다. 예를 들어, 침례교의 경우 '신자의 세례'는 교파의 정체성을 규정하는 중요한 교리다. 따라서 세례의 교리가 본질적이지 않은 문제나 부차적인 사안에 속한다는 말로 침례교 신자를 설득할 수 없다. 오순절 교단에 속한 신자들도 성령 세례와 은사에 관해 그와 비슷한 입장을 취할 것이고, 그 밖의 다른 교파에 속한 신자들도 제각기 자신들의 독특한 신앙 노선을 내세울 것이 분명하다.

충실한 교리 교육은 우리를 장로교 신자나 성공회 신자로 만들기보다 그리스도의 몸으로 만드는 일이 더욱 중요하다는 생각을 견지해야 한다. 하지만 많은 사람에게 걸림돌이 되지 않으면서도 자연스레 '선 긋기'를 할 수 있는 용어나 표현이 있을지도 모른다. 우리는 그러한 희망을 품고 좀 더 나은 표현 방식을 찾는 데 주력했다.

이 자리를 빌려 우리는 다음과 같은 네 가지 표현을 제시하고자 한다. 1) 기독교 전체가 동의하는 교리, 2) 복음주의의 근본 교리, 3) 교파에 따라 차이가 있는 교리, 4) 교회의 특별한 관심 분야.[2]

각각의 표현에 담긴 의미를 더 자세히 설명하는 것이 이 장의 내용이다. 그리고 9장에서는 이러한 내용이 교리 교육의 전략에 어떤 식으로 영향을 미치는지 살펴볼 예정이다.

:: **첫째, 기독교 전체가 동의하는 교리**

어디서나, 항상, 모두가 가르치는 교리(즉, 믿음의 근본 원리)

　믿음의 도는 교리 교육의 핵심 내용이다. 믿음의 도는 이야기식으로나 앞서 말한 일부 요소를 혼합해 주제별이나 제목별로 다양하게 가르칠 수 있다. 자신이 직접 시도하지는 않더라도 믿음의 도를 가르친다는 개념에 반기를 들 신자는 거의 없다. 하지만 그런 가르침을 진지하게 받아들이는 사람들 사이에서는 믿음의 도를 구성하는 내용을 둘러싸고 종종 논쟁이 불거지곤 한다. 우리가 말하는 믿음의 도를 어떤 사람들은 '순전한 기독교'라고 하고, 또 다른 사람들은 '위대한 전통'이라고 한다. 사실 믿음의 도에는 그 두 가지가 이미 다 포함되어 있다.[3]

　우리는 그런 표현들도 추천할 만한 요소가 많다고 생각한다. 하지만 우리로서는 좀 더 자주 사용되는 성경 용어인 믿음의 도라는 표현이 더 좋게 느껴진다. 교리 교육의 내용을 구성할 때는 믿음의 도에 초점을 맞추는 것이 좋다. 믿음의 도는 다음과 같은 요소들로 구성된다.

- **단순하고 깊이 있는 '복음'**: '첫째로 중요한 것', 즉 항상 으뜸 되는 핵심 원리로 가르쳐야 한다.
- **복음의 정점이자 핵심인 '구원 이야기'**: 성례는 구원 이야기를 계속 되풀이할 수 있는 수단을 제공한다.
- **'진리', 곧 복음에 일치하는 교리**: 사도신경은 진리를 소개하는 입문서의 역할을 한다.
- **'생명', 곧 하나님과 관계를 맺는 데서 비롯하는 생명력**: 주기도는 생명을 소개하는 입문서의 역할을 한다.

- **'길', 곧 복음의 진리에 순응해 사는 삶**: 십계명은 길을 소개하는 입문서 역할을 한다.

우리는 모든 신자가 기본적인 구도에 동의를 표한다고 해서 세부 사항까지 의견일치를 이룰 것이라고는 기대하지 않는다. 예를 들어, 가톨릭교회는 일곱 가지 성례가 있다고 주장하지만 개신교 교회는 역사적으로 두 가지 성례만을 인정한다. 또한 동방 정교회는 성례의 숫자를 교리로 규정짓는 일을 가급적 피하려는 경향을 보인다. 이들 교회 사이에 복음을 구성하는 요소는 세부적으로 더욱더 큰 차이를 보일 것이 분명하다. 하지만 우리가 어떤 역사적 신앙 공동체에 속했든지 상관없이 동서고금을 막론하고 대다수의 그리스도인들이 공통적으로 믿어온 교리들에 초점을 맞춰 교리 교육을 열심히 시도하면 큰 유익이 있을 것이라고 믿는다. 요리 문답의 네 가지 요소(사도신경, 십계명, 주기도, 성례)를 활용하는 것은 서로의 입장을 양보할 필요 없이 평화롭게, 초교파적으로 신자들의 연합을 위한 예수님의 기도(요 17:20-23 참조)와 교회의 일치를 강조했던 바울의 열망(엡 4:3, 13 참조)을 진지하게 받아들일 수 있는 구체적이면서도 실용적인 수단을 제공한다.

:: 둘째, 복음주의의 근본 교리

가톨릭 신자들이나 동방 정교회 신자들과 복음주의 개신교 신자들을 구별하는 교리

'복음주의'가 오늘날 논란의 소지가 있는 용어인 것은 틀림이 없다. 어떤 사람들은 이 용어가 여러 집단에 따라 의미가 천차만별이기 때문에 그 유용성을 상실했다고 주장한다. 또 이 용어가 우익 성향을 띤 정치 노선을 나타낸다고 생각하는 사람들도 있고, '근본주의'와 동일한 의미를 지닌다

고 생각하는 사람들도 있다. 그 밖에도 역사적 정통주의 기독교와 공통점이 거의 없는 사람들의 경우 스스로를 '복음주의자'라고 하기도 한다. 상황이 참으로 복잡하다. 어쩌면 이 용어를 아예 없애버리고 새 용어를 만드는 것이 좋겠다고 생각하는 사람들이 있을지도 모른다.

하지만 논란의 소지가 많다고 해도 우리는 이 용어를 사용하는 데서 아직도 많은 유익을 얻을 수 있다고 믿는다. 우선 이 용어는 '좋은 소식'을 뜻하는 성경 용어 '유앙겔리온'에서 파생했다. 이는 신자들의 삶과 교회의 사역에 복음이 차지하는 중요성을 상기시켜준다. 그뿐 아니라 이 용어는 역사적으로도 중요한 의미를 지닌다. 종교 개혁자들은 자신들을 '복음주의자'라고 일컬었다(다른 사람들은 그들을 '루터파'나 '프로테스탄트'라고 불렀다). 오늘날에도 유럽의 많은 곳에서 개신교 교회들은 '복음주의 교회'로 일컬어진다.

복음주의라는 말을 듣자마자 혼란스러워하는 사람들이 많지만, 복음주의자들은 나름대로 몇 가지 핵심 교리에 대해 분명하고 확고한 합의를 이루었다. 패커는 토마스 오덴과 함께 저술한 『하나의 믿음』에서 20세기 중반부터 21세기 초 사이에 존재했던 다양한 복음주의 신앙 단체들이 제시한 많은 진술문과 선언문을 근거로 복음주의의 공통점을 찾아 정리했다.[4] 그들의 진술에 따르면 복음주의자들은 다음과 같은 분야에서 서로 합의에 도달했다.[5]

- **좋은 소식**: 복음의 핵심
- **성경**: 성경의 권위
- **유일하신 참 하나님**: 성부, 성자, 성령
- **인간**: 하나님의 피조물이자 타락한 존재

- **예수 그리스도**: 그분의 인격과 사역

- **십자가에서 이루어진 그리스도의 화해 사역**: 우리의 죄를 위한 대리 속죄

- **영화롭게 되신 그리스도**: 그분의 부활, 승천, 통치

- **이신칭의**: 죄의 사면

- **구원의 의미**: 죄인들을 구원하시는 하나님

- **성령의 강림**: 충실한 신자들과 그리스도와의 연합

- **거룩한 생활**: 성화의 은혜

- **복음의 진리 안에서 하나 됨**: 신자들의 연합

- **교회**: 하나님의 백성

- **다양한 교파와 그리스도의 유일성**: 오직 그리스도를 통한 구원

- **그리스도인의 사회적 책임**: 말과 행동의 일치

- **미래**: 말세

패커와 오덴이 저술한 책의 제목은 『하나의 믿음』이지만, 그들은 자신들이 요약한 '믿음의 도'에 동방 정교회, 가톨릭교회, 개신교 교회와 같이 주요한 역사적 신앙 공동체에 속한 신자들이 모두 동의할 것이라고 주장하지 않는다. 그들은 단지 복음주의 신자들이 공통적으로 믿고 있는 것에 초점을 맞추었을 뿐이다.

오늘날의 교리 교육에 적용할 수 있는 복음주의의 근본 교리를 가지런히 정리할 수 있는 또 하나의 방법은 종교 개혁 시대의 '오직'이라는 슬로건('오직 그리스도로', '오직 은혜로', '오직 믿음으로', '오직 성경으로', '오직 하나님께 영광')을 활용하는 것이다. 이러한 슬로건이 복음주의 신앙 노선을 표방하는 데 큰 도움

이 된다고 생각하는 복음주의 신자들이 아직도 많다.[6]

:: **셋째, 교파에 따라 차이가 있는 교리**

　개신교 교파나 산하 기관 사이에 서로 차이가 있는 교리(예를 들어, 침례교와 장로교, 오순절 교단과 감리교 등을 구별하는 교리)

　복음주의 개신교 신자들은 서로 공통되는 교리나 강조점이 많지만, 서로의 온전한 연합을 가로막는 가르침이나 관습도 그에 못지않게 많다. 개신교 신자들은 어떻게 지금처럼 분열되었을까? 앞서 지적한 대로 오늘날 거의 4만 개에 달하는 교파가 존재한다. 공식적인 교파 외에도 교회와 관련된 단체나 산하 기관이 셀 수도 없이 많다. 이러한 분열 가운데 일부는 완고하고 이기적인 인간의 성품에 그 원인이 있다. 교회 분열은 예수님이 이미 암시하신 대로(요 13:34-35, 17:23 참조) 믿지 않는 세상 사람들 앞에서 우리의 증거와 신뢰성을 약화시킨다. 복음주의 신자들의 분열은 가톨릭교회나 동방 정교회와 의미 있는 대화를 나누는 일을 극도로 어렵게 만든다. 오늘날 초교파적 교회 회의가 개최를 앞두고 있다고 가정할 때, 무질서하게 분열된 복음주의의 교회는 과연 누구를 대표자로 파견할 수 있겠는가?

　물론 교회의 분열이 모두 죄이거나 부적절한 것은 아니다. 바울은 사회적 신분, 영적 은사, 교사에 대한 온당치 못한 관심 등에 기초해 분열로 치달았던 고린도 교회를 엄히 책망했다. 하지만 그와 동시에 그는 파당이 있어야만 누가 하나님을 기쁘시게 하는 사역을 행하는지 알 수 있다고 말했다(고전 11:19 참조). 이렇듯 인간의 부패한 성품에서 비롯하는 분열도 있고, 신학, 윤리, 교회, 예전 등에 관한 확신이 서로 다른 데서 비롯하는 분열도 있다.

때로 아이러니하게도 교회 분열은 심도 깊은 교회 일치를 지향하는 기회를 제공하기도 한다. 그리스도인들이 신학의 견해가 다르더라도 복음전도, 봉사, 선교라는 공통된 목표를 향해 서로 협력하면 성경이 말하는 교회 일치의 참 모습을 구현할 수 있다. 성경이 말하는 신자들의 연합(이는 궁극적으로 삼위일체 교리에 근거한다)은 다양성을 무시한 획일주의를 표방하지 않는다. 그것은 다양성 안에서의 일치를 뜻한다.[7]

한편 교리 교육을 실시할 때는 교리들의 상대적 중요성을 구별하는 법을 가르쳐야 한다. 예를 들어, 삼위일체 교리가 교회의 정책과 관련된 특수한 교리보다 훨씬 더 중요하다고 가르치는 것은 그 자체로 하나님을 영화롭게 하고 교회의 진정한 일치를 추구하는 행위에 해당한다. 물론 후자에 대한 관심이 중요하지 않다는 말은 아니다. 사실 그런 교리도 교리 교육을 통해 마땅히 숙지시켜야 할 내용이 아닐 수 없다. 예를 들어, 교인들 사이에서 성만찬의 의미에 대해 의견이 여러 갈래로 엇갈린다면 매주 함께 모여 예배를 드리기가 어려울 것이 분명하다. 하지만 비록 성례, 교회 정책, 말세 등에 관해 서로 의견이 다르더라도 예수 그리스도 안에서 서로를 동료 신자로 여겨 존경과 사랑으로 대한다면, 우리는 진정 아름다운 일을 실천하는 셈이 된다.

:: **넷째, 교회의 특별한 관심 분야**

각 교회가 특별히 관심을 기울이는 비전과 가치와 관습

같은 교파에 속했다고 해도 교회마다 특별히 관심을 기울이는 분야가 있기 마련이다. 즉 교회마다 처음 창립했을 때 설정했던 목표가 다를 수 있고, 또 최근에 특별히 성령의 인도를 받아 새로 목표를 설정한 경우도 있을 수 있다. 그런 목표는 각 교회에 주어진 독특한 사명이나 기능을 결정한다. 그런 목표를 형성하는 요인은 인종, 사회경제적 현실, 지리, 민족 및 하나님이 그분의 주권적인 뜻에 따라 교회를 선택하시어 사역하게 하시는 시대 상황과 같은 교회가 속한 독특한 문화 환경이다.

지혜로운 교회 지도자는 적절한 훈련을 통해 교인들에게 교회의 특별한 목표를 주지시킨다. 하지만 한 교회의 신자가 된다는 것의 의미가 다른 모든 형태의 소속감, 즉 교파나 산하 기관, 개신교 복음주의 공동체, 예수 그리스도의 "유일하고 거룩하고 보편적이고 사도적인 교회"[8]에 속한다는 사실과 깊이 관련되어 있다는 점을 잊어서는 안 된다.

관대한 태도

| '선 긋기'를 올바로 할 수 있는 방법 가운데 하나는 교회 안에서 늘 진행되어야 할 교리 사역이다. 예를 들어, 교회는 1년 내내 성인들을 위한 주일학교 교육을 실시할 수 있다. 또 전에는 주일학교 교육에 많은 관심을 기울였던 교회가 그런 사역 방법을 일주일 내내 이루어지는 소그룹 모임이나 주중 모임, 또는 한 달이나 분기에 한 번씩 개최하는 세미나로 대체할 수도 있다. 어떤 사역 방법을 선택하든지 교인들에게 논의되거나 교육되는 내용의 상대적 중요성을 식별할 수 있는 안목을 열어주는 '선 긋기'에 각별히 관심을 기울여야 한다.

어떤 교회가 성인들을 위해 네 개로 구성된 소그룹 모임이나 네 강좌로 구성된 주일학교 교육을 실시했다고 가정해 보자. 그 교회는 교인들 가운데

네 사람의 자원 봉사자를 선택해 그들의 관심 주제를 교육 내용으로 직접 결정했다. 한 사람은 자녀 교육에 관한 강좌를 개설했고, 다른 사람은 인기 있는 기독교 저술가가 최근에 써낸 책을 논의하는 강좌를 개설했다. 또 한 사람은 성경 공부 책자를 중심으로 빌립보서를 공부하기로 결정했고, 마지막 사람은 기독교 신앙을 소개하는 강좌를 개설했다.

이런 상황에서는 논의해야 할 여러 가지 문제가 발생한다. 무엇보다 교육 계획이 즉흥적이고 무질서하다. 첫해와 이듬해의 교육 내용이 서로 큰 차이가 있을 테고, 또 커리큘럼의 응집력이나 일관성이 떨어질 것이 뻔하다. 또한 교사들이 과제를 완수하기에 부적절하다. 그들은 단순한 자원 봉사자인가, 아니면 성경이 요구하는 자격을 갖춘 교사인가? 그들은 적절한 훈련을 받았는가? 성숙한 신자인가? 이러한 문제점은 대충 생각해도 금세 드러나는 것들이다. 그 밖에도 드러나지 않은 문제점이 많을 것이다. 하지만 우리가 여기에서 지적하고자 하는 문제는 학습자들을 위한 '선 긋기' 작업이 이루어지지 않는다는 점이다. 네 강좌는 일종의 선택 과목으로 활용하면 효과적일 것이다. 이들 강좌 가운데 어느 것이 다른 강좌보다 기독교 교육에 좀 더 근본적인지 알 수 있는 기준이 전혀 없다.

이러한 상황을 개선할 수 있는 실용적인 방법 가운데 하나는 교육 과정을 최소한 두 가지 범주로 나누는 것이다. 첫째 범주는 '기초 교육', '신앙의 토대', '신앙의 근본 원리' 등과 같은 제목을 붙일 수 있는 교육 과정을 가리킨다. 이 문제와 관련해 게리와 상담을 나누었던 한 교회는 '모퉁잇돌 시리즈'라는 이름을 붙여 여러 개의 강좌를 개설했다. 둘째 범주는 '심화', '발전' 또는 '선택 강좌' 등의 말로 적절히 묘사할 수 있다. 이런 식으로 '선 긋기' 작업이 이루어지면, 첫째 범주에 속하는 강좌를 신앙 교육의 출발점으로 삼아야 한다는 것을 교인들에게 확실히 전달할 수 있다.[9] 일단 그런 강좌를 대여섯 개 개설한 뒤에는 지속적인 운영이 필요하다. 그러는 동안 둘째 범주에 속하는 강좌를 듣기 전에 첫째 범주에 속하는 강좌를 모두 마치도록 교인들을 독려해야 한다. 물론 1년 동안 교인들에게 강좌를 선택할 수 있는 기회를 주어 1학기에는 첫째 범주에 속하는 강좌를 듣고, 2학기에는 둘째 범주에 속하는 강좌를 듣게 하는 식으로 '기본 강좌'를 모두 마치게 할 수도 있다. 둘째 범주에 속하는 강좌는 언제라도 확장이 가능한 성격을 띠는 것이 좋고, 또 매년 새로운 강좌를 개설하는 것이 중요하다. 교회에 다니면서 수년 동안 그런 식의 교육을 받아온 교인들은 매년 새로운 강좌 가운데 하나를 선택해 본질적인 교육에 해당하는 것들을 통해 새로운 신앙의 활력소를 제공받아야 한다. 물론 오랫동안 신앙생활을 해온 교인들은 직접 교사가 되어 봉사해야 한다. 온 교인이 강좌에 정기적으로 참여하는 것이 교회의 목표 가운데 하나가 되어야 한다는 인식이 형성되도록 노력해야 한다.

　교리 교육을 실시하면서 '선 긋기' 작업을 하는 방법은 최소한 두 가지다. 이들 방법은 서로 관련이 있지만 그 내용은 사뭇 다르다. 첫째, 우리는 상대적인 중요성에 따라 교리들을 분류할 수 있다. 둘째, 우리는 필요할 때면 언제라도 기독교를 믿는 다양한 신앙 공동체를 구별해야 한다. 그리스도의 몸 안에서 참된 일치를 이루고자 하는 마음이 있는 한, 이 둘째 '선 긋기'는 우리를 안타깝게 하기에 충분하다. 아무쪼록 하나님이 가능한 한 관대하고 공정하고 평화로운 마음을 유지할 수 있도록 도와주시기를 바랄 뿐이다.

편 고르기

　　　　　　　　　　교리 사역은 '선 긋기'의 둘째 측면(즉, 우리의 교리와 실천 관습을 다른 사람들의 교리와 실천 관습과 구별하는 작업) 때문에 자연스레 '편 고르기'로 이어진다. 교리 교육을 하다 보면 적절한 시기에 복음주의 개신교 신자들의 확신과 신념 가운데 중요한 차이가 존재한다는 사실을 인정할 수밖에 없다. 그러한 차이를 언급하는 동안 우리는 효율적으로 선을 긋고 편을 고르는 과정을 거친다. 정직한 태도로 주어진 교리와 실천 관습의 차이점을 설명한 다음, 우리가 속한 교파나 교회가 그것을 믿고 실천하는 이유를 분명히 해야 한다. 즉, "이것이 우리와 다른 신자들의 차이점입니다. 우리는 이쪽 편에 서 있습니다. 그 이유는……" 하는 식으로 설명을 덧붙여야 한다. 교리 교육은 동료 신자들을 마땅히 사랑하고 존경하는 방식으로 이루어져야 하지만, 그렇다고 해서 서로의 차이점을 무작정 감추어둘 수만은 없는 노릇이다. 적절히만 이루어진다면 부차적인 문제를 둘러싼 다양한 차이는 오히려 동료 신자들과의 근본적인 연합 관계를 인정하는 행위가 될 수 있다.

　우리는 대부분은 아니더라도 상당히 많은 수의 복음주의자들이 서로의 차이점을 그런 식으로 받아들이는 데 큰 어려움을 느끼지 않으리라고 믿는다. 하지만 복음주의 개신교 신자들을 가톨릭이나 동방 정교회 신자들과 구별하는 것은 훨씬 더 힘든 과제다. 사실 복음주의자들 가운데는 가톨릭이나 동방 정교회의 신자를 진정한 그리스도인으로 인정하지 않는 사람들이 많다. 그들은 가톨릭 신자나 동방 정교회 신자가 '진정한 그리스도인'이 될 가능성이 존재하더라도 실제로 그런 결과가 나타날 가능성은 매우 희박하다고 생각한다. 한편 가톨릭교회와 동방 정교회는 개신교보다는 서로에게 더 친근함을 느낄 가능성이 높다. 이들 신앙 공동체에 속한 사람들은 대개 자신의 교회만을 '유일하고 참된 교회'로 받아들인다. 물론 이는 두 교단의 공식적인 주장이기도 하다. 가톨릭 신자가 '교회'라고 말할 때는 '로마 가톨릭교회'를 가리키고, 동방 정교회 신자가 '교회'라고 말할 때는 '동방 정교회'를 가리킨다. 한편 복음주의 신자가 '교회'라고 말할 때는 사람은 볼 수 없지만 하나님은 보실 수 있는 '보이지 않는 보편 교회', 즉 예수 그리스도를 믿는 참 신자들의 총합을 가리킨다. 복음주의자들은 그 안에 복음주의자들 모두나 대다수가 속하고, 가톨릭 신자나 동방 정교회 신자가 일부 포함될 수도 있다고 믿는다. 하지만 안타깝게도 복음주의자들 가운데는 교회를 말할 때 '보이지 않는 보편 교회'를 생각하지 않는 사람들이 많다. 그들이 생각하는 유일한 교회는 오로지 자신이 다니는 지역 교회뿐이다. 하지만 우리에게는 더 넓은 시야가 필요하다.

"너희가 들었으나 나는 너희에게 이르노니"

우리는 교리 사역의 셋째와 둘째 과정에서 '선 긋기'를 시도해야 한다고 말했다. 하지만 사실 그런 시도는 교리 교육을 처음 시작하는 단계에서는 적절하지 못하다. 그것은 성숙한 신자들을 위한 후속 교육을 실시하는 과정에서 이루어지는 것이 바람직하다. 교리 교육의 시작 단계(세례나 입교를 위해 준비하는 단계)는 '기독교 전체가 동의하는 교리'에 해당하는 교리와 실천에 초점을 맞춰야 한다. 즉, 처음 단계에서는 '교파에 따라 차이가 있는 교리'나 '교회의 특별한 관심 분야' 보다는 '기독교 전체가 동의하는 교리'나 '복음주의의 근본 교리'에 비중을 둔 교리 교육을 실시해야 한다. 교리 교육은 우선적으로 믿음의 근본 원리에 굳게 뿌리를 내리도록 하는 데 그 목적이 있다. 서로 다른 신앙 공동체의 교리와 실천을 가르치는 일은 그 후에 지속적인 교리 교육을 통해 이루어져야 한다. 다시 말해, 교리 교육은 처음에는 기독교의 세계관과 불신 세계의 세계관을 구분하는 데서부터 출발해야 한다.

올바른 교리 교육은 산상설교에 나오는 예수님의 표현과도 같은 경향을 띤다. 예수님은 자신의 가르침과 당시 유대 사회에서 유행하던 가르침을 뚜렷하게 대조하셨다. 그분은 "너희가 들었으나 나는 너희에게 이르노니"(마 5:21-22, 27-28, 31-34, 38-39, 43-44)라는 표현을 여러 차례 사용하셨다. 예수님은 당시 종교 지도자들의 가르침을 간단히 요약하신 뒤에 자신의 가르침을 대조하셨다. 우리의 표현대로 하면 '선 긋기'와 '편 고르기'를 시도하신 셈이다. 그러한 관습은 이미 고대에 그 선례가 있었다. 모세로부터 말라기에 이르기까지 이스라엘 백성은 많은 선지자의 설교와 가르침을 통해 주변 국가의 부도덕한 행위와 우상숭배를 멀리하라는 경고에 귀를 기울여야 했다. 신약성경에도 요한계시록을 비롯해 서신서 이곳저곳에 그릇된 가르침과 올바른 가르침을 대조하는 방법이 사용되었다.

그러한 접근 방식은 교리 사역의 역사를 통해 면면히 이어져왔다. 고대 교회의 경우에는 다양한 교회 회의를 통해 그러한 방법을 적용했다. 그들은 이단 사상을 단죄하고 진리를 옹호했다. 신중한 교리 교사들은 믿음이 열어 준 새 세상과 뒤에 남기고 돌아선 옛 세상을 대조함으로써 성경이 보여 주는 세계와 기독교의 현실을 그리스도인들에게 주지시켰다. 그런 과정에서 종종 서로 경쟁을 다투는 종교와 윤리 사상, 특히 새신자들에게 도전과 영향을 주는 사상을 대조하는 데 관심을 기울였다. 시대 상황이 매우 중요하게 인식되었다. 예를 들어, 예루살렘의 키릴로스는 기독교의 가르침과 유대교의 가르침을 대조시켰다. 당시는 믿지 않는 유대인이 예루살렘을 온통 장악하고 있는 상황이었기 때문이다. 기독교를 믿지 않는 유대 당국자들과 기독교 교회의 적대감은 종종 격렬한 상황으로 치달았다(당시 교회에는 이방인들이 주를 이루었지만 유대인 신자들도 더러 섞여 있었다).

종교 개혁자들에게도 교리 사역을 행하는 동안 맞서야 할 분명한 상대가 있었다. 그들은 로마 교황의 지배에서 막 벗어난 상황이었기 때문에 자신들의 믿음과 실천 원리를 가톨릭교회의 그것과 확실히 구별해야 할 필요가 있었다. 그런 식의 접근 방식은 일부 동방 정교회의 요리 문답에서도 분명하게 드러난다. 요즘 사용되는 정교회의 요리 문답 한 권을 살펴보면 정교회의 중요한 교리를 언급할 때마다 로마 가톨릭, 성공회, 개신교를 비롯해 다른 신앙 공동체의 교리와 명백하게 대조하는 것을 알 수 있다.[10]

로마 가톨릭교회가 최근에 만든 요리 문답은 대부분 교리를 대조하는 방식을 여전히 적용한다. 하지만 그들은 더 이상 개신교를 겨냥하지 않는다. 그들은 오늘날 북아메리카 지역에 큰 영향을 미치는 뉴에이지 영성을 겨냥할 때가 많다. 한 가지 예를 들면 다음과 같다.

> 뉴에이지 운동과 관련된 교리 교육은 정확히 그 운동을 신봉하는 사람들의 신념과 실천 원리를 묘사하고, 그것들을 가톨릭교회의 신앙과 실천 원리와 대

조하는 데 초점을 맞춘다. 충실한 가톨릭 신자들에게 거룩한 성경에 대한 지식을 심화시키고, 역동적인 기도 경험을 일깨우며, 교회의 가르침을 철저히 이해하고, 그러한 가르침을 분명히 설명할 수 있는 능력과 기회를 제공하는 것이 교리 교육의 목적이다. 교리 교육은 신자들을 훈련시켜 가톨릭교회의 신앙에 대한 책임감을 고취하고, 오류와 거짓에 힘써 맞설 수 있는 역량을 길러주어야 한다.[11]

문화라는 요리 문답

오늘날 교리 사역에 임하는 복음주의자들도 교리를 대조하는 방식을 교리 교육의 적절한 방법으로 채택해야 할 필요가 있다. 다시 말해, "당신들은 그렇게 들었지만 성경은 이렇게 말씀합니다"라는 말로 교인들의 삶에 영향을 미치는 여러 가지 사상을 분명히 설명해야 한다. 교리 교육은 항상 교리 교육을 거부하려는 경향에 맞서야 한다. 우리는 앞서 교회가 교리 교육을 거부하는 이유와 그로 인한 결과를 살펴본 바 있다. 사실 우리 모두는 알게 모르게 서로 경쟁 관계에 있는 세계관에 의해 영향을 받아왔다. 이런 점에서 문화 자체도 일종의 요리 문답에 해당하는 셈이다.

문화라는 요리 문답이 영향을 미치는 통로나 과정은 매우 다양하다. 오늘날 북아메리카 지역에서 성장한 젊은이의 경우 전(全)방위적인 문화적 압박 아래 놓여 있다. 그런 모든 세력이 그의 가치관과 세계관 형성에 심대한 영향을 미친다. 온갖 종류의 대중 매체, 학교와 교육 지도자들이 신봉하는 가치 교육, 쉴 새 없이 변하는 도덕관을 강화하고 법제화하는 정치 세력, 광고와 마케팅을 통해 여지없이 파고드는 속된 가치관과 세계관 등 여러 요인이 압박한다. 이런 요인들이 가치관 형성에 미치는 영향은 교리 학습자가 그런 요인들에 끊임없이 영향을 받을 뿐 아니라 종종 철저한 신봉자가 되기도 하는 또래 집단 사이에서 살아가고 있다는 사실로 인해 더욱 강화된다.

우리는 무엇으로 그런 세력들에 대항할 수 있을까? 가정이 해체되고, 교회가 교리 교육을 등한시하거나 비효율적으로 진행한다면, 과연 우리의 자녀들이 장차 살아 계신 하나님을 믿는 믿음을 갖게 되리라고 안심할 수 있겠는가? 조사 결과에 따르면 북아메리카 지역의 젊은이들 가운데 복음주의자로 자처하는 이들과 종교를 가지고 있지 않은 이들의 가치관이나 삶의 방식이 거의 아무 차이가 없다는 사실이 밝혀졌다. 교리 교육이 전혀 이루어지지 않았거나 충분히 이루어지지 않았다는 증거도 명백히 드러났다. 단지 입으로만 고백하는 믿음은 십대 청소년들이 삶을 선택하는 방식에 아무런 영향도 미칠 수 없다.[12]

단지 외부에서 들어와 믿음을 갖게 된 젊은이들만이 아니라 우리 교회 안에서 자라고 있는 젊은이들을 위해서라도 문화적으로 적절하고, 성경에 충실하고, 전인적이고, 의도적인 교리 교육을 회복하는 것이 무엇보다 시급하다. 교리 교육에 반발하는 세속 문화는 성경이 가르치는 교리와 거의 모든 점에서 뚜렷하게 대조된다. 우리는 진리를 가르치지만 교인들은 이 시대의 온갖 그릇된 '주의'(主義)에 영향을 받고 있다. 우리는 살아 계신 하나님과의 관계에서 비롯하는 생명을 전하지만 교인들은 오랫동안 온갖 종류의 우상을 섬기도록 길들여져왔다. 우리는 하나님의 길로 인도하지만 교인들은 문화라는 요리 문답의 영향 아래 전혀 다른 길, 즉 길이 아닌 그릇된 행실과 습관을 향해 나아가고 있다. 우리는 하나님의 구원 이야기를 전하지만 오늘의 문화는 그와 다른 이야기를 수없이 퍼뜨리고 있다. 우리는 복음을 선포하지만 거짓 복음이 우리를 그릇된 길로 나가게 하려고 기승을 부린다.

지혜로운 기독교 교리 교사는 온갖 형태의 요리 문답이 교인들의 머리와 마음과 손을 지배하기 위해 서로 경쟁하고 있다는 사실을 깊이 인식해야 한다. 우리는 선을 긋고 편을 골라야 한다. 우리도 여호수아처럼 서로 경쟁하는 신들의 이름을 거론하며 결정을 호소해야 한다. "너희 조상들이 강 저쪽에서 섬기던 신들이든지 또는 너희가 거주하는 땅에 있는 아모리 족속의 신들"을 섬길 것인가, 아니면 유일하고 참되신 하나님을 섬길 것인가라는 물음 앞에서 우리부터 먼저 "오직 나와 내 집은 여호와를 섬기겠노라"(수 24:15)고 선언해야 할 것이다.

북아메리카 지역의 복음주의 개신교 신자들은 자신의 교리 교육과 뚜렷하게 대조되는 것이 무엇인지를 주의 깊게 분별해야 한다. 오늘날 무엇이 교인들의 마음과 삶을 빼앗으려고 노력하는가? 어떤 경우에는 다른 기독교 신앙 공동체의 가르침이 그 대상일 수도 있다. 즉 교인들 가운데 대다수가 가톨릭 문화와 세계관의 영향을 받고 살아가는 라틴계 공동체에 속하는 경우에는 가톨릭주의의 주장을 진지하게 다루는 것이 필요하고, 동방 정교회를 믿는 사람들이 다수를 차지하는 러시아나 그리스 계통의 공동체에 속해 있는 교인들에게는 믿음에 관한 정교회의 견해와 복음주의의 견해를 대조하는 것이 필요하다. 근본주의 신앙을 가진 사람이든 '건강과 부'를 강조하는 번영 신학에 노출된 사람이든, 또는 자유주의 신앙을 가진 사람이든, 어떤 경우가 되었든 그런 사람이 새로 교회에 나오거든 항상 그 배경을 염두에 두고 교리 교육을 실시해야 한다.

하지만 21세기 북아메리카의 문화적 현실은 우리가 상대해야 할 또 다른 여러 가지 세력들을 제공한다. 우리는 그리스도의 진리로 온갖 형태의 '주의', 예를 들면 물질주의, 자연주의, 상대주의 따위에 맞서야 한다. 물질과 쾌락과 정욕과 권력과 같은 것들이 우상으로 다가온다. 오늘날의 그릇된 실천 원리는 '내가 먼저', '단지 기분이 좋으면 그만이야', '무슨 방법을 사용하든 성공만 하면 돼' 같은 태도를 부추긴다. 교리 교육의 기초 단계, 즉 성도에게 단번에 주신 믿음의 도와 그것이 우리의 삶과 믿음과 하나님을 아는 방식에 미치는 영향을 가르칠 때는 다른 신앙 공동체를 비판하는 데 귀중한 에너지를 낭비하지 않도록 조심해야 한다.

복음주의자들은 오직 한 분이신 삼위일체 하나님, 하나님의 계시인 성경, 예수 그리스도의 온전한 신성과 인성, 그리스도의 죽음을 통한 죄의 구원, 그리스도의 육체 부활과 승천, 그리스도의 영광스런 재림과 영원한 통치와 같은 기독교의 핵심 교리를 다른 기독교 공동체들과 공유한다. 더욱이 다양한 윤리적 문제에 관한 신념도 서로 비슷하고, 예수 그리스도의 중보 사역을 통해 살아 계신 하나님을 알 수 있다는 믿음도 서로 똑같다.

물론 다른 기독교 공동체에 맞서 선을 긋고 편을 골라야 할 때와 장소가 있다. 하지만 그것이 교리 교육의 주된 목적이 되어서는 안 된다. 교리 교육의 첫째 단계는 기독교 세계관의 근본 요소를 가르치는 데 초점을 맞춰야 한다. 우리는 복음을 개괄하고, 구원 이야기를 해설하고, 진리와 생명과 길의 근본 요소를 설명해야 한다. 우리는 복음주의 개신교 신자이기 때문에 그런 내용을 언급하면서 우리만의 독특한 관점을 말하지 않을 수 없다. 그런 이유로 우리는 복음을 제시할 때도 복음주의 노선을 견지한다. 많은 경우, 복음주의자가 말하는 복음은 가톨릭 신자나 정교회 신자가 말하는 복음과 여러 면에서 차이가 있다. 그런 차이는 심지어 복음주의 내에서조차 불가피하다.

우리는 기독교의 비전과 다른 세계 종교의 비전을 구별해야 한다. 이는 종교와 문화의 배경이 서로 크게 다른 사람들이 여러 도시에서 함께 살아가고 있는 서구 사회의 경우에 특히 더 중요하다. 아울러 가르침을 베풀 때는 항상 온유하고 정중한 태도를 유지해야 하지만(벧전 3:15; 딤후 2:24-26 참조), 우리 주위에서 서로 치열하게 경쟁하는 수많은 세계관과 가치관에 맞서 우리의 입장을 분명히 드러내는 것이 그리스도의 소명이라는 사실을 잊어서는 안 된다.

결론

| 우리는 8장에서 교리 사역과 관련해 '선 긋기'와 '편 고르기'라는 개념을 설명했다. 충실하고 효과적인 교리 교육이 이루어지려면 1차적, 2차적, 3차적 교리를 구분하는 것이 필요하다. 교리 교육의 기본 단계는 다른 철학 사상, 실천 원리, 우리가 살며 사역하는 주변 문화의 세계관과 기독교 신앙을 대조시키는 데 초점을 맞춰야 한다. 그런 식으로 '선 긋기'를 시도할 때는 정직한 태도로 언제, 어디에서 편을 골라야 할 것인지를 분명히 해야 한다. 물론 그런 일을 할 때는 성경의 정신에 따라 온유하고 정중한 태도를 견지해야 한다.

"그리스도께서 오신 주된 목적은 하나님이 우리를 얼마나 사랑하시는지를 깨닫게 하시고, 죽는 날까지 그 사랑을 배워 우리를 먼저 사랑해 주신 사랑으로 활활 불타오르게 하시기 위해서다. 우리를 사랑하심으로써 친히 우리의 이웃이 되어주신 주님을 본받고, 그 명령에 따라 이웃을 사랑하는 것이 그분이 오신 목적이다." - 아우구스티누스[1]

Grounded in the Gospel :
Building Believers the old-fashioned way

chapter 9

교리 교육을 어떻게 할 것인가

9장은 오늘날의 복음주의 교회 안에서 이루어져야 할 교리 교육안을 제시하는 데 초점을 맞추고 있다. 여기에 제공된 교육안은 지금까지 언급해 온 내용을 하나로 종합하려는 시도다. 우리는 먼저 4-6장에서는 교리 교육의 내용에 관심을 집중했고, 7-8장에서는 영적 성장과 문화적 적절성을 논한 바 있다. 이번에는 이러한 논의를 바탕으로 교리 교육의 과정과 실천 원리에 관한 교육안을 제시할 생각이다.

다음의 표는 교육안을 전체적으로 개괄한다. 교육안을 살펴보면 우리가 3×3×3의 구조(믿음의 세 가지 측면, 신앙 여정의 세 가지 단계, 교육의 세 가지 형태)를 활용한다는 것을 곧 알 수 있다. 아울러 교육안을 제시한 뒤에는 각각의 내용에 관해 자세한 설명을 덧붙일 생각이다.

	진리	생명	길	
예비 교리 교육 (복음을 소개하기)	구원 이야기를 흥미롭게 전달한다. '알파 코스' 나 '기독교 신앙 연구' 와 같은 프로그램을 활용할 수도 있다.			공식 교육
	가르치거나 선포되는 말씀을 청취하기	적절한 관찰 - 예배 참여하기	적절한 관찰 - 공동체 참여 및 봉사 활동	비공식 교육
	관대한 마음과 낯선 사람을 사랑하는 분위기 조성하기[2]			비형식 교육
정식 교리 교육 (복음에 뿌리를 내리게 하기)	사도신경 해설 및 진리 훈련	주기도 해설 및 생명 훈련	십계명 해설 및 길 훈련	공식 교육
	가르치거나 선포되는 말씀을 청취하기	기도와 예배에 더욱 깊이 참여하기	공동체, 정의, 자비, 직업 소명에 깊은 관심을 기울이기	비공식 교육
	진지하고 기쁨이 넘치는 분위기 조성하기			비형식 교육
지속적인 교리 교육 (복음 안에서 성장하기)	성경과 올바른 교리를 계속 배우기	기도와 예배와 복음 전도에 적극적으로 임하기	윤리, 섬김, 직업 소명에 관한 훈련을 받기	공식 교육
	가르치거나 선포되는 말씀을 청취하고 개인적으로 성경을 공부하기	기도, 예배, 복음 전도에 더욱 적극적으로 참여하기	공동체, 정의, 자비, 직업 소명에 깊은 관심을 기울이기	비공식 교육
	겸손하고 항상 배우고자 하는 분위기 조성하기			비형식 교육

세 가지 측면과 세 가지 단계

| 표 맨 위에 명시한 대로 우리는 믿음의 세 가지 측면을 '진리', '생명', '길' 이라고 이름 붙였다. 우리는 이 세 가지 측면을 6장에서 자세히 논의했다. 이러한 교리 교육의 세 가지 측면은

모두 복음에 근거하기 때문에 '복음의 신앙'이라고 일컫는 것이 적당하다. '진리'는 복음에 일치하는 올바른 교리와, '길'은 올바른 교리에 일치하는 행동 방식과, '생명'은 생명을 주는 복음의 능력, 즉 우리를 죄의 속박에서 구원해 하나님의 길을 걷게 만드는 능력과 각각 관련된다.

이 세 가지 측면을 가르치는 것은 복음 안에서 하나님의 백성을 훈련하는 것을 의미한다. 복음은 하나님이 행하시는 위대한 구원 사역의 정점이자 핵심이다. 또한 이 세 가지 측면은 우리가 직접 구원 이야기에 참여할 수 있도록 훈련과 교육을 되풀이하는 과정을 뜻한다. 이 모든 것은 길이요 진리요 생명이신 그리스도, 즉 믿음과 복음과 구원 이야기의 주인공이신 주님을 충실하게 전할 수 있는 통로 역할을 한다.

표 왼쪽 열을 보면 신앙 여정의 발전과 진보를 뜻하는 개념이 적혀 있다. 이는 교리 교육의 세 단계를 가리킨다. 첫째 단계는 '예비 교리 교육'에 해당한다. 여기에 사용된 용어는 구도자를 신자로 이끌기 위한 과정을 묘사하는 고대 용어다. 즉 이 단계는 구도자들에게 복음을 소개하는 데 초점을 맞춘다. 둘째 단계는 '정식 교리 교육'에 해당한다. 이것은 복음에 뿌리를 내리게 하는 과정을 가리킨다. 우리는 나중에 이 둘째 단계를 다시 두 단계로 나눠 설명할 생각이다. 셋째 단계는 '지속적인 교리 교육'으로 신자들이 복음 안에서 계속 성장을 도모해 가는 과정을 가리킨다.

교육 과정의 세 가지 형태

지난 반세기 동안 기독교 교사들은 교육

의 세 가지 형태를 구체화하려고 노력해 왔다. 우리는 교육의 세 가지 형태를 '공식 교육', '비공식 교육', '비형식 교육'이라 이름 붙였다.[3] 이런 구별이 필요한 이유는 기독교 교육이라는 이름으로 진행된 일 가운데 소위 '학교식 모델'을 통해 이루어진 것이 지나치게 많았기 때문이다. 아마도 이것은 주일학교 운동에서 비롯한, 의도하지 않은 또 하나의 결과인 듯하다. 잘 알다시피 그동안 수많은 교회가 교육과 학습의 수단으로 주일학교를 채택해 왔다. 믿음의 도와 성경을 학교식으로 가르치는 일은 늘 필요하지만, 그런 교육과 학습 경험만이 우리가 시도할 수 있는 유일한 교육의 형태라고 생각하는 것은 현명하지 못하다. 우리는 여러 가지 방법으로 하나님의 일들을 가르치고 배울 수 있다. "가르치기보다 직접 경험하게 하는 것이 더 낫다"라는 격언이 암시하는 대로, 우리는 대부분의 지식을 단순한 정보 전달이 아니라 실제 경험을 통해 습득해야 한다.

물론 교육의 세 가지 형태가 항상 뚜렷하게 구별되는 것은 아니다. 하지만 우리는 우리의 목적을 위해 다음과 같은 표현을 사용했다. '공식 교육'은 주일학교, 성경 공부 모임, 교리 학습반 등과 같은 교육 환경을 조직적으로 구축해 분명한 의도를 가지고 교육을 실시하는 것을 의미하고, '비공식 교육'은 의도적인 계획과 설계를 통해 양육에 초점을 맞추면서도 명확히 공식 교육으로 규정할 수 없는 교육 경험을 가리킨다. 그런 경험에는 예배 모임, 교회 안팎에서의 봉사 활동, 기도 모임, 교제 등이 포함된다. 마지막으로 '비형식 교육'은 계획하거나 설계하지 않았는데도 양육의 효과를 가져다주는 대화와 경험을 가리킨다. 이러한 형태의 학습 경험은 우리의 지식이나 의도의 개입 여부와 상관없이 이루어지는 사회화, 또는 문화 적응과 같은 요인과 밀접히 관련된다.

이와 비슷하게 일반 교육계에서도 교육의 세 가지 형태를 구분한다. 즉 가르치는 사람은 항상 '명시적 교육 과정', '잠재적 교육 과정', '영 교육 과정'이라는 세 가지 형태의 교육 과정이 존재한다는 점을 기억해야 한다.[4] 지금까지 교육 이론가와 지도자들은 여러 가지 방법으로 교육 과정을 구분했다. 이것은 그러한 방법 가운데 하나일 뿐이지만, 우리는 교육 과정을 이렇게 세 가지 형태로 나누는 것이 매우 유익하다고 생각한다. '명시적 교육 과정'을 우리가 말하는 신앙 교육에 적용하면 교리 교육의 '공식 내용', 즉 우리가 실제로 다른 사람들에게 가르치고자 의도하는 내용을 가리킨다. 또한 '잠재적 교육 과정'은 학습 경험이 일어나는 방식(즉 교육의 구조, 실행 방식, 과정, 교사의 말과 태도와 행동 등)을 통해 교육 효과가 나타나는 것을 뜻한다. 교사가 가르치고 있다고 생각하는 것과 학습자가 실제로 배우는 것이 서로 크게 차이가 나는 경우가 적지 않다. 이런 사실은 우리가 말하는 공식 교육 프로그램이 비공식 모임이나 비형식 대화를 통해 이루어지는 교육 효과에 의해 그 효력이 심각하게 훼손될 가능성이 있다는 점을 일깨워준다.

'영 교육 과정'은 가르치지 않은 교육 과정을 가리킨다. '잠재적 교육 과정'의 경우처럼 이 과정은 의도적으로 이루어질 수도 있고, 의도하지 않게 무의식 상태에서 이루어질 수도 있다. 어느 경우가 되었든지 가르치지 않은 것 자체로 강력한 교육 효과가 나타난다. 설교나 기독교 교육의 경우, 우리가 가르치지 않은 설교 본문이나 우리가 설명하지 않은 교리나 계명 등이 '영 교육 과정'에 해당한다. 특정 본문이나 주제를 언급하지 않더라도 그러한 행위 자체가 곧 교육이다. 오늘날 성경이 삶의 어떤 부분에 대해 구체적으로 가르치고 있는데도 그러한 내용을 배우거나 들어본 적이 없는 탓에 그런 가르침이 성경에 있는지조차 모르고 있는 교인들이 도처에 너무나도 많다. 이 밖에도 여러 가지 '주의'나 우상이나 그릇된 문화 현상을 가르치지 않는다면, 그것은 하나님이 그런 문제에 무관심하셨다고 가르치는 것이나 다름없다.

우리는 교육에서 일단 '공식 교육'과 '비공식 교육'에 우선적으로 초점을 맞추려고 했다. 우리의 교육안은 '명시적 교육 과정'에 중점을 둔다. 하지만 교회 지도자들은 신중한 자기 성찰을 통해 교회 안에서 이루어지고 있는 '영 교육 과정'을 찾아내 하나님의 온전한 뜻을 가르치려고 노력해야 한다. 아울러 우리는 '잠재적 교육 과정'이나 '비형식 교육'도 신앙 교육에 지대한 영향을 미친다고 생각한다. 따라서 교회 지도자들은 그런 요인들이 나쁜 쪽으로가 아니라 좋은 쪽으로 기여할 수 있는 분위기를 만들기 위해 기도하며 힘써야 한다.

이제 지금까지 말한 내용을 염두에 두고 우리가 제안하는 교리 교육의 세 단계를 하나씩 간단히 살펴보도록 하자.

첫째 단계 – 예비 교리 교육: 복음을 소개하기

| 교리 교육의 첫째 단계는 이웃들에게 복음을 충실하게 소개하는 것이다. 교회가 복음을 전하는 형태는 여러 가지일 수 있고, 또 그래야 마땅하다. 그 가운데는 교인들이 이웃들에게 다가갈 수 있게 만드는 전도 사역이나 프로그램이 포함된다. 그런 사역이나 프로그램

은 교인들에게 그리스도께서 그들을 "내 증인"(행 1:8)으로 부르셨다는 의식을 주지시키는 데 중점을 두어야 한다. 그런 의식이 있어야만 하루나 일주일을 사는 동안 어디에서나 예수 그리스도의 사자가 되어 행동할 수 있다(고후 5:20 참조). 신자는 경건한 삶과 부지런한 수고와 고결한 성품으로 "외인에 대하여 단정히 행하고"(살전 4:12) "우리 구주 하나님의 교훈을 빛나게"(딛 2:10) 하고, "빛이 사람 앞에 비치게 하여 그들로 너희 착한 행실을 보고 하늘에 계신 너희 아버지께 영광을 돌리게"(마 5:16) 해야 한다. 물론 복음을 전할 때는 반드시 말이 필요하다. 그리스도의 증인인 우리는 말로 그리스도를 전하고, 하나님이 기회를 주실 때마다 그분의 복음을 다른 사람들에게 선포해야 한다(막 16:15; 눅 4:18 참조).

아울러 우리의 복음전도는 또 다른 형태를 취할 수도 있다. 즉 우리는 교회 밖에서 다른 사람들에게 복음을 전할 수도 있고, 또 교회 안에서도 강력하고 견실하게 복음을 선포할 수 있다. 앞서 살펴본 대로 바울 사도는 신자들에게 열과 성을 다해 복음을 전하려고 노력했다(롬 1:15; 고전 1:23, 2:2; 갈 3:1 참조). 예를 들면, 교인들이 예배를 드리려고 모인 자리에서 복음을 전하고 가르칠 수 있다. 우리는 매주 모여 예배를 드리는 신자들만이 아니라 믿지 않는 친구, 친척, 이웃들을 초청해 그들에게 복음을 전할 수 있다. 우리는 주일마다 믿지 않는 사람들이 교회를 방문할 수 있게 해달라고 열심히 기도해야 한다. 방문객들이 교회를 찾았을 때는 그들을 맞이할 준비가 충분히 갖춰져 있어야 한다. 다시 말해, 항상 복음에 중점을 두고 환영의 분위기를 조성함으로써 "와서 보라"(요 1:39)고 말씀하신 예수님처럼 다른 사람들을 즐겁게 초청해 그리스도를 전하려는 노력을 기울여야 한다.

아울러 우리는 '공식 교육'의 차원에서 '기독교 신앙 연구'와 같은 사역 수단을 이용해 이웃에게 복음을 소개할 수 있다. 앞서 언급한 프로그램들을 폭넓게 활용하면 종종 상당한 결실을 거둘 수 있다. 이러한 사역의 초점은 성경과 예수님과 교회를 좀 더 알고 싶어하는 사람들에게 '믿음의 도'를 소개하는 데 있다. 이런 식의 복음전도는 보통은 교인들의 가정에서 이루어진다. 음식을 대접하고 다양한 방법으로 복음을 전한 다음 대화를 나누는 방법이 주로 사용된다. 비록 자유롭게 이웃을 초청해 편안한 분위기에서 복음을 전한다고 해도 이런 식의 방법을 적용하는 경우에는 '공식 교육'에 해당하는 것으로 간주할 수 있다.

그런 형태의 '공식 교육'은 사람들을 정기적으로 예배에 초청해 우리가 다른 사람들을 섬기는 광경을 지켜보게 하거나 때로는 우리의 봉사 활동에 직접 참여하게 하는 등 '비형식 교육'을 통해 얼마든지 보완이 가능하다. 우리는 '비형식 교육'과 '잠재적 교육 과정'을 염두에 두고 손님 접대를 즐거워하고 낯선 사람을 사랑하는 분위기를 조성하기 위해 노력해야 한다. 우리는 낯선 사람이 누가 되었든지 항상 진심으로 반겨 맞이하는 공동체가 되고자 힘써야 한다(마 25:35 참조). 간단히 말해 우리는 '길'의 근본 요소 가운데 하나, 즉 "이웃을 우리의 몸처럼 사랑하라"는 강령에 복종해야 한다.

둘째 단계 – 정식 교리 교육: 복음에 뿌리내리기

교리 교육의 둘째 단계는 '정식 교리 교육'이다. 어떤 교회들은 대개 세례나 입교를 공식적으로 준비시키는 과정만을 교리 교육으로 간주한다. 이 단계는 복음에 뿌리를 내리게 하는 데 초점을 맞춘다. 앞서 언급한 대로 이 단계는 다시 두 단계로 나누어 생각할 수 있다. 다음의 표를 참조하라.

단계	강조할 내용
1. 세례나 입교를 준비하는 단계	기독교 전체가 동의하는 교리, 복음주의의 근본 교리
2. 정식 등록 교인이나 지도자를 양육하는 단계	기독교 전체가 동의하는 교리, 복음주의의 근본 교리, 교파에 따라 차이가 있는 교리, 교회의 특별한 관심 분야

1단계는 세례나 입교 의식에 참여할 후보자를 준비시키는 교육을 가리킨다. 이것은 교회가 전통적으로 실시해 온 교리 교육 가운데 하나다. 이 과정의 교육 시한은 상황에 따라 달라질 수 있다. 교회의 주변 문화를 비롯해 여러 요인을 고려함으로써 이 문제를 현명하게 판단하는 것은 교회 지도자의 몫이다. 교회 지도자는 "이질적인 문화 상황 안에서 자란 사람들이 진리와 생명과 길에 관한 성경의 비전에서 얼마나 멀리 벗어나 있는가?"라는 질문을 염두에 두어야 한다.

앞서 설명한 대로 고대 교리 학교에서는 세례를 위한 교육이 사순절이라는 6주 동안에 집중적으로 이루어졌다. 하지만 세례 후보자가 되기 이전에 여러 달, 심지어는 여러 해 동안 교리 학습자로서 교육을 받는 경우도 있었다. 교회 지도자는 세례 후보자가 세례를 받기 전에 얼마나 더 많은 교육이 필요한지를 정확히 판단해야 한다. 그러려면 세례 후보자들이 살고 있는 문화 현실을 솔직하게 평가하고, 주님께 지혜를 구해 무엇이 최선의 길인지를 파악해야 한다. 이 문제는 결코 두루뭉술하게 넘어가서는 안 된다.

세례나 입교를 준비시키려면 최소한 6주 동안의 집중 교육이 필요하다. 그 기간 동안 우리는 신념이나 양심을 타협하는 일이 없이 가능하면 고대의 관습에서 발견되는 원리와 실천을 지키려고 노력해야 한다. 그렇게 하면 세례를 받는 이들이 '유일하고 거룩하고 보편적이고 사도적인 교회'(시대와 장소를 뛰어넘는 신자들의 총합. 히 12:22-24; 계 7:9-10 참조)를 구성하는 수많은 신자의 대열에 참여하게 되었다는 사실을 교인들에게 주지시킬 수 있다.

이 단계의 '공식 교육'은 사도신경, 주기도, 십계명이라는 믿음의 세 가지 역사적 측면에 초점을 맞춘다. 물론 세례와 성만찬이라는 두 가지 성례에 관한 교육도 아울러 포함된다. 이 시점에서는 『하이델베르크 요리 문답』과 같은 종교 개혁 시대의 요리 문답을 활용하는 것이 매우 유익하다.[5] 하지만 교리 교사는 그런 방법을 적용할 때 지혜로워야 한다. 요리 문답의 질문과 대답을 교리 교육의 마지막이 아니라 시작점으로 활용하는 것이 바람직하다. 특히 16세기에 저술된 질문과 대답은 우리가 현재 살고 있는 21세기의 상황에서 다시 생각해 봐야 할 많은 문제를 야기할 것이 분명하다. 따라서 교리 교사는 가르치고 배우는 진리들을 분명하게 이해해 문화 상황에 적절하게 적용할 수 있도록 돕는 한편, 학습자들에게 그리스도와 복음을 주지시키는 데 교육의 초점을 맞춰야 한다.

세례나 입교 후보자를 준비시키는 기간에는 주일에 교회 예배에 정기적으로 참석하게 하는 등 여러 가지 '비형식 교육'이 동원될 수 있다. 후보자들을 독려해 그들 나름대로 기도 훈련이나 성경 공부, 또는 신앙 서적 읽기 등과 같은 활동에 직접 참여하게 하는 한편, 다양한 사역과 교제에 동참할 수 있는 기회를 제공해야 한다. 아울러 교회 지도자와 후견인들은 날마다 그들을 위해 권고와 기도를 쉬지 않아야 한다. 특히 후견인들은 신앙 여정의 동반자가 되어야 하는 중요한 역할을 담당한다.

교회는 '공식 교육'과 '비형식 교육'을 지원할 수 있는, 진지하면서도 기쁨이 넘치는 분위기를 조성하는 데 관심을 기울여야 한다. 그리스도의 제자가 되어 그분 안에서 새로운 피조물로 거듭나는 것은 엄숙하고, 신비롭고, 강력한 경험일 뿐 아니라 기뻐하며 축하해야 할 일이기도 하다. 3장에서 논의한 대로, 세례와 관련된 고대의 관습 가운데 일부를 지혜롭게 적용해 그러한 현실을 교인들에게 일깨워주는 노력이 필요하다.

2단계는 복음에 뿌리를 내리게 하는 과정이다. 세례나 입교 의식을 거친 사람들은 이제 정식으로 교회의 등록 교인이 되기 위한 준비 교육에 들어가야 한다. 이런 과정을 낯설게 생각하는 교회가 많다. 왜냐하면 세례와 입교 의식을 치른 것으로 이미 등록 교인의 자격을 취득했다고 생각하기 때문이다. 하지만 모든 신자가 사역에 참여해야 할 의무가 있다는 개념이 미처 형성되지 않았을 가능성이 높다. 모든 신자가 사역에 참여하는 것이 신약성경의 비전이다. 모든 신자는 교회 안에서 누군가를 위해 지도자의 역할을 담당할 수 있다. 2단계에 접어든 교리 학습자는 자신에게 개인적으로 도움과 격려를 제공할 수 있는 사람과 짝을 이루어 신앙 훈련을 받아야 한다. 이는 지도자의 사역을 처음 맛볼 수 있는 기회를 제공한다. 신자를 훈련하는 방법이 '세례나 입교를 위한 단계', '교회의 정식 교인이 되기 위한 단계', '교회 안에서 리더십의 역할을 배우는 단계'라는 세 단계를 거치는 것이 바람직한 경우도 있다. 하지만 여기에서 우리는 세례를 받은 뒤에 이루어지는

'공식 교육' 두 단계에만 초점을 맞추고자 한다.

정식 교인(또는 지도자)이 되기 위한 훈련 과정을 얼마나 오래 지속할 것인지를 결정하는 문제도 전적으로 교회 지도자에게 달려 있다. 이 경우에도 최소한 6주의 훈련기간을 설정할 수 있다. 그러면 교육 내용은 어떻게 구성해야 할까? 개괄적으로 말하면 다음과 같은 내용이 포함될 수 있다. 첫째로는 복음과 구원 이야기와 믿음과 관련된 근본 요소를 다시 복습하고, 둘째로는 교회에 관한 성경의 교리에 초점을 맞춰 '유일하고 거룩하고 보편적이고 사도적인 교회'에 속한 신자들의 관계를 설명하고, 셋째로는 앞서 말한 '복음주의의 근본 교리'에 초점을 맞춰 복음주의가 보편 교회의 범주 안에서 어떤 위치를 차지하고 있는지에 대한 기초 지식을 전달하고, 넷째로는 '교파에 따라 차이가 있는 교리'에 초점을 맞춰 개인이 속한 교회의 위치를 정확히 이해시키고, 다섯째로는 '교회의 특별한 관심 분야'에 초점을 맞춰 그 교회만의 독특한 사명과 역할을 주지시키는 것이다. 이 모든 것을 교육하는 동안, 지도자는 교회의 등록 교인이 된다는 것이 무슨 의미이고, 어떤 사역의 책임을 감당해야 하며, 어떤 기대와 특권이 뒤따르는지를 설명해 주어야 한다.

이 기간에 이루어지는 '공식 교육'은 예배 모임, 교제 모임, 봉사와 전도 활동 등 교회에서 정기적으로 진행되는 활동에 깊이 참여하게 하는 절차를 통해 더욱 짜임새 있게 보강되어야 한다.

복음에 뿌리를 내리게 하는 과정에서 중심적으로 이루어지는 교리 교육 외에도 교회의 전통적인 가입 의식 가운데 일부를 지혜롭게 적용하려는 노력도 아울러 필요하다. 앞서 잠시 인용한 바 있는 웨버의 방법이 유익하게 활용될 수 있다. '의식'이라는 용어가 탐탁지 않거든 '예배'와 같은 좀 더 익숙한 용어를 사용하면 된다.

- 세례를 준비하고자 하는 이들을 위한 '등록' 예배
- 세례 준비가 완료된 뒤에 드리는 '거룩한 세례'의 예배. 이 예배 가운데는 갓 세례를 받은 사람이 처음으로 참여하게 될 성만찬이 포함된다.[6]
- 등록 교인이 되기 위한 훈련을 모두 마친 사람들을 정식 교인으로 맞아들이기 위한 '등록 교인' 예배
- 리더십 훈련을 모두 마친 사람들을 교회의 여러 사역에 투입하거나 직분을 주어 지도자로 임명하기 위한 '위임' 예배

복음주의자들 가운데는 의식의 냄새만 나도 무엇이든 등한시하려는 성향이 보이는 사람들이 있다. 가급적 그런 성향을 건들지 않고 지혜롭게 일을 진행하는 것이 좋다. 물론 공허한 의식주의는 전혀 유익하지 않을 뿐 아니라 심지어 위험하기까지 하다. 하지만 우리는 공허한 의식을 거행할 필요가 없다. 우리의 의식은 성경에 근거할 뿐 아니라 여러 가지 교훈과 가르침을 통해 충분한 의미를 지닐 수 있다. 사실 우리 모두는 늘 의식을 거행하며 살아간다. 단지 그 점을 의식하지 못할 때가 많을 뿐이다. 더욱이 의식은 성경에 흔히 등장한다. 구약성경은 하나님이 선택하신 백성에게 구원을 베푸신 것을 기념하는 행사는 물론 하나님이 친히 제정하신 절기 의식을 언급한다. 여호수아와 이스라엘 백성은 하나님이 약속의 땅으로 충실하게 인도해 주신 것을 기념하기 위해 요단강에 열두 개의 기념비를 세웠다(수 4:1-7 참조).

사무엘도 하나님이 이스라엘 백성을 대신해 블레셋 족속을 물리쳐주신 일을 기념하기 위해 돌을 세우고, 그것을 '에벤에셀'(도움의 돌)이라고 불렀다(삼상 7:12 참조). 신약성경도 주님이 제정하신 의식을 언급한다. 주님은 세례와 성만찬의 의식을 친히 제정하셨다(마 28:18-20; 고전 11:23-26 참조).

앞서 제시한 대로 둘째 단계의 비교적 짧고 간결한 교육 과정만을 고수하는 경우에도 교회 지도자는 충분히 복음에 뿌리를 내리게 하는 효과를 거둘 수 있다. 교회에서 지도자의 사역에 참여하려면 먼저 정식 교인이 되어야 한다. 정식 교인이 되려면 '공식 교육'을 받아야 한다. 세례나 입교 의식을 거치지 않은 사람은 정식 교인이 되기 위한 훈련을 받을 자격이 없다. 또한 소정의 교리 교육을 받지 않으면 세례나 입교 의식을 거칠 수 없다. 그런 단계들을 거치는 동안 복음에 뿌리를 내리게 하는 사역이 반드시 이루어져야 한다. 교리 교육의 체계는 엄격해야 한다. 즉 교리 교육은 다소 강제적인 성격을 띠어야 한다.

물론 목회자가 어떤 교회를 새로 맡으면 기존의 지도자들과 등록 교인들이 이미 터를 잡고 있기 마련이다. 그들 가운데는 세례나 입교 의식을 거친 이들이 대다수를 차지한다. 하지만 그들은 우리가 제시한 교리 교육을 받지 못한 상태다. 그런 상황에서는 어떻게 하는 것이 좋을까? 그런 상황에서 교리 교육의 새로운 비전을 실천에 옮기려고 할 때는 교회의 규칙이나 전통을 고려해 기존 신자들을 동참시키는 것이 좋다. 아마도 우리가 이 책에서 제안한 교리 교육을 충분히 활용하려면 사역을 시작한 지 최소한 한 세대가 지나거나 새로운 교회를 개척하는 과정이 필요할 것이다. 특히 후자의 경우에는 이러한 교리 교육의 비전이 처음부터 교회의 문화적 토대를 형성할 수 있다. 하지만 이미 설립된 교회의 경우에는 그 과정이 훨씬 더 오래 걸릴 것이 분명하다.

그럼에도 불구하고 기존의 교회 문화도 진지한 노력을 기울이면 어느 정도는 변화가 가능하다. 앤디 크라우치의 주장대로 문화를 분석하거나 비판하고, 또는 아예 외면하거나 단순히 대안을 제시하는 것만으로는 변화를 이루어낼 수 없다. 문화를 변화시키려면 새로운 문화를 창조해 내야 한다.[7] 교리 교육의 새 문화를 창조하는 데 열과 성을 바쳐 지속적으로 노력을 기울이면 시간이 흐르면서 점차 교회의 문화가 변화되기 시작한다. 성경적이면서도 활력이 넘치는 변화가 일어나기 시작하면, 전에 그런 것을 한 번도 경험해 보지 못한 신자들이 흥미를 느끼며 동참하고 싶은 마음을 갖게 될 것이 분명하다. 이런 현상은 '기독교 신앙 연구'라는 프로그램을 적용한 교회들 안에서 종종 일어난다. 이런 프로그램들은 아직 신앙을 갖지 않은 사람들을 위해 기획된 것이지만 교회에 정기적으로 출석하는 사람들과 기존 신자들의 참여를 종종 자극하곤 한다. 그들은 자신들이 교리 교육을 적절히 받지 못했다는 사실을 깨닫고, 다른 사람들이 좋은 경험을 하는 것을 보거나 들으면서 동참 욕구를 느낀다.

아울러 우리는 기존 신자들에게 등록 교인의 지위를 그대로 유지하면서 우리가 제안한 교리 교육을 통해 교리 학습과 신앙 훈련을 새롭게 받을 수 있는 기회를 적극적으로 활용하라고 권하고 싶다. 고대 교회는 교리 교육의 마지막 단계를 오직 세례 후보자들에게만 적용했다. 일반 교리 학습자들은 그런 교육 과정에 참여하지 못했다. 하지만 충실한 신자의 반열에 속한 사람들에게는 세례를 준비하는 사람들과 함께 그 과정에 참여하는 것이 허락되었다. 우리는 정식 교리 교육이 진행되는 동안 기존 신자들이 세례 후보자들과 함께 새롭게 교육을 받고 과거에 배웠던 가르침을 다시 복습하는 기회를 갖도록 따뜻한 배려와 환영을 아끼지 않아야 한다.

셋째 단계 – 지속적인 교리 교육: 복음 안에서 성장하기

종교 개혁 시대부터 '고등 요리 문답'이 일반 요리 문답과 함께 출판되었다. 예를 들면, 루터의 『대요리 문답』, 노웰의 요리 문답, 『웨스트민스터 대요리 문답』 등이다. 그런 요리 문답의 목적은 성직자와 성숙한 평신도에게 성경과 믿음에 관해 명료하고 간편한 지식을 전하는 것이었다. 그 외에도 많은 사람이 대소요리 문답에 주해를 덧붙여 믿음의 도를 구성하는 핵심 내용을 설명했다. 그 경우도 목회자와 성숙한 평신도에게 도움을 주는 것이 목적이었다.[8]

요즘에는 교회보다는 학문 자체를 위해 신학 도서를 집필하는 데 시간과 정성을 바치는 전문 신학자들이 많다. 그들은 종종 다른 신학자들에게 답변하기 위해 신학 도서를 집필한다. 따라서 그들이 저술하는 내용은 일반 평신도가 이해하기 어렵다. 교육 수준이 높고 신학에 관심이 깊은 목회자들 외에는 그들의 저서를 읽기가 쉽지 않다. 일반 신자들이 깊은 신학적 진리를 이해할 능력이 없다면 그 책임은 누가 져야 할까? 등록 교인들이 범퍼 스티커나 티셔츠에 적힌 신앙 문구 정도밖에 기독교에 관해 아는 바가 없다고 해서 과연 그들을 탓할 수 있을까? 오히려 하나님이 영적, 신학적 진리로 교회를 이끌라고 부르신 지도자들에게 더 큰 책임이 있지 않을까? 낮게 드리운 가지에서 가장 질 좋은 열매를 발견할 수 있어야만 교인들이 풍성한 유익을 마음껏 누릴 수 있다는 것을 잊은 것은 아닌가? 혹시 교인들에게 터무니없이 낮은 기대를 걸어놓고 훌륭한 삶을 살고 있지 못하다고 한숨짓고 있지는 않은가?

우리는 아우구스티누스, 루터, 칼빈, 백스터, 오웬, 스펄전과 같은 인물들의 정신을 본받아서 모든 교인이 쉽게 접근할 수 있는 깊은 신학적 진리와 그리스도인의 실천 원리를 가르치는 일에 새롭게 눈을 돌려야 한다. 물론 우리는 교인들의 눈높이를 고려해야 한다. 그들이 우리가 원하는 수준에 있지 않을 수도 있기 때문이다. 우리가 마땅히 이르러야 하는 수준, 곧 성경이 요구하는 고결한 비전을 염두에 두고 다른 사람들을 사랑으로 이끌고자 노력한다면 하나님의 은혜 안에서 큰 도약을 이룰 수 있다. 바울은 우리 모두가 그리스도를 더 잘, 더 깊이 알아 그분의 형상을 본받음으로 "그 부활의 권능과 그 고난"(빌 3:10)에 참여할 수 있기를 바랐다. 우리는 성령을 통해 "그리스도 예수 안에서 하나님이 위에서 부르신 부름의 상을 위하여"(빌 3:14) 달려갈 수 있다. 왜냐하면 "누구든지 무엇을 아는 줄로 생각하면 아직도 마땅히 알 것을 알지 못하는 것"(고전 8:2)이기 때문이다. 사실 우리는 누구나 "부분적으로"(고전 13:9) 알 뿐이다.

교리 교육의 셋째 단계는 하나님과 그분의 길에 관한 지식을 부단히 추구하는 데 초점을 맞춘다. 등록 교인이 된 사람은 계속 성장해야 한다. 배움의 과정을 중단해서는 안 된다. 우리는 교회 안에 겸손히 배우고자 하는 분위기를 조성해야 한다. 칼빈의 말대로 늘 배우려는 태도는 경건한 신앙의 핵심 요소다. 교회의 목회자와 교사들이 그런 정신을 몸소 실천한다면 그런 분위기가 조성될 수 있다.

이러한 정신은 예배, 기도, 소그룹, 교제, 봉사 활동에 깊이 스며들어야 한다. 그런 분위기를 조성하고 '비공식 교육'의 경험을 진작시켜나가는 것 외에도 심화 교육을 위한 '공식 교육' 체계를 갖추어야 한다. 다시 말해, 진리에 대한 교육과 학습이 진지하고 지속적으로 이루어질 수 있는 체계를 구축해야 한다. 주일학교 체계가 적합하다면 주일학교를 운영할 수도 있고, 소그룹이 적절하다고 판단될 때는 소그룹을 운영할 수도 있다. 또한 교회의 문화를 잘 살펴 주중에 시간을 마련하거나 주말 세미나 형식을 취하는 게 더 낫다고 생각되면 그렇게 할 수도 있다. 어떤 형태가 되었든 교회 지도자는 적절한 교육 체계를 결정해 계속해서 적극적으로 활용해야 한다. 교육은 모든 연령을 대상으로 실시돼야 한다. 어린아이들과 청소년들에게도 하나님에 관한 깊은 진리를 가르칠 수 있다. 사실 당연히 그래야 한다.

교회는 다양한 학습자들을 위해 '공식 교육' 체계를 마련하는 한편, 소그룹이나 일대일의 상황에서 개별 교육을 실시해야 한다. 이 경우 교회 지도자는 하나님의 말씀과 그분의 길에 관해 더욱 깊은 지식과 깨달음을 열망하는 신자, 곧 자신의 삶에서 특별한 소명 의식을 느끼는 이들을 찾아내 개인적으로 가르쳐야 한다. 이는 교회 전체를 상대로 하는 교육 과정을 보완할 수 있는 좋은 방법 가운데 하나다.

물론 심화 교육이 지속적으로 실시되는 과정에서 모든 교육이 반드시 학교식 교육 형태를 통해서만 이루어지는 것은 아니다. 함께 모여 예배를 드리는 동안에도 말씀을 읽고 강해하는 등 다양한 방법을 통해 '진리'에 관해 배울 수 있다. 또한 기도, 예배, 복음전도와 같은 활동에 직접 참여함으로써

'생명'에 관해 배울 수 있고, 교제를 나누고 다른 사람들을 섬기는 삶을 통해 '길'에 관해 배울 수 있다. 하지만 그럼에도 불구하고 '믿음의 도'를 구성하는 여러 차원을 계속 가르치고, 함께 나눌 수 있는 '공식 교육' 체계가 필요하다.

지속적인 교리 교육을 위한 교리의 기본 틀

교리의 기본 틀을 마련하면 진리와 생명과 길에 관한 지속적인 교육 체계를 갖추는 데 많은 도움이 된다. 그 세 가지 틀을 제시하면 다음과 같다.

:: 첫째 틀

우리가 가르쳐야 할 핵심 진리는 다음과 같다.

> 복음은 예수 그리스도의 인격과 신분과 능력, 곧 그분의 성육신, 죽으심, 부활, 승천, 통치, 재림을 중심으로 하는 하나님의 구원 계획을 뜻한다. 복음을 전하고 가르친다는 것은 예수 그리스도께서 하나님의 계획과 세부적으로 어떻게 관련을 맺고 계시며, 또 그 계획의 모든 부분이 예수 그리스도를 믿는 믿음으로 구원을 받은 우리와 어떻게 관련을 맺고 있는지를 설명하는 것을 의미한다.[9]

1. 하나님에 관한 진리: 만물을 창조하시고 다스리시는 유일하신 하나님은 성삼위 하나님이시다. 구원 계획을 통해 자신을 드러내신 성삼위 하나님의 권능

과 본질은 모두 동등하시다. 성부와 성자와 성령은 서로를 사랑하시며 또한 우리를 사랑하신다. 성삼위 하나님은 우리를 죄에서 구원하시어 거룩하게 만드시는 사역에 서로 협력하신다. 인간의 몸을 입으신 하나님의 아들 예수 그리스도께서는 창조된 만물을 다스리실 뿐 아니라 악의 세력까지 모두 지배하신다. 그분은 성령을 통해 죄인들을 불러 구원하심으로써 자신의 교회를 세우신다. 하나님에 관해 이와 다른 견해를 내세우는 것은 우상숭배에 해당한다.

2. 우리 자신에 관한 진리: 우리는 하나님을 위해 창조되었다. 우리는 그분의 형상을 지녔으며, 그분의 도덕적 성품을 닮았다. 하지만 죄가 우리를 다스리고 부패시킨 탓에 하나님을 부인하고 거부하기에 이르렀다. 이제 우리는 죄사함과 거듭남을 통해 하나님께 다시 돌아가야 한다. 우리를 구원하시는 예수 그리스도께서는 참된 경건의 표상이시다. 우리와 그분에 관해 이와 다른 견해를 내세우는 것은 거짓 속임에 불과하다.

3. 하나님 나라에 관한 이야기: 하나님은 인류가 그분의 왕권을 거부한 이후로 타락한 세상에 구원의 왕국을 세우시는 사역을 한 단계씩, 순차적으로 진행시키고 계신다. 예수 그리스도께서는 왕이시고, 우리의 삶 한복판에서 그분의 나라가 이루어진다. 왕이신 예수님은 또한 세상의 재판관으로 임명되셨다. 그분의 왕권에 복종하지 않는 사람들은 내세에 그분의 기쁨에 참여하지 못한다. 예수님을 사랑하고 신뢰하고 존경하며 그분을 위해 다른 사람을 섬기는 것이 참된 경건의 정수이자 핵심이다. 이와 다른 형태의 종교는 모두 거짓이다.

4. 구원의 길: 예수 그리스도께서 우리의 죄를 대신 짊어지시고 십자가에서 죽으셨다. 그분은 하늘의 보좌를 버리시고 죄와 타락의 수치에서 우리를 구원하시려고 세상에 오셨다. 그분은 믿음(구주이신 그리스도를 신뢰하는 것)과 회개(주님이신 그리스도께 돌아가는 것)를 요구하신다. 그분은 성령으로 우리를 변화시키시어 우리 각자에게 주어지는 부르심에 진정으로 반응하게 하신다. 우리는 죄를 용서받고 의롭다 하심을 받아(칭의) 하나님의 자녀로 인정되며(양자), 그분과 평화를 누리고(확신), 그리스도 안에서 그분과 더불어 부활 생명을 영위한다(중생). 이와 다른 구원관은 잘못이다.

5. 교제의 삶: 신자는 교회, 즉 하나님의 가족에 속한다. 그리스도 안에서 온 세상의 신자가 서로 연합해 예배와 사역과 증거와 영적 싸움에 참여한다. 신자의 소명에 관해 이와 다른 견해를 내세우는 것은 종파주의에 해당한다.

6. 천국의 생활: 신자는 말씀과 성례, 기도와 목회적 돌봄, 영적 은사와 사랑의 격려 등과 같은 교회의 사역에 힘입어 끊임없이 우리를 대적하는 세상에서 나그네가 되어 영광스런 목적지를 향해 나아간다. 개인이나 집단이 드리는 찬양과 예배는 하늘에 계신 성부 하나님과 우리의 친구이신 예수 그리스도께 바쳐진다. 찬양과 예배는 신자를 강건하게 만들어 하나님의 명령에 복종하게 하고, 장차 다가올 좋은 일들을 바라보는 소망으로 그분의 섭리 아래 일어나는 모든 일을 능히 견디게 한다. 신자는 성령을 통해 구세주의 도우심과 인도를 받으며 어느 곳을 가든지 최선을 다해 선한 일을 행하고 온갖 형태의 악에 맞서 싸운다. 신자의 삶에 관해 이와 다른 견해를 내세우는 것은 세

속주의에 해당한다.

:: 둘째 틀

교리 교육에 포함되어야 할 또 다른 내용을 정리하면 다음과 같다.

1. 성경의 권위: 성경은 미쁘고 참된 진리다. 성경은 세상과 그 안에서 살아가는 우리와 하나님의 관계에 대하여 하나님이 친히 말씀하시고 친히 해석하시는 지식의 원천이다.

2. 하나님의 권위: 우리는 창조와 섭리와 은혜를 통해 드러난 하나님의 주권 안에서 자유롭고 책임 있게 결정하며 살아간다.

3. 삼위일체의 진리: 하나님은 오직 하나이신 유일신이시면서 동시에 삼위로 존재하신다. 성삼위 하나님은 우리의 구원을 위해 서로 협력하신다. 한 분이 세 분이시며, 세 분이 또한 한 분이시다.

4. 죄의 심각성: 인간의 마음은 철저한 자기중심의 속성을 지닌다. 인간은 이 속성 때문에 진정으로 하나님께 복종할 수 없다. 우리의 부패한 마음에서 비롯하는 온갖 죄 때문에 하나님은 우리를 결코 받아주실 수 없다.

5. 예수 그리스도의 중심 역할: 그리스도께서는 인간의 몸을 입으신 하나님이시자 우리의 중보자이시다. 그분은 우리의 죄를 대속하신 우리의 선지자요

제사장이요 왕이시다. 그리스도께서는 십자가에 못 박혀 죽으셨다가 다시 부활하셨고, 지금은 만물을 통치하고 계신다. 그분은 장차 다시 오실 것이다. 그리스도를 영접하는 사람에게 그분은 구주요 주님이요 친구가 되신다. 그분은 신자의 동반자가 되시어 현세는 물론 내세에서 영원히 함께 살아가신다.

6. 구원의 은혜: 구원은 신자에게 새로운 신분(화해, 칭의, 양자)과 새로운 상태(중생, 성화, 부활, 영화)를 부여한다. 두 가지 모두 성령을 통해 그리스도께서 주시는 선물이다. 구원의 선물을 받는 방법은 믿음과 회개이며, 구원의 증거는 예배와 기도와 복종을 통해 드러난다.

7. 성령의 능력: 믿음, 회개, 선행, 소망, 확신, 사랑, 교제는 오직 성령의 능력을 통해서만 가능하다.

8. 하나님과의 교제: 성경, 기도, 성만찬, 성도의 교제라는 은혜의 수단을 통해 그리스도와 성부 하나님이 우리에게 임하신다. 성령께서는 우리를 감화하시어 하나님께 헌신과 영광을 바치게 하시고, 우리의 믿음과 소망과 사랑과 봉사를 통해 우리 안에 거하시는 하나님의 거룩한 임재를 드러내게 하신다.

9. 교회의 선교: 온 세계의 신자들은 제각기 지역 교회에 속해 하나님을 예배하고 그분을 위해 일한다. 교회가 하는 일은 찬양과 기도, 설교와 가르침, 성례 집행, 제자직과 제자 훈련, 복음전도, 악과 불신앙과의 싸움을 비롯해 그리스도의 재림을 고대하며 영원한 천국의 삶을 소망하는 것이다. 교회는 밖

에 나가 복음을 전파해 그리스도의 제자들을 양성하고, 새로운 교회를 개척하며, 지역 사회에 선한 믿음의 영향을 끼치고, 기독교의 진리를 사수하며, 사회의 죄와 온갖 비인간적인 범죄 행위에 대항해야 한다.

10. 하나님의 영광: 구원 계획을 통해 우리에게 나타나신 하나님은 칭송받으시기에 합당하시다. 우리는 구원을 베푸신 하나님을 찬양해야 한다. 현세에서는 물론 내세에서도 영원히 우리는 그분께 영광을 돌려야 한다.

:: 셋째 틀

교리 교육에 포함되어야 할 셋째 내용은 다음과 같다.

1. 하나님: 1) 하나님은 자기 계시를 통해 성경 안에서 스스로를 드러내신다. 성령께서는 교회로 하여금 성경을 깨닫게 도와주신다. 2) 하나님은 성부와 성자와 성령이라는 성삼위 하나님으로 존재하신다. 하나님은 삼위로 존재하시지만 삼신론(三神論)은 이단이다. 또한 하나님은 한 분이시지만 일신론(一神論)은 이단이다. 3) 하나님은 창조주이시다. 피조물은 하나님과 구별되지만 동시에 그분께 의존한다. 이성을 지닌 피조물은 자기 결정권을 지니고 있지만 섭리에 의해 통제된다. 하나님은 창조하신 만물을 그 원하시는 뜻에 따라 주권적으로 다스리신다. 4) 하나님은 회복자이시다. 성부 하나님은 타락한 인류의 죄와 소외 및 그로 인한 만물의 무질서를 회복하기 위해 성자 하나님을 세상에 보내시어 인간의 죄를 대속하게 하시고 평화를 이루셨다. 성자 하나님은 죽으셨다가 다시 부활하시어 구주이자 주님의 신분으로 만물을 다

스리시고, 장차 다시 오시어 세상을 심판하시고 신자들을 완전하게 하시며 만물을 새롭게 하실 것이다. 성부와 성자께서는 성령을 보내시어 하나님과의 교제를 회복함으로써 새 생명을 누리게 하시고, 또한 그 생명을 계속 유지시켜주신다.

2. 인간성: 1) 인간은 창조주 하나님과 사랑의 교제를 나누며 감사함으로 그분을 섬기기 위해 창조된 피조물이다. 2) 인간은 하나님을 거역한 반도이자 죄인으로서 극도로 악하고 부패하고 타락했으며 철저히 자기중심적이다. 3) 인간은 죄를 뉘우치고 하나님께 돌아와 예수 그리스도를 구원자요 주님으로 믿음으로써 구원받는다. 회개와 믿음은 그 뒤로도 계속된다.

3. 구원: 1) 구원이란 죄와 사탄의 속박에서 건져내는 것이다. 2) 구원의 시제는 과거(죄의 책임과 심판으로부터의 구원), 현재(죄의 끈질긴 영향으로부터의 구원), 미래(죄의 실재와 영향으로부터의 구원)를 모두 아우른다. 3) 구원은 확실히 보증된다. 구원은 하나님의 약속과 보증과 은혜로운 돌보심에 근거한 확실한 소망이다.

4. 교회: 1) 교회는 하나님의 가족(자녀이자 상속자)이요, 그리스도의 몸(사역하는 지체들)이며, 성령의 교제(하나님께 대해 산 자들의 연합)이자 새 언약의 공동체(성례는 그리스도와의 연합을 보증하는 상징)다. 2) 교회의 사명은 예배, 사역, 복음전도, 영적 전쟁이다.

5. 신자의 삶: 1) 신자의 삶은 하나님께 대한 복종(거룩함과 의, 미덕과 계명 준수), 하

나님을 기쁘시게 하는 행위(헌신과 찬양과 사랑), 하나님을 영화롭게 하는 행위(감사, 송영, 축하)로 구성된다. 2) 신자는 거룩함(죄를 멀리하고 구별된 삶을 사는 것), 청지기 정신(재물을 하나님의 일을 위해 사용하고, 특권과 지위를 그분의 나라를 위해 활용하는 것), 주어진 능력으로 하나님을 영화롭게 하는 행위(모든 형태의 창조 행위), 가정과 교회와 국가를 위한 봉사 활동을 통해 기독교의 윤리성을 드러낸다. 3) 하나님 사랑(감사와 찬양)과 이웃 사랑(긍휼과 도움을 주려는 마음)은 하나님이 요구하시고 성령께서 독려하시는 윤리 강령이다.

결론

| 지속적인 교리 교육에 적용할 수 있는 이 세 가지 교육 내용은 단지 하나의 본보기에 지나지 않는다. 교육 내용을 구성하는 방법은 수도 없이 많다. 교리 교사는 자유롭게 하되 효과가 가장 큰 방법으로 교육 내용을 구성함으로써 자신에게 주어진 책임을 완수할 수 있다. 하지만 어떤 교육 내용을 적용하든 반드시 명심해야 할 세 가지가 있다. 첫째, 교육 내용은 항상 하나님 중심적이어야 한다. 즉, 하나님이 언제나 주어가 되시고, 인간적인 것과 우리 자신은 서술어가 되어야 한다. 둘째, 교육 내용은 항상 찬양의 성격을 띠어야 한다. 즉, 하나님이 행하신 모든 일은 그분이 찬양받기에 합당하신 존재이심을 드러낸다는 사실을 보여 주고, 그 사실을 공식적으로 인정하고 찬양하도록 이끄는 교리 교육을 실시해야 한다. 셋째, 교육 내용은 실천적이어야 한다. 무슨 진리를 가르치든 그때마다 하나님의 요구에 대한 반응을 구체적으로 이끌어내야 한다. 기독교 교육

은 항상 이 세 가지 속성을 지녀야 한다. 다시 말해, '진리'에 대한 가르침은 반드시 '길'과 '생명'에 관한 가르침과 짝을 이루어야 한다. 교리 교육은 교리와 헌신과 의무에 초점을 맞춰야 하며, 주님 안에서 누리는 기쁨이 날마다 더욱 커지는 결과를 낳아야 한다.

"개혁주의 요리 문답의 목적은 하나님의 경륜과 선택받은 백성의 삶이라는 상황 속에서 예수 그리스도의 복음을 포괄적으로 설명하는 데 있다. 요리 문답은 땅속에 씨앗을 뿌려 싹이 트고 열매를 맺게 함으로써 다음 세대를 유익하게 할 좋은 알곡을 공급하는 데 기여한다. 요리 문답은 역사적 교회의 정신을 형성하고, 믿음에 관한 이해를 증진하며, 성장과 발전을 촉진하는 역할을 한다. 이로써 예수 그리스도를 모통잇돌로 삼은 교회가 사도들과 선지자들의 터 위에 건설된 하나님의 거처이자 가족으로 세월의 흐름과 상관없이 항상 동일성을 유지하게 도와준다." " - 토랜스

Grounded in the Gospel :

Building Believers the old-fashioned way

chapter **10**

교리 교육을
회복하라

　지금까지 이 책에서 말한 내용이 교리 교육이라는 성경의 개념을 진지하게 생각할 수 있는 계기를 제공했기를 진정으로 바란다. 아울러 비록 몇몇 사람만이라도 교리 교육의 중요성을 절감하고 자신이 다니는 교회에서 교리 교육을 실천에 옮겨주기를 바라는 마음 간절하다. 목회자, 부모, 장로, 집사, 경건한 평신도 등 이 책을 읽으면서 마음이 고무된 사람은 누구든지 각자 자신이 처한 상황에서 지금까지 우리가 논의해 온 내용을 실천에 옮기는 데 도움을 줄 수 있다. 우리는 교리 교육의 중요성을 더욱 절실히 느끼도록 하기 위해 이 마지막 장에서 교리 사역을 이끌 지도자들이 반드시 명심해야 할 내용 몇 가지를 덧붙이고자 한다. 교리 교육이라는 고대의 관습을 회복하는 일에 진지하게 관심을 기울이는 교회 지도자들은 다음 일곱 가지 요소를 기억해야만 충실하고, 효과적이고, 지속적인 교리 사역을 실시할 수 있다.

다음의 내용은 앞서 논의한 내용을 복습하고 요약하는 성격을 띤다. 우리는 개개의 요소에 관해 간단한 설명만을 덧붙일 생각이다. 물론 여기에서 말하는 내용 가운데는 더러 새로운 것도 있고, 또 좀 더 긴 설명을 덧붙여야 할 것도 있다. 우리는 개혁주의 요리 문답의 형식을 따라 이 일곱 가지 요소를 문답식으로 진술하는 방법을 채택했다.

1. 개념의 명료성
2. 내용에 관한 확신
3. 교리 사역의 포괄적 원리
4. 거짓과의 싸움
5. 교육의 흥미를 돋우는 지속성
6. 교리 교사 양육
7. 교리 교육에의 헌신

개념의 명료성

∷ **교인들이 교리 교육의 본질을 명확히 알고 있는가?**

교회에서 교리 교육이 지속적으로 이루어지려면 교인들이 그 본질을 명확히 알고 있어야 한다. 교리 교육의 개념을 교인들에게 명확히 심어주는 일은 목회자를 비롯한 교회 지도자들의 임무다. 이 목표를 이루기 위한 방법 가운데 하나는 인쇄물이나 문서를 작성해 새신자와 기존 신자 모두가 쉽게 이용할 수 있게 하는 것이다. 아울러 교리 교육 과정을 시작한 사람들에게는 교리 교육의 본질과 필요성을 정기적으로 상기시키는 노력이 필요하다. 목회자는 설교나 심방의 기회를 통해 교리 사역의 중요성을 강조하고 교육하는 역할을 담당해야 한다.

교리 교육은 다음과 같이 정의할 수 있다. 교리 교육은 하나님의 백성에게 복음에 뿌리를 둔 믿음과 실천을 가르쳐 교리와 헌신과 규범과 신앙생활의 기쁨을 일깨워주는 교회의 사역을 말한다. 이 간단한 정의는 교리 교육의 이론적 근거와 목적을 하나로 묶는다. 다시 말해, 이러한 정의는 교리 교육의 전반적인 개념을 간단히 요약한다. 우리는 1장에서 교리 교육이라는 명칭을 사용하지 않고 교리 사역에 헌신하는 사람들도 있다고 말했다. 사실 명칭은 달라도 아무 상관없다. 교리 교육을 실천에 옮기는 것이 무엇보다 중요하다. 하지만 교인들이 교리 교육의 개념을 명확히 이해하고, 이해한 바를 끝까지 기억하게 하는 일도 아울러 중요하다.

우리의 정의를 좀 더 설명하면 이 점을 이해하는 데 도움이 될 것이다. 우리는 교리 사역을 '교회의 사역'이라고 말했다. 이 말은 교리 교육이 온 교인이 관심을 기울여야 할 과제라는 사실을 일깨워준다. 교리 교육은 목회자나 사제나 부모들만의 사역이 아니다. 온 교인이 교리 교육에 헌신하지 않으면 교리 사역은 충분한 결실을 거둘 수도 없고 장기간 지속될 수도 없다. 온 교인이 신자를 양육하는 교육 과정을 중요시하고 각자의 위치에서 적절한 노력을 기울여야 한다.

'신자가 뿌리를 내리게 하는 것'은 앞서 말한 '정식 교리 교육'을 가리킨다. 이 과정은 개개인의 신자는 물론 온 교회의 건강에 지대한 영향을 미친다. 따라서 구도자, 세례 후보자, 잠재적 등록 교인 및 지도자들에게 교리를 교육할 수 있는 체계를 갖추는 것이 무엇보다 중요하다. 아울러 '신자를 가르치는 일'은 교리 교육이 평생의 과업이라는 점을 일깨워준다. 이 세상에서는 우리가 완전에 도달할 수 없다. 우리는 항상 성장해야 한다.

교리 사역의 대상자는 하나님의 백성이다. 그들은 우리의 백성이 아니다. 우리의 교인을 길러 우리의 이름을 빛내고자 하는 행위는 오래전에 바벨탑을 쌓으려 했던 사람들의 행위와 다를 바 없다(창 11:4 참조). 우리는 우리의 제자를 양육하지 않는다. 우리는 항상 주님의 제자를 양육해야 한다. 아직 정식으로 신자가 된 것은 아니지만 하나님의 일에 관심을 기울이는 사람들, 곧 하나님이 교회의 사역을 이루시는 곳으로 이끄실 사람들을 위해 항상 애쓰고 수고하는 것이 하나님의 백성에게 주어진 임무다. 주님은 두려워하는 바울에게 어떤 고난이 닥치더라도 고린도 사람들에게 복음을 전하라고 당부하시면서 "이 성중에 내 백성이 많음이라"(행 18:10)고 말씀하셨다. 바울은 그 후 1년 6개월 동안 고린도 사람들에게 십자가에 못 박히신 그리스도를 전파했다. 그러자 그들이 주님께 속한 백성이라는 사실이 명백히 드러났다.

아울러 우리는 하나님의 백성에게 복음에 뿌리를 둔 믿음과 실천을 가르쳐야 한다. 그 이유는 이 책의 서두에서 밝힌 대로, 그것이 교리 사역의 내용이기 때문이다. 우리는 다양한 방법으로 복음을 전하고 가르치고 설명해야 한다. 교리 교육의 내용은 복음의 신앙이다. 우리는 복음으로부터가 아니라 항상 복음 안에서 움직인다. 복음의 핵심은 예수 그리스도의 십자가다. 십자가의 핵심은 그리스도께서 우리를 위해 죽으심으로 온전하고 최종적인 대속을 이루셨다는 것이다.

우리는 복음 안에서 움직이면서 복음이 교리와 헌신과 행위에 미치는 영향과 의미를 가르쳐야 한다. 여기에서 교리와 헌신과 행위는 우리가 다른 곳에서 길과 생명과 진리라고 표현한 내용과 일맥상통한다. 이 모든 것은 교리 교육이 포괄적인 속성을 지닌다는 사실을 일깨운다. 우리는 그리스도의 인격과 신분과 사역을 증언하는 하나님의 온전하신 뜻을 전파해야 한다. 우리는 모든 사람이 그리스도 안에서 온전해질 때까지 그러한 사역을 쉬지 않아야 한다(골 1:28 참조).

교리 교육을 정의하며 우리는 교리와 헌신과 행위 외에 '기쁨'을 덧붙였다. 이는 교리 교육의 초점이 예수님이 주시는 풍성한 생명을 더 충만하게 누리게 하는 데 있다는 점을 보여 준다(요 10:10 참조). 영광스런 복음에 일치하는 올바른 교리를 배우고, 주님의 길을 걷고, 유일하고 참되신 하나님께 헌신하는 것은 하나님의 기뻐하심을 위해서다. 성경은 "여호와를 기뻐하라 그가 네 마음의 소원을 네게 이루어주시리로다"(시 37:4)라고 말씀한다. "인간의 주된 목적은 하나님께 영광을 돌리는 것이며 그분을 영원히 기뻐하는 것이다"라는 『웨스트민스터 대요리 문답』의 가르침은 이 점을 참으로 옳게 묘사했다. 하나님은 교인들에게 교리 교육을 소개하고 적용할 때 이러한 기쁨과 희락의 약속을 항상 기억할 수 있게 도와주신다.

:: 교리 사역이 그토록 중요한 이유를 명확히 알고 있는가?

교인들은 교리 사역의 본질만이 아니라 교리 사역이 교회의 핵심 사역이 되어야 하는 이유를 이해해야 한다. 이 점에 대해서는 더 이상 많은 말이 필요 없다. 이 책 전체가 이 문제를 다룬다. 여기에서는 지금까지 말한 결론을 되풀이하는 것으로 족하다. 우리가 교리 교육을 하는 이유는 마땅히 해야 할 사역이기 때문이다. 교리 사역은 성경의 개념일 뿐 아니라 교회의 전통적인 관습이다. 지혜로운 교리 교육이 이루어지는 곳에서 교회는 왕성하게 번영하고, 교리 교육을 등한시하는 곳에서 교회는 심한 좌절에 부딪친다. 우리가 교리 교육을 실시하는 이유는 주 예수 그리스도의 대명령에 복종하기 위해서다. 또한 교리 교육은 그리스도께서 세상에 계실 때 친히 행하셨던 사역을 본받는 것이기도 하다. 그분은 교회에게 모든 민족을 제자로 삼으라고 명령하셨다. 제자 사역은 예수님이 명하신 모든 명령에 복종할 것을 가르치는 사역을 뜻한다. 교리 교육이란 바로 그런 사역을 의미한다.

:: 교리 사역의 목적을 명확히 이해하는가?

교인들은 교리 사역의 목적과 목표를 명확히 이해해야 한다. 교리 교육은 어떤 목적을 지향하는가? 성경을 알게 하는 것이 목적인가? 교인의 숫자를 늘리는 것이 목적인가? 단지 교회가 해야 할 사역이기 때문에 행하는 것인가? 우리는 최소한 암묵적으로 이 책 전반에 걸쳐 교리 교육의 목적을 다루어 왔다. 지금까지는 암묵적으로 말했지만, 이제는 분명한 의도를 드러내고 싶다. 교리 교육의 목적을 논하는 방법은 여러 가지다. 간단하게 정리하기 위해 세 항목으로 나눠 각각 '고백', '회심', '순응' 이라는 제목을 붙였다.[2]

고백

충실하고 효과적인 교리 교육을 통해 우리가 목표로 하는 것은 무엇보다 일치된 신앙고백이다. 이 목표는 세례용 신조와 신앙고백 및 '믿음의 법칙'을 비롯해 기독교 전체의 동의 아래 채택된 좀 더 온전한 신조와 신앙고백을 통해 이루어진다. 바울 사도는 믿음의 일치를 이루는 것이 교회 사역의 목적 가운데 하나이며 이를 위해 성령의 은사를 받았다고 진술했다(엡 4:13 참조). 우리는 이미 성령 안에서 하나지만(엡 4:3 참조), 믿음 안에서의 일치는 아직 이루어지지 않았다. 거짓 교사들이 교회 안팎에서 활동하고, 양떼들 가운데 반항적이거나 무관심한 양들이 존재하는 한, 믿음의 도를 부지런히 가르치는 사역이 반드시 필요하다. 이런 점에서 교리 사역은 '믿음의 법칙'이라는 역사적 표현을 상기시킨다. '믿음의 법칙'이란 정통주의 신학, 또는 우리가 앞에서 '진리'라고 일컬은 것을 가리킨다.

회심

교리 교육의 둘째 목적은 교사와 학습자 모두가 진정으로 주님께로 돌아가는 것이다. 이는 우리의 그릇된 감정을 지속적으로 다스려나가고, 우리의 잘못된 삶을 계속해서 뉘우치는 것을 의미한다. 회심은 이 모든 개념을 포괄하는 다중 의미를 지닌다. 회심을 단순히 '거듭남'과 동일시하는 신자들이 많다. 물론 회심에는 '거듭남'이 포함되어 있지만, 그 의미는 믿음 안에서의 성장과 성화라는 일평생의 목표를 모두 아우른다. 우리는 "하나님의 아들을 믿는 것과 아는 일"(엡 4:13; 빌 3:7-16 참조)에 날로 성장해야 한다. 이 목적은 '기도의 법칙'으로, '올바른 감정'을 뜻하는 용어와 일치한다. 우리는 앞에서 이를 '생명'이라고 말했다.

순응

교리 교육의 셋째 목적은 예수 그리스도의 형상을 닮아가는 것이다. 하나님은 미리 아신 자들이 그리스도의 형상을 본받기를 원하신다(롬 8:29 참조). 사도이자 전도자요 복음의 교사인 바울도 이를 사역의 목표로 삼았다(갈 4:19 참조). 이 목표는 우리가 성령의 능력으로 영광에서 영광으로 변화되면서 차츰 실현된다(고후 3:17-18 참조). 다시 말해, 우리의 목적은 예수님의 제자로서 성장하는 것이다. 우리는 그리스도께 배우고 그분을 따라야 한다. 예수 그리스도를 닮는 것은 마음과 영혼과 생각과 힘을 다해 하나님을 사랑하고 이웃을 내 몸처럼 사랑하는 것이다(막 12:29-31 참조). 개인 신자는 물론 교회 전체가 "온전한 사람을 이루어 그리스도의 장성한 분량이 충만한 데까지"(엡 4:13) 이르러야 한다. 그러한 목적은 우리가 '삶의 법칙'이라 일컫은 것, 즉 '올바른 실천'을 뜻하는 용어와 일치한다. 다시 말해, 이는 주님의 길을 걷는 훈련을 가리킨다.

내용에 관한 확신

:: **교회 공동체인 우리가 교리 교육의 핵심 내용으로 생각하는 것은 무엇인가?**

앞서 4-6장에서 교리 교육의 핵심 내용을 개괄하고 설명한 바 있다.[3] 우리가 제시한 개요는 다소 독창적인 면이 없지 않지만 내용 자체는 교리 교육의 역사적 선례와 많은 점에서 일치한다. 앞서 말한 대로, 교리 교육의 내용을 새롭게 구성하는 것은 절대로 바람직하지 않다. 충실한 교리 교사는

"내가 받은 것을 먼저 너희에게 전하였노니"(고전 15:3)라고 말할 것이다.

하지만 우리는 교회 지도자들 모두가 이 책에 제시된 내용을 그대로 따를 것이라고 생각하지 않는다. 충실하고 효과적인 교리 교육, 즉 하나님의 백성에게 복음에 뿌리를 둔 믿음과 실천을 가르쳐 교리와 헌신과 규범과 신앙생활의 기쁨을 일깨워주는 교회의 사역을 위해 그 내용과 틀을 구성하는 방법은 얼마든지 가능하다. 다만, 무엇보다 교회 지도자가 "교인들에게 가르쳐야 할 교리 교육의 핵심 내용은 무엇인가?"라는 질문에 대한 대답을 진지하게 생각하는 것이 중요하다. 역사적 요리 문답에 수록된 내용이나 그것을 약간 수정해 만든 우리의 교육안을 사용하지 않을 생각이라면, "다른 무엇을 교리 교육의 근거로 사용할 수 있을까?"라는 문제를 진지하게 고민해야 한다. 교회 지도자는 적절한 교육안이 나올 때까지 연구와 논의를 거듭해야 한다.

:: 얼마나 많은 교인이 이러한 내용에 익숙한가?

교회의 교리 사역에 관한 교육안이 일단 합의에 도달한 뒤에는 교회에 정기적으로 출석하는 교인들 가운데 그 내용을 익히 알고 있는 교인들이 얼마나 되는가를 점검해야 한다. 아마도 이러한 질문은 많은 사람에게 상당한 실망을 안겨줄 것이 분명하다. 북아메리카 신자들을 대상으로 실시한 연구 조사에 따르면 교회에 출석하는 신자들 가운데 성경과 믿음의 도에 관해 잘 알고 있는 사람이 매우 적은 것으로 드러났다.[4] 교리 교육의 핵심 내용을 구성한 뒤에는 해야 할 과제가 예상했던 것보다 훨씬 더 많다는 사실을 알게 될 것이다. 우리가 감당해야 할 교리 사역은 참으로 막중하기 그지없다.

:: 어떤 방법으로 이러한 내용을 교인들에게 전달할 수 있을까?

앞의 질문에 대한 대답이 신통치 않다면 아마도 문제는 가르치는 방법에 있을 가능성이 높다. 즉, 그런 문제가 발생하는 이유는 교육의 핵심 내용은 적절히 파악했더라도 그것을 하나님이 위탁하신 양떼에게 효과적으로 전달하는 방법을 아직 찾지 못했기 때문이다. 많은 교인을 한꺼번에 상대하는 주일학교 프로그램에만 의존하면 사람들의 관심을 크게 자극하기 어렵다.

우리는 8장에서 주일학교 교육을 시도하면서 '선 긋기'를 제대로 하지 않아 중요한 진리를 2차적, 3차적 진리와 구별하지 못할 때 발생하는 문제들에 대해 생각해 보았다. 또한 소그룹 모임에만 의존하는 경우에는 믿음의 도를 체계적으로 가르치는 교육보다는 서로 격려를 주고받는 차원에 그치게 될 가능성이 크다는 점을 깨닫게 될 것이다. 자칫 목회자는 다른 지도자들이 중요한 내용을 가르칠 것이라고 생각하고, 또 다른 지도자들은 그런 교육은 목회자가 해야 할 일이라며 서로 미루는 사태가 빚어질 수도 있다.

:: 그런 상황은 어떻게 개선할 수 있을까?

앞의 세 가지 질문에 대한 대답이 만족할 만하지 않다면 주님께 상황을 개선할 수 있는 지혜를 구해야 한다. 우리는 이 책 전반에 걸쳐, 특히 9장에서 이 중요한 문제를 해결할 수 있는 여러 가지 방법을 제시한 바 있다. 또한 우리는 독자들과 그들이 다니는 교회에 유익을 줄 수 있을 것이라고 믿고 그 밖의 자료를 제시하기 위해 노력했다. 아무튼 우리는 교회 지도자들이 평범한 수준에 만족하거나 그런 중요한 문제를 미온적으로 대처하지 않기를 바란다. 우리는 깊이 있는 성경 지식과 성령의 능력으로 교회의 교육 사역을 쇄신하기 위해 노력함으로써 최선을 다해 주님을 영화롭게 하며 그분의 양떼를 섬겨야 한다.

:: 교리 교육의 내용과 관련해 '유일하고 거룩하고 보편적이고 사도적인 교회'와 더욱 긴밀한 관계를 맺을 수 있는 방법은 무엇일까?

앞서 말한 대로, 교리 교육의 내용은 우리가 '유일하고 거룩하고 보편적이고 사도적인 교회'라고 일컫는, 아름답고 장엄한 예수 그리스도의 교회와 우리가 다니는 지역 교회의 연합을 더욱 강화할 수 있는 방향을 지향해야 한다. 우리가 겸손과 화합의 정신으로 교회 지도자들에게 당부하고 싶은 말은 그들 자신이 예수님의 제자들을 양육하는 일을 처음 시도한 사람들이 아니고, 또 오늘날 제자 사역을 행하는 이들이 단지 그들뿐만이 아니라는 사실을 기억해 달라는 것이다. 우리가 역사적인 신조, 찬송가, 기도, 성례, 요리 문답, 실천 원리 등을 신중하게 활용함으로써 우리와 서로 떼려야 뗄 수 없이 깊이 밀착된 보편 교회와의 관계를 돈독히 할 수 있다면 마땅히 그렇게 해야 한다. 우리는 그런 식으로 과거의 전통을 계승함으로써 앞으로 나아갈 수 있고, 또한 오늘날 도처에 흩어진 교회들 사이에서 이루어지는 하나님의 사역을 염두에 둠으로써 더 많은 것을 배울 수 있다. 오늘날 약 20억 인구가 예수님을 믿고 있다. 예수님은 제자들에게 서로 사랑하라고 가르치셨고, 교회의 일치를 위해 기도하셨다(요 13:34-35, 17:21-23 참조). 바울도 교회의 일치를 유지하기 위해 힘쓰라고 당부했다(엡 4:3 참조). 하지만 안타깝게도 우리는 이 문제와 관련해 하나님의 뜻에 크게 부응하지 못하고 있다. 복음의 진리 안에서 행하기를 원한다면 이 문제에 대해서도 더욱 많은 관심을 기울여야 할 것이다.

교리 사역의 포괄적 원리

:: 교인들의 머리와 마음과 손을 모두 자극하려면 어떻게 해야 할까?

고백, 회심, 순응이라는 교리 교육의 목적을 이루기 위해서는 교육의 내용과 과정이 반드시 포괄적이어야 한다. 진리요 생명이요 길이신 그리스도를 향한 믿음과 소망과 사랑을 독려하는 것이 교리 교육의 목적이다. 다시 말해, 우리는 사람들을 진리로 가르치고, 생명으로 자유롭게 하고, 하나님의 길을 충실하게 걸을 수 있게 인도해야 한다. 교리 사역을 수행할 때는 전인 교육에서 벗어나 인격의 일부만을 가르치는 교육에 치우치지 않도록 조심해야 한다. 생각을 자극하는 데만 초점을 맞추거나 좋은 감정을 느끼게 하는 데만 관심을 기울이거나 손만 부지런히 놀리도록 인도하는 경우에는 교리 교육의 목적을 이룰 수 없다. 예수님의 제자를 양육할 때는 이 세 가지를 모두 염두에 두어야 한다. 우리는 앞서 전인 교육을 지향하는 방법 몇 가지를 제시한 바 있다.

고대 교리 학교 학습자들은 오랫동안 '말씀을 듣는' 과정을 거치면서 시종일관 전인 교육을 받았다. 그들은 교리 교사가 읽고 선포하는 하나님의 말씀에 귀를 기울이며 열심히 성경을 배웠다. 또한 그들은 성만찬을 제외한 모든 예전에 참여함으로써 충실한 신자들이 기도하는 것을 듣고 보았으며, 성도들과 함께 찬송가를 불렀다. 그 밖에도 자신들의 삶을 새롭게 하시는 성령의 사역을 의지하면서 여러 가지 선행을 하며 사랑과 섬김을 실천했다.

교리 교육의 마지막 단계에서도 교육의 포괄적 원리는 여전히 변하지 않았다. 그들은 날마다 성경을 배우며 성경 구절을 암기했고, 사도신경과 주기도에 관한 해설에 귀를 기울였다. 그들은 찬양하고 기도했으며, 교회 지도자들에게 매일 안수 기도를 받았다. 선한 일에 헌신했고, 몸을 훈련시켜 섬김의 사역을 실천하기 위해 금식을 비롯한 다양한 영적 훈련에 참여했다.

예수님도 제자들에게 전인 교육을 적용하셨다. 그분은 강력하고 권위 있는 가르침을 통해 그들의 생각을 자극하셨고, 말씀과 행동과 예배와 기도를 통해 그들의 마음에 영향을 미치셨다. 예를 들어, 예수님은 어린아이를 그들 앞에 세우시고 교훈을 베푸시거나 친히 허리를 숙여 제자들의 발을 씻어주심으로써 높은 지위와 권력을 탐했던 그들을 책망하셨다(마 18:1-6; 요 13:1-17 참조). 또한 제자들은 성부 하나님의 일을 하시기 위해 오신(요 4:34 참조) 주님을 따라다니는 동안 손과 발을 열심히 놀려 그분이 행하시는 일에 동참해야 했다(요 9:4 참조).

이 모든 사실은 교리 사역의 포괄적 원리를 깨닫게 해준다. 생각에만 초점을 맞춘 교육은 바람직하지 않다. 공식 차원에서 올바른 믿음의 교리를 교육하는 일은 매우 중요하다. 하지만 지성만이 아니라, 찬양과 기도, 영적 훈련과 같은 방법을 적용해 감정을 자극하는 교육도 아울러 필요하다. "도둑질하는 자는 다시 도둑질하지 말고 돌이켜……자기 손으로 수고하여 선한 일을 하라"(엡 4:28)는 말씀대로 행동 습관을 고쳐 새로운 삶을 살도록 인도해야 한다. 우리는 모든 교인에게 분노로 인해 죄를 짓지 말고, 악한 말을 하지 말고, 매사에 하나님처럼 사랑을 베푸는 삶을 살라고 가르쳐야 한다(엡 4:29-5:1 참조). 앞서 말한 대로 신약성경은 사실 많은 점에서 교리 교육의 성격을 띤다. 사도들의 서신을 대충 살펴보아도 그들이 신자들의 삶을 구성하는 모든 측면에 깊은 관심을 기울였다는 사실을 알 수 있다. 우리의 본성 가운데 성령께서 하나님의 말씀을 적용하지 않으셔도 될 부분은 없다. 성경은 우리의 모든 것, 즉 마음과 영혼과 생각과 힘을 다해 하나님을 사랑하고 이웃을 우리의 몸과 같이 사랑하라고 가르친다(막 12:29-31 참조).

우리의 생각과 마음과 몸을 동시에 자극하는 힘을 가진 교리 교육의 방법 가운데 하나는 잘 선택된 믿음의 찬송가를 부르는 것이다. 찬송가를 부르는 것이 교리 교육의 역사에서 중요한 역할을 한 경우가 많다. 밀라노의 암브로시우스는 찬송가를 지어 교리 교육에 사용했더니 "전에는 배울 능력조차 없었던 사람들이 이제는 모두 교사가 되는 결과가 나타났다"고 말했다.[5] 암브로시우스에게 믿음의 도를 배운 사람들 가운데는 아우구스티누스도 포함된다. 마르틴 루터는 교리 교육을 회복시키기 위한 노력의 일환으로 찬송가를 부르는 일에 큰 비중을 두었을 뿐 아니라, 직접 '내 주는 강한 성이요'라는 찬송가를 작곡하기도 했다. 루터는 그 이유를 이렇게 설명했다. "선지자들과 교부들을 본받아 자국어로 백성들을 위해 시편, 즉 신령한 노래를 작곡함으로써 하나님의 말씀을 음악의 형태로 백성들에게 전하는 것이 우리의 계획이다."[6] 그 뒤로도 왓츠나 웨슬리 형제와 같은 찬송가 작곡가들은 찬송가를 통해 믿음의 도를 가르치는 데 많은 노력을 기울였다. 오늘날 어떤 사람들은 예배 찬송은 오직 하나님께 바치는 노래여야 한다고 주장한다. 하지만 바울은 마음으로 주님께 노래하며 찬송하면서도 "시와 찬송과 신령한 노래들로 서로 화답하며"(엡 5:19)라고 말했다. 그는 골로새 신자들에게도 그런 찬송가가 그리스도의 말씀이 우리 안에 풍성히 거하게 만드는 데 중요한 역할을 한다고 강조했다(골 3:16 참조).

우리는 예배 찬송의 교육 효과를 진지하게 고려해야 한다. 우리의 예배 찬송은 하나님을 어떻게 묘사하는가? 성경의 복음을 올바로 선포하고 있는가? 찬송가에 언급된 교리는 복음에 일치하는 올바른 교리인가? 우리의 예배 찬송은 성경에 근거하는가? 과거의 찬송가 중에서 가장 훌륭한 찬송가를 골라 부름으로써 앞서 간 성도들에게 겸손히 배우려는 마음이 있는가? 아니면 새로 만든 찬송가 중에서 최신 곡만 골라 부르고 있는가? 과거와 현재의 찬송가 중에서 교육의 효과와 가치를 발휘할 수 있는 찬송가를 좀 더 적극적으로 활용하려면 어떻게 해야 할까?[7]

우리는 교회 공동체 안에서 전인 교육을 목표로 삼는 포괄적인 비전 아래 교리 교육을 진행해야 한다.

:: 이 중요한 문제와 관련해 공식 교육을 어떤 식으로 진행해야 할까?

학교 교사들이 익히 알고 있는 전통적인 교육 명제 가운데 하나는 "반응이 없으면 수용도 없고, 표현이 없으면 인상(印象)도 없다"는 것이다. 이 명제는 어린아이와 성인을 비롯한 모두에게 복음을 가르칠 때도 그대로 적용된다. 표현의 방법은 최소한 네 가지로 정리된다. 1) 질문에 답하기. 2) 학습된 내용의 의미와 적용을 논리적으로 정리하기. 3) 새로 깨닫게 된 지식을 직접 시도하기. 4) 새로운 지식을 반영할 수 있도록 사고와 행동 습관을 바꾸기. 앞서 언급한 전체 내용을 적용하든, 그리스도 중심의 복음("주 예수를 믿으라 그리하면 너와 네 집이 구원을 받으리라"_행 16:31)에 초점을 맞추든 효과적인 교육이 이루어지려면 이 네 가지 요소가 반드시 필요하다.

이미 살펴본 대로 종교 개혁 시대는 요리 문답의 네 가지 요소(사도신경, 주기도, 십계명, 예수님이 제정하신 성례)에 초점을 맞춘 교리 교육을 모든 연령층의 신자들에게 적용하는 것을 중요한 목회적 관심사로 삼았던 시기다. 당시에는 나이 고하를 막론하고 사람들의 무지를 깨우치고 복음의 진리를 명료하게 인식시키려는 교육적 노력이 이루어졌다. 그 결과 요리 문답이 풍부하게 저술되어 출판되기에 이르렀다(3장 참조). 하지만 당시에 적용된 교육 방법은 강의식 방법에 국한되는 측면이 많았다. 그리하여 먼저 질문에 대한 대답을 암기하고, 다시 질문과 대답 형식의 구두시험을 통해 암기를 잘했는지 확인하고, 학습된 진리를 설명하며 권고하는 방식이 적용되었다. 어린아이와 성인 모두 그런 방식으로 교육을 받았다. 하지만 17세기 말에 이르자 성인을 위한 교리 교육은 대부분 자취를 감추고 말았다.

성공회 교구들 사이에서 교리 교육에 뜨거운 열정을 느낀 사람들은 리처드 백스터의 가정 중심의 교리 사역에 고무된 청교도 목회자들이었다. 그들이 1662년에 성공회에서 추방되었을 때 성공회 안에서 교리 교육에 크게 관심을 기울인 사람은 아무도 없었다. 『공동 기도서』에 수록된 요리 문답은 어린아이의 견진성사에 사용하고, 견진성사를 거친 교인들은 주일예배의 설교를 통해 더 깊이 있는 가르침을 받으면 된다는 생각이 지배적이었다. 지금도 서구 성공회의 생각은 조금도 달라지지 않았다. 교리 교육의 회복을 위해서는 그런 생각부터 바로잡아야 한다.

학교식 교육이나 암기 중심의 교육은 성인을 위한 교리 교육 방식으로는 적합하지 않다. 따라서 엄격한 절차를 고수한 과거의 방식을 약간 달리한 방법이 최근에 개발되었다. 예를 들어 런던 브롬턴의 홀리 트리니티 교회('알파 코스')와 런던 랭햄 플레이스의 올 소울스 교회('알파 코스'와 짝을 이루는 '기독교 신앙 연구')에서 퍼진 교육 프로그램이 세계 곳곳에서 큰 성공을 거두고 있다. 올 소울스 교회의 '기독교 신앙 연구'는 마가복음을 중심으로 하는 10일 간의 교육 과정이다. 이 모임이 있는 저녁에는 "자유로운 분위기에서의 식사, 간단한 성경 공부, 대화, ……참여자들이 모임에서 막 전해 들은 내용을 중심으로 심층 논의를 주고받는 활동" 등이 이루어지고 있다(이 프로그램은 널리 알려져야 마땅하지만 아직은 그렇지 못한 상태다). '알파 코스'도 이와 비슷하다. 이들 프로그램은 성인을 위한 교리 교육을 교회의 정식 교육 과정의 일부로 정착시키는 효과를 발휘하고 있다(이는 프로그램 기획자와 함께 헌신했던 사람들조차 미처 예상하지 못했던 결과다).

물론 목표를 이루는 방법이 꼭 하나만 있는 것은 아니다. 복음의 교리를 충분히, 또 올바로 담고, 앞서 언급한 교육의 네 가지 표현 형태만 염두에 둔다면 교리 교육 과정을 개발하는 인간의 창의성에는 한계가 있을 수 없다.

:: 종교 개혁 시대의 전통적인 문답식 요리 문답을 지금도 따르는 것이 좋은가?

10번 문제의 답에서 짐작할 수 있듯이, 전통적인 문답식 교육 방법을 항상 유지해야 할 필요는 없다. 문답식 교육 방법은 루터가 유행시킨 것으로, 종교 개혁 이전 시대의 교리 교육에는 널리 적용되지 않았다. 또한 그 뒤로도 문답식 교육 방법을 채택하지 않은 교리 교육이 많았다. 우리는 교리 교육의 방식을 다양하고 유연하게 적용하는 것이 최선책이라고 생각한다. 문화적 적절성 및 자연적 능력과 영적 성장을 염두에 두고 발달 단계에 초점을 맞춰 교육 방식을 결정하는 것이 바람직하다. 대부분의 사람들이 그리스도인이었던 16세기 서구 사회에 적합했던 교육 방식이 오늘날의 사역 현장에 그대로 통할 가능성은 그다지 높지 않다.

하지만 문답식 교육 방법을 무조건 거부하는 것은 결코 바람직하지 않다. 어떤 경우에는 그런 방법이 통할 때도 있다. 토랜스는 종교 개혁 시대의 요리 문답에 적용된 문답식 교육 방법이 영구한 가치를 지닌다고 주장했다.

> 올바른 질문을 던지는 방법을 배우는 것은 어떤 과학적 탐구 분야에서나 매우 중요한 단계로 취급된다. ……기독교는 인간이 임의로 던지는 대답에는 답하지 않는다. 만일 기독교가 대답을 제시한다면, 그것은 단지 인간이 본래부터 알고 싶어하는 지식과 그것을 아는 방법이 이미 비밀리에 결정된 지식만을 전할 뿐이다. 기독교는 살아가는 매순간 인간이 진리와 관련해 제기하는 모든 질문에 능히 답할 수 있기 때문에 인간 자신에 관해 옳고 참된 질문만을 던지도록 가르친다. 진리는 인간에게 드러나거나 계시된 사실 자체를 묻는 질문만을 제기하게 하는 본성을 지닌다. 요리 문답은 바로 그런 역할을 하도록 설계되었기에 젊은 학습자를 가르치는 수단으로 매우 귀한 가치를 지닌다. 요리 문답은 올바른 질문을 던지도록 훈련하고, 인간 스스로 진리의 심문을 받도록 가르치는 데 초점을 맞춘다. 다시 말해, 요리 문답은 인간 스스로 생각할 수 없는 질문을 제기하게 함으로써 인간의 선입견과 편견을 시험대에 올려놓는다. 한마디로 요리 문답은 진리를 전하는 참된 방식이다.[8]

거짓과의 싸움

:: '진리'로 대적해야 할 세속 문화의 '주의'에는 무엇이 있을까? 그런 사상과 어떻게 맞서 싸워야 할까?

앞서 말한 대로, 교리 교육은 대조의 방법, 즉 "너희가 들었으나 나는 너희에게 이르노니"(마 5:21-22)라는 방법을 사용한다. 복음의 진리를 좀 더 분명하게 제시하려면 경쟁 관계에 있는 세계관이나 가치관을 대조하는 것이 필요하다. 어느 시대에나 그릇된 '주의', 즉 그리스도 안에 나타난 하나님의 계시를 거역하는 세계관이나 신념이 존재하기 마련이다. 예를 들어, 우리 시대에는 물질주의, 속된 인본주의, 종교 다원주의 등이 있다. 우리는 찬송가와 복음성가는 물론 설교와 교육과 상담과 예배의 사역을 충실하고 효과적으로 진행함으로써 속된 세상의 가치관과 세계관을 영원하고 보편적인 진리, 곧 우리에게 능력과 자유를 가져다주는 성경의 진리로 물리쳐야 한다.

:: '생명'으로 퇴치해야 할 문화의 우상은 무엇인가? 그런 우상을 어떻게 물리쳐야 할까?

교리 교육을 통해 맞서야 할 또 하나의 싸움은 사람들의 마음을 살아 계신 하나님으로부터 멀어지게 만드는 문화의 우상들을 찾아내 퇴치하는 것이다. 신앙 공동체에 속한 신자들도 참 신이 아닌 우상들의 영향력에서 자유롭지 못하기는 마찬가지다(고전 8:4-6 참조). 이스라엘 백성에게는 우상숭배에 빠지지 말라는 경고가 주어졌다(십계명의 처음 두 계명, 출 20:3-6 참조). 여호수아는 요단강을 건너 가나안에 들어가는 시점에서 이스라엘 백성에게 우상숭배를 경계하라며 주의를 환기시켰고(수 24:14-24 참조), 시편 저자들과 선지자들도 종종 날카로운 풍자로 이스라엘 백성의 우상숭배를 질타했다(시 115편; 사 44:9-20 참조). 요한의 경고도 늘 귀담아들어야 한다. 그는 "자녀들아 너희 자신을 지켜 우상에게서 멀리하라"(요일 5:21)고 말했다. 문화의 우상들이 끊임없이 변신을 도모하며 교인들과 이웃들에게 영향을 미치는 것을 주의 깊게 살펴 경각심을 일깨워주는 것이 충실한 교리 교사의 임무다.

:: '길'로 퇴치해야 할 문화의 왜곡된 행위는 무엇인가? 그런 행위를 어떻게 극복해야 할까?

교리 교육으로 맞서야 할 셋째 싸움은 길이 아닌 길을 걷고 있는 삶의 방식을 찾아내 퇴치하는 것이다. 바울은 교회와 교회 지도자들에게 보내는 편지에서 그런 사례를 거듭 언급하며, 그런 습관에서 돌이켜 회개한 뒤 하나님의 길을 걸으라고 권고했다. 그는 디모데전서 1장에서 "복되신 하나님의 영광의 복음"과 "바른 교훈"을 거역하는 행위를 몇 가지 나열했다(딤전 1:8-11 참조). 우리가 맞서 싸워야 할 왜곡된 행위는 여러 형태의 '주의'나 우상처럼 상황에 따라 변신을 꾀한다. 따라서 신중한 교리 교사는 사람들의 상태를 살펴 적절한 처방을 내려야 한다.

안타깝게도 기독교 역사에는 교회 지도자들이 당대의 그릇된 행위를 힘써 저지하지 못하거나 은근히 그런 행위를 조장하는 경우가 많았다. 어떤 목회자들은 노예 제도나 인종 차별, 또는 신분 차별과 같은 관행을 강단에서 성경 본문을 들어 지지하기도 했다. 오늘날에는 부와 아름다운 외모와 성공을 비롯한 문화의 우상들을 떠받드는 행위를 은근히 용인하는 목회자들이 많을 것으로 생각된다. 우리는 그런 그릇된 가치를 지지하기보다는 큰 영향력과 능력을 지닌 복음의 빛으로 힘껏 물리쳐야 한다.

교육의 흥미를 돋우는 지속성

:: **우리의 교리 교육은 진보와 발전의 비전을 갖추었는가?**

우리는 8장에서 1차적 진리를 2차적, 또는 3차적 진리와 구별하는 '선 긋기'의 중요성을 강조했다. 그러한 구별은 영적 성장의 단계와 밀접하게 관련된다. 우리는 교리 교육과 신자 양육을 위한 계획과 일정을 '여정'에 빗대어 표현했다(웨버는 이를 '예수님을 찾아가는 여정'이라고 표현했다). 교회 지도자들은 교육 내용에 관해 합의를 도출해야 할 뿐 아니라 교인들이 걸어가야 할 신앙 여정에 관해 확실한 비전을 구축해야 한다. 그런 비전을 구축하는 데 도움이 되는 자료를 하나 소개하면, 청교도 존 번연의 『천로역정』을 들 수 있다. 이 책은 판매량에서 항상 성경 다음으로 많이 팔린 베스트셀러로서 사실상 또 다른 형태의 교리 교육 교본에 해당한다. 『천로역정』은 직설적인 교육 방식 대신에 흥미진진한 풍자와 비유를 활용한 이야기를 통해 올바른 교리와 영적 성장의 과정을 다룬다.

:: **교리 학습자가 한 단계씩 성장을 거듭하도록 격려하려면 어떻게 해야 할까?**

일단 영적 성장에 관한 비전을 구축한 뒤에는 학습자 개개인이 실질적인 관점에서 "힘을 얻고 더 얻어 나아가 시온에서 하나님 앞에 각기"(시 84:7) 나타나는 결과를 도출할 수 있는 방법을 모색해야 한다. 우리는 9장에서 그러한 성장을 독려하는 방법을 제시한 바 있다. 교리 교육은 나름대로 엄격한 절차를 갖춰야 한다. 이것이 핵심이다. 진지하고 실질적인 교리 교육을 정기적으로 실시하는 교회가 적지 않다. 하지만 중도에 학습을 포기하는 사례가 너무나도 많다. 그런 교육이 절대적으로 필요하다고 생각하지 않는 사람들도 많다. 그런 경우, 문제의 해결책은 무엇일까?

우리는 '교육의 흥미를 돋우는 지속성'이라는 표현을 사용했다. 여기에서 '흥미를 돋우는'으로 번역된 영어는 'compelling'이다. 이 영어 단어는 주로 '강제하다', '억지로 시키다', '강요하다'라는 부정적인 의미로 사용된다. 하지만 형용사로 쓰일 때는 '강한 흥미를 돋우는', '설득력 있는', '마음을 사로잡는'을 뜻한다. 우리는 이 말을 형용사의 의미로 사용했다. 교리 교육은 학습자들의 흥미를 돋우는 방법으로 지속되어야 한다. 그러려면 최소한 다음 세 가지를 염두에 두어야 한다.

가장 먼저, 앞에서 우리가 제안한 내용에 따라 흥미로운 교육 요소를 갖춘 프로그램을 마련해야 한다. 우리가 제시한 교육안은 세례를 받고 성만찬에 참여하고 등록 교인이 되어 지도자의 역할을 감당하는 단계에 이르려면 소정의 교리 교육이 필요하다는 점을 강조한다. 그 밖에도 1년 중 한 번이나 정기적으로 때를 정해 최소한의 교리 교육을 지속적으로 실시함으로써 등록 교인으로서 충실한 신앙생활을 유지해 나가도록 돕는 장치를 마련해야 한다.

다음으로, 교리 교육 프로그램을 마련할 때는 사람들을 강제할 수 있는 장치도 다소 필요하다. 하지만 교리 교육에 대한 흥미를 돋우려면 진지하고 알찬 교육 내용을 마련해 신중하게 활용할 수 있어야 한다. 즉, 교리 교육 과정은 외적인 강제 장치는 물론 내적인 강제 장치를 모두 갖추어야 한다. 내적인 강제 장치란 교리 사역과 그에서 비롯하는 결과가 매우 흥미롭고 매혹적인 이유로 사람들이 저절로 관심을 기울이게 되는 것을 의미한다. 하나님이 교리 교육을 받는 개인들의 증언과 교리 교육을 잘 받은 교회에서 풍겨나는 향기로운 냄새를 통해 많은 사람이 교리 교육에 기쁘게 참여할 수 있는 은혜를 허락해 주시기를 기도한다.

마지막으로, 그리스도의 사랑이 교회 지도자들과 교인들 모두를 강권해 교리 교육에 진지하게 관심을 기울이게 하는 역사가 일어나야 한다. 바울은 고린도후서 5장 14절에서 그리스도의 사랑이 자신을 강권해 화해의 사역에 힘쓰게 한다고 말했다. 바울은 그리스도의 사랑에 온통 사로잡혔다. 그는 그리스도의 강력한 사랑의 힘에 압도되어 사람들을 하나님과 화해시키는 복음 사역에 온전히 헌신했다. 그는 고린도 신자들에게 "그리스도를 대신하여 간청하노니 너희는 하나님과 화목하라"(고후 5:20)고 말했다. 복음주의 교회들은 대개 하나님과 사람들을 화해시키는 사역이 오직 비신자들에게만 적용되는 것으로 생각하는 경향이 있다. 하지만 바울은 신자들에게 호소했다. 예수님은 신자들을 위해 죽으셨고, 그들로 하여금 하나님의 의가 되게 하시기 위해 친히 죄인이 되셨다(고후 5:21 참조). 예수님이 그들을 위해 목숨을 버리신 목적은 "다시는 그들 자신을 위하여 살지 않고 오직 그들을 대신하여 죽었다가 다시 살아나신 이를 위하여 살게"(고후 5:15) 하시기 위해서였다. 전에 그들은 자신을 위해 살았다. 하지만 "이전 것은 지나갔으니 보라 새 것이 되었도다"(고후 5:17)라는 말씀대로 이제는 그리스도 안에서 새롭게 창조되었다. 하지만 고린도 신자들은 그들의 소명에 합당한 삶을 살지 못했다(고린도전후서에는 이를 뒷받침하는 증거가 많다). 따라서 바울은 책망과 설득과 권고의 말을 동원해 하나님의 계명을 무시한 채 아무 목적의식 없이 오만하기만 한 고린도 신자들에게 하나님과 화목하라고 호소했다. 이것이 바로 충실한 교리 교육의 목적이다. 하나님의 사랑이 우리를 강권해 고백과 회심과 순응(그리스도를 본받음)을 향한 신앙 여정에 모두 함께 동참할 수 있기를 간절히 기도한다.

∷ **교리 교육을 처음 시작하기에 적당한 나이는 몇 세인가?**

교리 교육은 언제 시작하는 것이 좋은가? 어린아이들에게 신학을 가르칠 수 있는가? 신학이 이단을 논박하고 기독교 신앙을 수호하기 위한 추상적인 이론만을 의미한다면 어린아이의 미성숙한 지성으로는 감당하기 어려울 것이다. 그런 경우에는 최소한 열 살은 되어야 한다. 하지만 신학이 하늘에 계신 성부 하나님과 우리의 친구이신 예수님이 과거와 현재와 미래의 차원에서 우리를 위해 행하시는 사역에 관한 좋은 소식이자 그분들이 우리에게 어떠한 사랑을 베푸셨고, 앞으로 우리를 어떻게 보살펴주겠다고 약속하셨으며, 그분들을 어떻게 기쁘시게 할 수 있느냐에 관한 문제를 다루는 것이라면, 신학을 가르치고 교육하는 일은 보통 세 살 정도면 충분히 시작할 수 있다. 지금처럼 주일학교에서나 다른 교육 프로그램을 통해 성경 이야기를 주로 들려줄 수도 있겠지만, 성경 이야기를 전달하는 동안 이야기에 나타난 내용을 근거로 간단한 관계 신학을 함께 가르치려는 노력이 필요하다. 그렇게 하면 특정한 이야기를 그보다 훨씬 범위가 크고 웅장한 구원 이야기와 접목시킬 수 있기 때문에 성경 이야기가 하나님의 영광스런 복음과 단절된 도덕적 훈계로 축소되는 잘못을 피할 수 있다.

교리 교사 양육

:: 어떤 사람이 교리 교사의 역할을 감당할 수 있을까?

교회사를 살펴보면 두 부류의 사람이 믿음의 도를 가르치는 일에 가장 적합한 것으로 나타난다. 교리 교육이 가정을 중심으로 이루어질 때는 부모, 특히 아버지가 자녀들에게 교리를 가르치는 역할을 감당하는 것이 보통이다. 고대 이스라엘의 부모들은 하나님의 계명과 그분의 위대하신 구원 사역을 항상, 부지런히 자녀들에게 가르쳐야 했다(신 6:1-9, 11:18-21 참조). 자녀들을 위한 신앙 교육은 이스라엘 사회 전체가 동의하는 의무였다(시 78:1-8 참조). 바울도 같은 비전을 가지고, 특별히 아버지들에게 자녀를 "주의 교훈과 훈계로 양육"(엡 6:4)하는 책임을 당부했다. 유대인들은 자녀 교육의 최종적인 책임은 가장인 아버지의 몫이라고 생각했다. 물론 아버지는 어머니를 비롯해 자녀 교육을 도울 수 있는 그 밖의 사람들에게 책임을 위임할 수 있었다. 하지만 자녀 교육의 궁극적인 책임자는 아버지였다. 현대인들은 이해하기 어려울지 모르지만 이 문제에 관한 성경의 입장은 확실하다.

물론 성경은 자녀를 양육하는 일에 어머니가 중요한 역할을 한다는 사실을 도외시하지 않는다. 성경은 자녀들이 부모에게 순종해야 한다고 가르친다(엡 6:1; 골 3:20 참조). 젊은 어머니는 자녀를 사랑하고, 경건한 가정을 만들기 위해 노력해야 한다(딛 2:4-5 참조). 잘 알다시피 바울은 디모데를 믿음으로 양육한 그의 어머니와 외할머니를 높이 칭찬했다(딤후 1:5 참조).

한편 루터, 칼빈, 오웬, 백스터와 같은 부류의 사람들은 교인들에게 교리를 가르치는 책임을 짊어진 목회자들에 속한다. 목회자는 가장인 아버지처럼 교회를 이끄는 지도자다. 그도 아버지처럼 다른 사람들에게 교리 사역을 일임할 수 있다(사실 그렇게 하는 것이 현명하다). 하지만 모든 책임은 목회자에게 있다. 이 개념도 성경에 근거하기는 마찬가지다. 바울은 제자였던 디모데와 디도에게 세 편의 목회 서신을 통해 참 교리가 혼탁해지는 상황에서 믿음의 도를 가르치고 옹호하는 일을 쉬지 말라고 경종을 울렸다. 그가 그들에게 당부했던 말을 몇 군데 인용하면 다음과 같다.

"너는 이것들을 명하고 가르치라……읽는 것과 권하는 것과 가르치는 것에 전념하라……네가 네 자신과 가르침을 살펴 이 일을 계속하라"(딤전 4:11, 13, 16). "너는 이것들을 가르치고 권하라 누구든지 다른 교훈을 하며……경건에 관한 교훈을 따르지 아니하면"(딤전 6:2-3). "또 네가……내게 들은 바를 충성된 사람들에게 부탁하라 그들이 또 다른 사람들을 가르칠 수 있으리라"(딤후 2:2). "주의 종은……가르치기를 잘하며"(딤후 2:24). "오직 너는 바른 교훈에 합당한 것을 말하여"(딛 2:1).

이 모든 말씀은 교리 교육의 책임을 목회자의 어깨 위에 올려놓는다. 목회자는 교인들에게 교리 교육의 필요성을 일깨워주는 한편 적당한 사람들을 골라 교리 교사로 양육하고 적절한 교리 교육 계획을 세워야 한다. 목회자는 설교 계획을 비롯해 여러 가지 필요한 계획을 세우고 시험 과정을 운영하는 등 교리 사역에 깊은 관심을 기울여야 한다. 우리가 동료 목회자들에게 이런 짐을 지우는 이유는 교리 교육을 열심히 행하면 큰 유익이 있기 때문이다.

성경의 명령이나 사례는 대부분 교리 교사의 역할을 감당해야 할 의무가 부모와 목회자에게 있다고 가르치지만, 다른 사람들도 얼마든지 그 책임을 함께 나눠 질 수 있다. 즉 성숙한 신자들은 덜 성숙한 신자들을 가르칠 수 있다(딛 2:3-4; 히 5:12 참조). 비록 장로나 목사라는 공식 직함은 없을지라도 가르치는 은사를 받은 사람들이 있다(롬 12:7 참조). 사실 온 교인이 "시와 찬송과 신령한 노래들로 서로 화답하며"(엡 5:19), "모든 지혜로 피차 가르치며 권면"(골 3:16)해야 한다. 우리 모두에게는 우리 자신의 영혼을 돌봐야 할 책임이 있다. 우리는 "우리 주 곧 구주 예수 그리스도의 은혜와 그를 아는 지식에서"(벧후 3:18) 자라가야 하고, "더욱 힘써 너희 믿음에 덕을, 덕에 지식을"(벧후 1:5) 더해야 한다. 이 모든 의무는 교리 교사들에게도 똑같이 적용된다. 다시 말해, 다른 사람을 가르치기 전에 우리가 먼저 학습자가 되어야 한다.

아마도 교리 교사 양육이라는 개념을 가장 분명하게 언급하는 성경 구절은 디모데후서 2장 2절일 것이다. 바울은 그곳에서 "네가 많은 증인 앞에서 내게 들은 바를 충성된 사람들에게 부탁하라 그들이 또 다른 사람들을 가르칠 수 있으리라"고 말했다. 바울은 교리 교사의 충실한 사역이 또 다른 충실한 교리 교사를 양육하는 데 크게 기여할 수 있다고 믿었다. 제자 사역이란 계속적으로 충실한 제자들을 길러내는 사역을 의미한다. 교리 교육을 실시하는 동안 학습자들의 재능과 소명을 잘 파악해야 한다. 그들 가운데 더러는 적절한 격려와 훈련만 주어진다면 믿음의 도를 효과적으로 가르치는 교리 교사로 성장할 수 있다.

:: 교리 교사가 될 사람에게 신앙 인격이 그토록 중요한 이유는 무엇일까?

이 문제는 영적 은사에만 지나치게 집착하는 오늘날의 풍조와 도덕적 성품에 대한 서구 사회의 무관심에 그 원인이 있다. 지난 반세기 동안 신자들의 삶에서 그리스도와 같은 성품(즉, 사랑, 희락, 화평, 오래 참음, 자비, 양선, 충성, 온유, 절제라는 성령의 열매, 갈 5:22-23 참조)을 닮고자 노력하는 모습이 거의 자취를 감추고 말았다. 교리 사역은 올바로 시행되기만 하면 학습자들에게 정통 신앙을 가르칠 수 있을 뿐 아니라 하나님과의 교제를 통해 거룩한 삶을 살아갈 수 있도록 이끄는 잠재력을 지닌다. 예수님은 온전하게 훈련된 제자는 스승과 같을 것이라고 말씀하셨다(눅 6:40 참조). 이 말씀은 스승의 가르침을 앵무새처럼 되풀이하는 기술이 아니라 정신적 태도와 도덕적 품성을 가리킨다. 예수님의 가르침은 대개 행동이나 품성을 겨냥했다. 과거 시대의 요리 문답은 십계명에 대한 해설을 통해 제자직과 신앙생활의 윤리적 측면을 크게 부각시켰다. 그 대표적인 예는 『하이델베르크 요리 문답』과 『웨스트민스터 대요리 문답』이다.

제자직은 그리스도에 관한 올바른 교리를 배우는 것만이 아니라, 그분에 대한 복종, 곧 그분의 형상을 닮아 죄에서 자유로운 양심으로 살아가는 것을 의미한다. 교리 교사는 가르치는 능력도 중요하지만, 반드시 경건한 신앙 인격을 갖춰야 한다. 가장 훌륭한 교리 교사 가운데 한 사람이었던 바울은 자신이 가르치는 사람들에게 "내가 그리스도를 본받는 자가 된 것같이 너희는 나를 본받는 자가 되라"(고전 11:1, 4:16-17; 빌 3:17, 4:9; 살전 1:6; 살후 3:19 참조)고 말했다. 오늘날의 교리 교사들도 바울처럼 자신이 배운 진리를 우리를 거룩하게 하시는 성령의 능력 안에서 직접 실천에 옮김으로써 그리스도를 본받는 삶을 살고자 노력해야 한다.

　교리 교육의 목적은 우리처럼 연약하고 죄 많은 사람을 하나님을 충실히 섬기는 신자이자 경건하고 훈련된 주님의 제자로, 자기를 부인하고 하나님과 교회를 극진히 섬기는 종으로, 올바른 정신으로 이 부패한 세상을 헤쳐나가는 순례자로, 죽어가는 영혼들에게 열심히 복음을 전하는 전도자로 변화시키는 것이다. 교리 교사 스스로가 이런 일에 먼저 훌륭한 모범을 보여야 한다.

　교리 교사는 임무를 시작하기에 앞서 미리 무엇을 어떻게 가르칠 것인지를 알고 있어야 한다. 다시 말해, 교리 교사는 먼저 자신이 교리를 철저히 배워 삶을 통해 다른 사람들에게 구원의 진리를 전달할 수 있는 인격을 형성해야 한다. 또한 제자 사역이 무엇을 의미하는지, 즉 자신의 임무가 정확히 무엇인지를 깊이 숙지해야 한다. 교리 교사의 사역은 학습자들이 말과 행동으로 교사에게 배운 믿음의 도를 옳게 실천할 수 있을 때까지 결코 끝나지 않는다.

교리 교육에의 헌신

:: **교회 안에서 충실하고 지속적이고 효과적인 교리 사역의 토대를 놓으려면 어떻게 해야 할까?**

　교회의 사명이 교리 교육에 있다고 확신하는 교회 지도자들이 날로 늘어나는 추세다. 그렇다면 교리 사역은 어디에서부터 시작할 수 있을까? 어떤 사람들은 우리가 이 책에서 제안한 교리 사역이 교회를 새로 개척한 상황에서나 가능하다고 생각할지도 모른다. 그들의 생각이 옳을 수도 있다. 교회 개척의 사명을 띠고 일하는 지도자들의 경우에는 교회를 처음 시작하는 단계에서부터 교리 사역을 시도하라고 강력히 권하고 싶다. 수년이나 수세대 동안 형성되어온 교회 문화를 새로 바꾸기보다는 처음부터 그렇게 하는 편이 훨씬 더 쉽다.

물론 목회자들 가운데는 이미 설립된 교회에서 일하는 사람들이 대부분이다. 그런 경우에는 어떻게 해야 할까? 처음에는 열정적으로 시작했다가 금세 식어버리고 마는 시도는 더 이상은 곤란하다. 또한 아무리 성공적인 것처럼 보이더라도 다른 프로그램을 새로 만들 필요도 없다. 우리에게 필요한 것은 교리 교육에 대한 헌신이다. 앞서 언급한 시편 78편을 묵상하면서 자손 대대로 이어지는 교리 교육을 시도하겠다는 비전이 필요하다. 우리가 진지한 교리 교육을 시도하기로 결정한 교회들에게 바라는 것이 바로 이것이다. 이러한 목적을 위해 우리는 다음과 같이 제안하고 싶다.

- **현재의 상황을 정확히 평가하라**: 9장에 제시한 표를 활용해 현재 교회에서 이루어지고 있거나 이루어지고 있지 않은 교리 사역의 측면을 구체적으로 표시할 수 있는 표를 만들라. 그 안에 적힌 내용을 모두 제거하면 다음과 같은 표를 얻을 수 있을 것이다. 교회 지도자들은 교리 교육이라는 명칭을 굳이 사용하거나 의식하지 않고도 교회에서 얼마든지 교리 교육이 이루어질 수 있다는 사실을 염두에 두고, 이 표를 이용해 교회에서 현재 진행되고 있는 사역들의 장단점을 평가하라. 표의 빈 공간에 '강함', '약함', '존재하지 않음' 등의 말로 평가 결과를 표기하라.

	진리	생명	길	
예비 교리 교육 (복음을 소개하기)				공식 교육
				비공식 교육
				비형식 교육
정식 교리 교육 (복음에 뿌리를 내리게 하기)				공식 교육
				비공식 교육
				비형식 교육
지속적인 교리 교육 (복음 안에서 성장하기)				공식 교육
				비공식 교육
				비형식 교육

대개 약점과 장점이 함께 섞여 있는 경우가 많을 것으로 예상된다. 또한 매우 고무적인 경우도 있을 테고, 한심스럽고 실망스런 경우도 있을 것이다. 평가가 어떻든 결과에 상관없이 그곳을 교리 사역의 출발점으로 삼고, 일정한 간격을 두고 계속해서 표를 채워 상황의 개선 여부를 측정하라.

• 교리 교육의 비전을 제시하라: 다음에 해야 할 일은 교인들의 마음과 생각 속에 교리 교육이라는 새로운 사역의 씨앗을 심는 것이다. 이 일은 대화, 여러 형태의 교육, 설교 같은 수단을 통해 이루어질 수 있다. 3장에서 살펴본 건전한 교리 교육의 사례를 교인들 앞에 제시하면 크게 유익할 것이다. 그와 동시에 가까운 곳이나 먼 곳에 있는 다른 교회들이 교리 사역에 성공을 거둔 사례나 교리 교육을 하지 않거나 반대하는 교회들에게 발생하는 문제점(예를 들면, 성경에 대한 무지와 믿음과 실천의 괴리 등)을 제시하라. 이 단계에서는 이 책이나 이와 비슷한 책을 읽도록 권하는 것이 좋다.

• 교회 지도자들의 합의를 이끌어내라: 구원의 능력을 지닌, 충실하고 효과적인 교리 사역이 이루어지려면 많은 사람의 노력이 필요하다. 따라서 공식 직함을 지닌 지도자이든 그렇지 않은 지도자이든 가능한 한 많은 지도자들이 교리 사역의 비전에 동참하는 것이 필요하다. 이는 많은 시간과 건전한 관계를 형성하는 작업이 필요한 일이다. 사람들에게 어떤 길이 최선인지에 관해 각자의 생각과 제안을 표명할 수 있는 기회를 제공해야 한다. 하지만 이 단계에서 '전체 위원회'를 구성해 실질적인 교리 교육 계획안을 만들려고 하는 것은 바람직하지 않다. 직위나 열정, 또는 재능의 면에서 지도자 역할을 감당할 수 있는 소수의 사람들로 하여금 여러 가지 교육안을 초안하고 개발함으로써 사역에 임하게 했다가 다른 사람들의 의견을 모은 뒤 최선의 교육 계획안을 작성하는 것이 좋다.

• 단호한 의지를 가지고 천천히 시작하라: 교리 교육을 한 번도 시도하지 않은

교회에서 교리 사역을 시작하는 경우에는 각별히 주의해야 한다. 그런 상황에서 한꺼번에 너무 많은 것을 시도하는 것은 바람직하지 않다. 처음에는 작은 것부터 한 단계씩 시작하는 것이 좋다. 교회의 상황에 따라 이미 오랫동안 등록 교인으로 활동하고 있는 신자들을 대상으로 먼저 실시하는 것이 바람직한 경우도 있을 테고, 세례나 입교 의식을 거쳐야 할 사람들을 대상으로 9장에 소개한 내용에 따라 교리 교육을 실시하는 것이 바람직한 경우도 있다. 또 어떤 경우에는 등록 교인이 되고 싶어하는 사람들을 대상으로 엄격한 교리 교육을 실시할 수도 있다. 앞서 말한 대로 나중에 언급한 두 경우에는 이미 세례를 받았거나 등록 교인으로 교회에 다니고 있는 신자들도 교육 과정에 참여하게 하는 것이 필요할지도 모른다. 하지만 그렇다고 교회의 건강한 미래를 향해 나가려는 굳은 의지가 무너져서는 안 된다.

시편 78편을 비롯한 여러 성경 본문은 장기적인 비전의 필요성을 일깨워 준다. 오늘날 우리가 내린 결정이 우리 자신의 세대에서는 많은 결실을 맺지 못할 수도 있다. 하지만 미래 세대의 건강한 성장을 위한 발판을 마련할 수는 있다. 예수님의 말씀대로 하나님의 나라는 작고 보잘것없는 겨자씨와 같다. 하지만 우리는 하나님이 처음 시작은 지극히 작고 미천하지만 나중의 결과는 풍성하기 이를 데 없는 기적을 능히 이루실 것이라고 확신한다(마 13:31-32 참조). 교회들은 종종 양적 성장을 위해 겉보기에 거창하고 다채로운 프로그램을 시도하는 경향이 있다. 하지만 하나님의 방법은 그런 방법과 사뭇 다르다고 성경은 증언한다. 하나님의 방법은 씨앗을 심는 것이다(요 12:24 참조). 하나님은 온유한 자(마 5:5 참조)와 어리석고 연약하고 천한 것들은 물론 심지어 아예 존재하지도 않는 것들을 통해 놀라운 지혜와 능력과 영광을 드러내시어 자랑할 것이 있다면 오직 주님 안에서만 자랑할 수 있게 하신다(고전 1:20-31 참조).

• 교인들의 가정과 어린아이들에게 초점을 맞춰라: 성인들을 위한 엄격한 교리 교육에 열정을 기울이는 것도 중요하지만 특별히 가정이라는 상황 안에서 어린아이들에게 교리를 교육하는 일에도 그와 비슷한 힘과 노력을 기울여야 한다. 우리가 성인들의 교정과 회복 사역에 많은 힘을 소진하게 되는 이유는 언약의 자녀들에게 믿음의 도를 가르치라는 성경의 명령에 복종하지 않기 때문이다. 어린아이들이 자라 성인이 될 무렵에는 이미 등록 교인들 가운데 성경과 다른 사고방식과 가치관에 물든 사람들이 대다수를 차지한다. 이것이 복음의 신앙으로 그들을 가르치려는 우리의 노력이 마치 험준하고 가파른 산을 오르는 것처럼 힘들게 느껴질 때가 많은 이유다.

우리는 양떼를 먹이고 가르치는 사역을 수행할 때 어린아이들을 위한 교리 교육을 결코 소홀히 해서는 안 된다. 어린아이들을 위한 교리 교육은 실질적인 가치를 지니고 있을 뿐 아니라 또한 성경의 명령이기도 하다. 성경에는 어린아이들을 교육하는 사례가 많이 나타난다. 이미 살펴본 대로 신명기 6장 1-9절, 시편 78편 1-8절, 에베소서 6장 4절은 어린아이들을 믿음 안에서 양육하라고 명령한다. 성경은 그런 명령을 직접 실천에 옮긴 사례를 아울러 소개한다. 예를 들어, 바울은 "이 믿음은 먼저 네 외조모 로이스와 네 어머니 유니게 속에 있더니"(딤후 1:5)라고 말하면서 디모데가 거짓 없는 믿음을 갖게 된 것을 하나님께 감사했다. 그는 계속해서 디모데에게 이렇게 당부했다. "너는 배우고 확신한 일에 거하라 너는 네가 누구에게서 배운 것을 알며 또 어려서부터 성경을 알았나니 성경은 능히 너로 하여금 그리스도 예수 안에 있는 믿음으로 말미암아 구원에 이르는 지혜가 있게 하느니라"
(딤후 3:14-15). 교리 사역을 시도하고자 하는 교회들은 부모들이 교리 사역에 중요한 역할을 수행할 수 있도록 그들을 훈련하고 독려해야 한다.

• **찬송가를 즐겨 불러라**: 앞서 지적한 대로 우리는 찬송가를 교리 교육의 강력한 수단으로 활용할 수 있다. 이는 암브로시우스, 루터, 칼빈, 웨슬리 형제, 왓츠, 토플레디를 비롯한 수많은 사람을 통해 그 효력이 입증되었다. 믿음의 진리를 적절히 부를 수 있는 곡조에 싣는다면 진리가 머리는 물론 마음속까지 파고들게 할 수 있다.

성경도 예배는 물론 신앙 교육에 찬송가를 활용하는 지혜를 선보였다. 예를 들어, 시편(성령의 영감으로 기록된 찬송가이자 기도)은 그런 이중 목적을 위해 저술되었다. 우리의 찬송가는 하나님께만 드리는 예배 찬송일 때가 많다. 하지만 찬송가를 '서로 화답하고 권면하는' 수단, 즉 성령 충만과 말씀 충만을 촉진하는 수단으로 활용하는 것도 성경의 명령에 해당한다(엡 5:18-19; 골 3:16 참조).

함께 모여 예배를 드리면서 찬양을 부를 때 꼭 경배 찬송만을 고집할 필요는 없다. 찬송가는 교인들에게 교리, 헌신, 신자의 의무 등을 깨우쳐주고, 주님 안에서 누리는 기쁨을 더욱 강력하게 만드는 힘을 지닌다. 오늘날 '예배 인도자'로 불리는 '찬송가 인도자'가 선택하는 찬송가에 무관심한 목회자는 지혜롭지 못하다. 잘 알다시피 예배 중에 성도가 부르는 찬송가는 목회자의 설교보다 신앙의 형성에 더 오래도록 영향을 미친다. 우리는 찬송가를 선택할 때 각별히 신중을 기해야 한다.

• **필요할 때는 적절히 일정을 조절하라**: 우리가 제안한 교리 교육과 같은 새로운 사역은 교회의 문화와 실천을 바꾸어놓는 중요한 시도다. 그런 사역은 결코 신속하거나 쉽게 이루어지지 않는다. 시간과 재능과 예산을 투자한 만큼 결과가 즉시 나타나지 않는다고 해서 중도에 쉽게 포기해서는 안 된다. 일을 하다 보면 난관에 부딪칠 때도 있고, 실수를 저지를 수도 있다. 우리는 일을 해나가면서 늘 배워야 한다. 일을 하다 보면 즐거울 때도 있지만 이따금 서글프고 혼란스러울 때도 있는 법이다. 모든 것이 완벽할 것이라는 기대는 비현실적이다. 어려움이 있다고 해서 한번 시작한 일을 쉽게 포기하는 것은 지혜롭지 못하다. 계획안을 세울 때는 일의 진행 상황을 정기적으로 평가하는 시간을 반드시 마련해야 한다. 필요하다고 판단될 때는 겸손히 일정을 조정해도 좋다. 하지만 "우리가 선을 행하되 낙심하지 말지니 포기하지 아니하면 때가 이르매 거두리라"(갈 6:9)는 말씀을 기억하고, 계획을 끝까지 밀고 나가겠다는 의지만큼은 절대 버려서는 안 된다. 주님 안에서 하는 수고는 결코 헛되지 않다(고전 15:58 참조). 하나님의 말씀은 충실히 선포하기만 하면 헛되이 돌아가지 않고 반드시 그분이 의도하신 목적을 이룬다(사 55:11 참조).

• **교리 교육의 경험을 서로 나누라**: 교리 사역에 새로운 노력을 기울이는 동안 교인들과 경험을 함께 나누는 것이 필요하다. 물론 모든 경험이 다 좋을 수는 없다. 교리 교육을 통해 신앙 훈련을 받는 동안 더러 고통스럽거나 어려운 상황이 찾아올 수 있다. 나쁜 경험도 함께 나누고, 모두가 좋다고 인정하고 선뜻 받아들일 수 있는 경험도 함께 나누어야 한다. 개인이나 집단의 차원에서 이루어지는 신앙 여정 경험은 우리의 여정에 새로 동참한 다른 순

레자들을 격려하는 역할을 할 뿐 아니라, 한쪽에 머물러 서 있는 이들을 고무해 그들도 신앙 여정을 시작하게 만들 수 있다.

• 기도하며 진행하라: 교리 교육을 시도하면서 중요한 순간이 닥칠 때면 기도를 충분히 하면서 진행해야 한다. 예수님은 하나님과 개인적인 교제를 나누는 습관을 지니셨다(눅 5:16 참조). 그분은 제자들의 영적 건강을 위해 기도하셨다(눅 22:32; 요 17장 참조). 바울도 그가 쓴 서신들로 미루어볼 때 교회들을 위해 규칙적으로 열심히 기도했던 것을 알 수 있다. 그가 드린 기도가 성경 여러 곳에 기록되었다(엡 1:17-19, 3:14-21; 빌 1:9-11; 골 1:9-12 참조). 오늘날의 교회 지도자들도 교회를 위해 바울처럼 기도해야 한다.

우리는 교리 교육을 받는 사람들은 물론 온 교회가 믿음과 하나님의 아들을 아는 지식 안에서 하나가 되어 성숙한 신자로 자라게 해달라고 기도해야 한다(엡 4:13 참조). 예수님은 열두 제자의 스승이셨다(마 23:10; 요 13:13 참조). 그분은 열두 제자에게 또 다른 보혜사를 보내겠다고 약속하셨다. 이 약속은 우리에게도 똑같이 적용된다. 하나님은 예수님의 이름으로 진리의 영을 보내시어 모든 진리 가운데로 우리를 인도하게 하실 것이다(요 14:26, 16:13 참조). 삶의 변화와 충실하고 효과적인 교리 교육은 모두 성령의 사역으로 말미암는다. 우리는 씨앗을 심거나 물을 줄 수는 있지만 오직 하나님만 자라게 하실 수 있다(고전 3:6-7 참조). 이런 말을 진실로 믿거든 기도하라. 온 힘을 다해 끝까지 주 안에서 충성하여 결국에 하나님 홀로 영광을 받으시도록 열심히 기도하며 일하라.

|부|록|

교리 교육 찬송가의 예

우리는 그리스도를 선포하노라!

- **가사**: 게리 패럿(2009)　● **곡조**: 예루살렘(휴버트 패리)[1]

그리스도 외에 달리 확실한 구원의 말씀을 들어본 적이 없기에 (요 1:1)
우리는 그리스도를 선포하노라. (골 1:28)
예수 그리스도 안에서 하나님이 육신이 되셨네. (요 1:14)
우리는 다른 이름을 고백하지 않으리. (사 53:11; 행 4:12)
우리는 그리스도, 곧 의로우신 분을 선포하노라. (요일 2:1)
오직 그분만이 사랑과 복종으로 (롬 5:19)
하나님의 뜻을 온전히 이루셨네. (요 5:19, 17:4)
그리스도께서는 진리요 생명이요 길이시네. (요 14:6)

우리는 그리스도, 십자가에 못 박히신 그리스도를 선포하노라! (고전 1:23)
우리가 사는 것은 구세주께서 (벧전 2:24)
그 귀한 보혈을 흘리시고 죽으셨기 때문이네. (벧전 1:18-19)
예수께서 하나님께 값 주고 우리를 사셨네. (계 5:9-10)

우리는 그리스도, 부활하신 그리스도를 선포하노라. (딤후 2:8)
하나님의 위대하신 아드님을 힘차게 선언하노라. (롬 1:4)
그리스도께서는 죽음을 정복하시고,
우리의 원수들을 심판하셨네. (고전 15:20-28)
그리스도께서 부활하시는 순간 우리에게 소망이 생겨났네. (롬 6:5)

우리는 그리스도, 우리의 위대하신 대제사장을 선포하노라. (히 8:1)
그분의 중보 기도는 결코 멈추지 않으리. (히 7:25)
우리도 새로운 살 길을 열어주신 그리스도를 힘입어 (히 10:20)
담대히 기도하네. (히 4:16)
우리는 그리스도, 장차 오실 왕을 선포하노라. (계 19:16)
성령께서 우리를 감동해 찬양하게 하시네. (계 22:17)
하나님의 모든 자녀가 나타나는 날, (롬 8:19)
피조물도 모두 해방되리라. (롬 8:21)

우리는 모든 사람이 독생자 안에서
완전해지도록 그리스도를 선포하노라. (골 1:28)
우리는 하나님이 주신 능력으로
그리스도를 열심히 선포하노라. (골 1:29)
우리는 그리스도를, 오직 그분만을, (고전 2:2)
우리 모두가 마침내 보좌 앞에 (계 7:9)
그분이 은혜로 허락하신 면류관을 벗어던지며 (계 4:10)
오직 하나님만이 영광을 받으실 그날까지 열심히 선포하노라. (계 4:11)

제3일에
- **가사:** 게리 패럿(2008)   **곡조:** 피카디(프랑스 성탄곡에 맞춘 찬송가, 1-4절), 라우다 아니마(5-8절)[2]

동정녀의 몸에서 태어나 (사 7:14)
동방박사들의 경배를 받으신 바로 그분이 (마 2:1-11)

나무에 매달려 저주를 받고, (갈 3:13)
타인의 무덤에 안장되셨네. (마 27:59-60)
어떻게 약속의 아들이 (사 9:6)
그런 끔찍한 운명을 당하셨을까? (마 11:3)

하지만 메시아는 모든 성경을 이루시기 위해 (눅 24:44-45)
고난을 당하셔야 했네. (눅 24:26-27)
이제 그분의 지상 사역이 온전히 이루어졌네. (요 17:4, 19:30)
그분은 하나님의 뜻을 이루셨네. (요 4:34)
안식일이 되어 여호와의 종께서는 (사 52:13; 빌 2:7)
안식에 들어가셨고, 그분의 몸은 쉼을 얻었네. (요 19:42)

성경을 더 깊이 연구해 본 적이 있느뇨? (요 5:39)
선지자들이 예언하였네. (눅 24:46)
하나님은 기름 부음 받으신 자가 (시 16:8-11)
썩음을 당하거나 부패하지 않게 하실 것이라고. (행 2:25-28)
위대하신 하나님이 3일째 되는 날에 (고전 15:4)
놀라운 기적을 베푸실 것이라고. (행 2:24)

어둠이 채 가시지 않은 이른 아침, (요 20:1)
새로운 한 주가 시작되는 날에 (마 28:1)
여인들이 향료를 들고 와서 (눅 24:1)
사랑하는 주님을 찾았네. (막 16:1)
그들이 빈 무덤을 보고 놀라워할 때 (눅 24:2-3)
천사의 음성이 들려왔네. (눅 24:4)

"어찌하여 그분을 죽은 자 가운데서 찾느냐?" (눅 24:5)
"여기 계시지 않고 살아나셨느니라." (눅 24:6)
이제 우리는 생명을 얻었네. 우리 죄가 용서되었네. (롬 4:24-25)
우리의 머리이신 그리스도 안에서 소망이 생겨났네. (롬 6:5-11)

할렐루야! 주님은 살아나셨네. (고전 15:20)
말씀하신 대로 제3일에. (마 16:21)

첫째 날, 씨앗이 한 알 그대로 있지 않기 위해 (요 12:24)
땅속에 심기었네. (창 3:15; 갈 3:16)
씨앗은 3일째 되던 날 싹을 틔워 (행 10:40)
새로운 생명을 영광스럽게 드러냈네. (딤후 1:10)
모든 시대, 모든 나라들로부터 (계 7:9-10)
하나님이 기르신 알곡들이 추수되리라. (히 2:10)

예수님을 보게 될 모든 사람들에게 (요 12:21)
우리는 십자가에 못 박히신 그리스도를 선포하노라. (고전 1:23)
말씀이 육신이 되신 분 안에 (요 1:14; 골 2:9)
은혜와 진리, 능력과 지혜가 충만히 거하네. (출 34:6; 고전 1:24)
땅에서 들리신 영광의 주님이 (고전 2:8; 약 2:1)
모든 사람을 이끄시네. (요 12:31)

우리의 죄와 슬픔을 짊어지신 주님이 (사 53:4, 12)
제3일에 다시 살아나셨네! (고전 15:4)
주님은 성부 하나님께로 올라가시면서 (히 10:12)
사로잡혔던 이들을 이끌고 가셨네. (엡 4:8)
주님은 장차 영광 가운데 다시 오시어 (살전 4:16)
영원히 다스리실 것이네. (계 11:15)

영광송

• **가사**: 게리 패럿(2001)   • **곡조**: 온 세상 만백성아[3]

온갖 좋은 은사와 선물이 다 위로부터
빛들의 아버지께로부터 내려오나니

그분은 우리의 필요를 모두 아시고,
우리가 드리는 모든 기도에 귀를 기울이시도다. (약 1:17)

우리가 죄의 흉포한 사슬에 속박되자
하늘이 당한 지극히 큰 손실로, 우리는 지극히 큰 은혜를 입었네.
그리스도께서 하늘의 보좌를 마다하시고
우리에게 오시어 구원의 사랑을 베푸시었네. (빌 2:6-8)

종이요 왕이신 주님께
우리는 즐거이 예배를 드리리.
거룩한 산 제물을 드리리.
큰 은혜를 받았으니 우리도 값없이 드리리. (마 10:8; 롬 12:1)

성부와 성자와 성령, 성삼위 하나님께
모든 영광과 권능과 찬양을
세세토록 드리나이다. 아멘. (계 5:13)

하나님의 사랑은 참으로 놀라워라! (롬 8:28-30; 딛 2:11-14; 요일 3:1-3)
• **가사**: 게리 패럿(2001)   • **곡조**: 다월[4]

그 놀라우신 사랑을
우리에게 아낌없이 부어주시어
우리는 그리스도 예수 안에서
한 가족이 되었네.
우리는 구원받았네.
십자가에 못 박히신 그리스도께서 우리를 구원하셨네.
하나님이여, 찬양을 받으소서!
예수님이 다시 오시면
우리는 얼마나 영광스럽게 될까?

참으로 놀라운 은혜로구나, 우리의 눈으로
구세주 얼굴을 보게 될 테니.
우리는 구원받아
흠 없고 영광스런 신부가 될 것이네.
오, 하나님이여. 찬양을 받으소서!

오늘, 거룩한 성령께서
우리의 갈급한 영혼을 채우시네.
우리를 위해 중보 기도를 드리시고,
우리를 하나님의 길로 인도하시네.
우리는 지금 구원받네.
성령의 거룩하게 하시는 능력이 우리에게 임했네.
하나님이여, 찬양을 받으소서!

하나님의 은혜가 나타났네.
위로부터의 구원이 찾아왔네.
우리는 이 믿음과 소망 안에 굳게 서서
사랑으로 활활 불타오르네.
구원을 베푸시는 하나님,
성부와 성자와 성령, 성삼위시여,
찬양을 받으소서!

길, 생명, 진리

- **가사:** 게리 패럿(1999) • **곡조:** 천하 만물 우러러[5]

예수 그리스도 안에서 길이 발견되었네!
그분의 빛이 단단한 땅을 밝히네.
오, 놀라운 지혜여! 할렐루야!
하나님과 이웃을 사랑하며

우리는 예수님이 걸어가신 길을 걸어가네.
주님을 찬양하고 경배하세.
힘을 다해 그분 앞에 절하세.
할렐루야! (시 1편, 32:8, 119:32; 사 30:21; 막 12:28-34)

예수 그리스도 안에서 진리가 환히 드러났네!
그분 안에서 보이지 않는 것들이 나타났네.
오, 위대한 신비여! 할렐루야!
거룩한 두루마리의 인봉이 풀렸네.
하나님의 깊은 뜻이 밝히 드러났네.
주님을 찬양하고 경배하세.
마음을 다해 주님 앞에 절하세.
할렐루야! (요 1:1, 14, 18; 골 2:3)

예수 그리스도 안에서 생명이 우리의 것이 되었네!
우리를 옥죄는 죽음의 권세가 힘을 잃었네.
오, 생명의 샘이여! 할렐루야!
우리 안에서 성령의 생명수가 솟아오르네.
왕이신 주님께 "아바"라고 외치네.
주님을 찬양하고 경배하세.
영혼을 다해 주님 앞에 절하세.
할렐루야! (요 7:37-39; 갈 4:6; 요일 5:11-13)

예수님은 생명이요 진리요 길이시네.
그분 안에서 휘장이 찢어졌네.
오, 넘치는 충만이여! 할렐루야!
모든 신성이 주님 안에 거하고,
주님은 우리의 영혼 안에 거하시네.
주님을 찬양하고 경배하세.
마음을 다해 주님 앞에 절하세.

할렐루야! (고후 3:16; 골 2:9-10; 히 1:1-3)

하나님 외에는 선한 이가 없도다

- **가사**: 게리 패럿(2008)   • **곡조**: 내 주는 강한 성이요[6]

오직 하나님 외에는 선한 이가 없도다.
우리 가운데 의인은 하나도 없도다.
우리는 하나님의 길을 저버리고 우리의 길을 고집했기에
무익한 존재가 되고 말았네.
그러면 희망은 어디에 있을까?
그리스도 예수께 있다네. 오직 그분만이
사람들과 하나님을 사랑하시며 생명의 길을 걸으셨네.
오직 그분만이 유익한 삶을 사셨네.

(사 53:6; 막 10:18; 롬 3:9-23; 요일 2:1; 계 5장)

조상들이 증언하는 대로 오직 성경만이 이런 진리를 가르치네.
성경은 생명과 빛의 좋은 소식을 어둠 속에서 방황하는 이들에게 전해 주네.
이 거룩한 말씀은 그리스도 안에서 하나님의 은혜가 나타났다는
참으로 놀라운 진리를 가르치네.
그가 채찍에 맞으심으로 우리가 나음을 얻네.
우리는 복음 안에서 영광을 누리네.

(사 9:2, 53:5; 눅 24:25-27; 딤전 1:11; 딤후 3:15-17; 딛 2:11; 벧후 1:19-21)

값없고 온전한 구원을 얻기 위해
우리는 오직 그리스도만을 의지하네.
주님은 모든 족속과 민족 가운데서 우리를 자신의 피로 속량하셨네.
주님은 우리를 위해 살다가 죽으셨네.
지금은 하나님의 오른편에서 우리의 필요를 다 아시고,
우리의 대제사장으로서 우리를 위해 중보 기도를 드리시네.

주님은 항상 살아 계시어 우리를 거룩하게 하시네.

(행 4:12; 롬 8:28-39; 딤전 5-6장; 히 2:11, 7:25, 9-10장; 벧전 1:19; 계 5:9)

우리는 오직 믿음으로
그리스도, 곧 우리의 부활하신 구세주 안에 거하네.
그분은 의로운 계명을 모두 성취하시고,
우리를 영원히 의롭게 만드셨네.
그분 안에서 우리는 영원히 그치지 않는 평화와 생명을 누리네.
우리의 공로가 아니라 오직 은혜로 우리는 하나님의 백성이 되었네.

(롬 3:28, 5:1-2, 15-19; 엡 1:4-5, 2:5-10; 벧전 2:9-10)

인간의 힘이나 능력이 아니라 오직 하나님의 성령으로
우리는 장차 기업으로 받을 모든 것을 어렴풋이 보기 시작하네.
주님이 주시는 새 생명이 우리의 강퍅한 마음을 변화시키네.
믿음으로 경주를 시작했으니 줄곧 믿음으로 달려야 하네.
그리스도께서 우리를 해방하셨네!

(슥 4:6; 롬 8:2, 11; 고후 3:17-18; 갈 3:2-3, 5:1, 7, 16-18, 25; 엡 1:13-14)

우리에게 자유를 주시는 하나님의 위대한 말씀,
그 말씀이 모든 권세를 다스리네.
선지자와 사도들이 증언하는 대로,
말씀이 예수 안에서 우리를 위해 육신이 되셨네.
우리는 다른 말씀을 전하지도, 인간의 영광을 구하지도 않으리.
세상의 계획은 모두 실패할 테지만, 하나님의 나라는 승리할 것이네.
오직 하나님께 영광을 돌리세.

(시 145:13; 사 42:8; 요 1:1, 14; 롬 11:36; 히 1:1-2, 2:1-4; 벧전 1:23-25; 계 4:11, 11:15)

주

머리글 1) 강연회 발표 자료는 다음과 같은 제목으로 출판되었다. J. I. *Packer and the Evangelical Future: The Impact of His Life and Thought*, ed. Timothy George (Grand Rapids: Baker Academic, 2009).
2) 찬송가 제목은 '증인의 사명'이다.
3) 5장과 6장 주의 일부를 작성하는 데 도움을 준 스티브에게 감사한다.

1장 1) 게리의 누이가 경험한 의식은 '성인 입교 교육'이라 부른다. 이는 가톨릭 신자가 된 성인들에게 교리를 가르치려는 노력의 일환으로 1972년에 공식적으로 시작되었다. 모두 네 단계로 구성된 이 의식의 첫째 단계는 '구도 기간'이라 일컬으며, 경우에 따라 몇 달 또는 몇 해 동안 지속된다(이 과정은 2-5세기 사이에 널리 행해진 교리 학교의 관습을 많이 따랐다). 둘째 단계는 '교리 학습자의 단계'로 이미 그리스도에 대한 믿음을 고백했지만 아직 세례를 받지 않은 사람들을 대상으로 한다. 이 기간에는 좀 더 공식적인 교육이 이루어지며, 기간은 대략 12개월 정도다. 교육 형태는 교구마다 다소 차이가 있다.
2) 이 프로그램은 고대의 교리 사역을 회복하는 데 초점을 맞춘다. 예를 들어, 아우구스티누스는 구도자들을 위한 교리 교육의 내용을 제시했다. 다음 자료를 참조하라. Augustine, *First Catechetical Instruction*, trans. Joseph P. Christopher, Ancient Christian Writers (Mahwah, NJ: Paulist, 1978).
3) 잘 알다시피 이 문제는 매우 복잡하다. 3장에서 이 문제를 좀 더 다룰 생각이다.
4) 신앙의 기본 훈련에 활용된 요리 문답은 전통적으로 사도신경, 주기도, 성례, 십계명으로 구성되었다. 종교개혁 이후에 개신교와 가톨릭 진영에서 발행된 요리 문답도 대부분 이러한 형식을 따른다.
5) 다음 자료에 인용된 말이다. William P. Haugaard, "The Continental Reformation of the Sixteenth Century," John H. Westerhoff III and O. C. Edwards, eds., *A Faithful Church: Issues in the History of Catechesis* (Eugene, OR: Wipf and Stock, 2003).
6) 이러한 생각은 리처드 백스터의 고전 『참 목자상』에 명시되었다. 백스터는 자신의 책에서 동료 목회자들에게 교리 교육의 책임을 충실히 감당하라고 조언했다. 이 책과 청교도적 상황 속에서 이루어진 백스터의 교리 교육에 관해 더 자세히 알고 싶거든 다음 자료를 참조하라. J. William Black, *Reformation Pastors: Richard*

Baxter and the Ideal of the Reformed Pastor (Carlisle, UK: Paternoster, 2004); Ian Green, *The Christian's ABC: Catechisms and Catechizing in England, c. 1530-1740* (Oxford: Clarendon Press, 1996).

7) 요리 문답에서 성경 이야기로 옮겨간 이유 가운데 하나는 사람들이 교리 논쟁을 피하려는 생각에서 가급적 요리 문답을 사용하지 않으려고 했기 때문이다. 물론 요리 문답의 쇠퇴를 부추긴 중요한 역사적 이유는 그 밖에도 많다. 3장을 참조하라.

8) 다행히도 복음주의 개신교, 특히 복음주의 성공회, 루터교, 장로교 및 다른 개혁주의 교회들 안에서 다양한 예외가 발견된다.

9) C. S. Lewis, *God in the Dock* (Grand Rapids: Eerdmans, 1970), 201-02.

10) Gerhard Kittel, ed., *"Katēcheō," Theological Dictionary of the New Testament*, trans. Geoffrey Bromiley (Grand Rapids: Eerdmans, 1965), 3:638.

11) Zacharias Ursinus, *The Commentary of Zacharias Ursinus on the Heidelberg Catechism*, trans. G. W. Williard (Phillipsburg, NJ: P&R, 1985), 11.

12) John H. Westerhoff III, "The Present Situation," Westerhoff and Edwards, *A Faithful Church*, 1.

13) John A. Berntsen, "Christian Affections and the Catechumenate," Jeff Astley, Leslie J. Francis, and Colin Crowder, eds., *Theological Perspectives on Christian Formation: A Reader on Theology and Christian Education* (Grand Rapids: Eerdmans, 1996), 229.

14) Debra Dean Murphy, *Teaching That Transforms: Worship as the Heart of Christian Education* (Grand Rapids: Brazos, 2004), 112.

15) *National Directory for Catechesis* (Washington, DC: USCCB, 2005), 6.

16) Pope John Paul II, *On Catechesis in Our Time (Catechesis Tradendae)* (Washington, DC: USCCB, 1979), nos. 1, 2.

2장

1) 히브리어 '토라'는 율법을, '데렉'은 길을 각각 의미한다. 예수 그리스도 외에는 잠시도 쉬지 않고 율법을 묵상하거나 율법을 온전히 지킨 사람이 아무도 없다. '토라'는 생명이 있는 곳을 가리킬 뿐 실제로 생명을 부여할 능력은 없다. 따라서 '토라'는 결국 우리를 그리스도께 인도한다(갈 3:21-25 참조).

2) 다음 자료를 참조하라. Marvin R. Wilson, *Our Father Abraham: Jewish Roots of the Christian Faith* (Grand Rapids: Eerdmans, 1989), 216, 296.

3) 여기에 언급한 내용은 다음 자료에서 논의된 주장을 약간 다르게 고친 것이다. Walter Brueggemann, *The Creative Word: Canon as a Model for Biblical Education* (Philadelphia: Fortress, 1982). 6장을 참조하라.

4) Abraham Joshua Heschel, *God in Search of Man: A Philosophy of Judaism* (New York: Farrar, Straus, and Giroux, 1976), 31.

5) *The Apostolic Fathers*, ed. and trans. Michael W. Holmes, 3rd ed. (Grand Rapids: Baker Academic, 2007), 161.

6) 바울이 디모데에게 당부한 말도 이와 비슷한 확신을 보여 준다. 그는 "너는 그리스도 예수 안에 있는 믿음과 사랑으로써 내게 들은 바 바른 말을 본받아 지키고 우리 안에 거하시는 성령으로 말미암아 네게 부탁한 아름다운 것을 지키라"(딤후 1:13-14)고 말했다. 아울러 "경건의 비밀"(딤전 3:16)과 "미쁜 말씀"(딤후 2:11-13 참조)은 교리 교육에 활용된 초기의 찬송가이거나 신앙고백을 가리킬 수도 있다. 이와 비슷한 기능을 했을 성경 본문에는 빌립보서 2장 6-11절과 골로새서 1장 15-20절이 포함된다.

7) 다음 자료를 참조하라. O. C. Edwards, "The New Testament Church," Westerhoff and Edwards, *A Faithful Church*, 33.

8) R. V. G. Tasker, *The Gospel according to St. Matthew*, Tyndale New Testament Commentaries (Grand Rapids: Eerdmans, 1971), 19.

9) Ibid.

3장 1) 다음 자료를 참조하라. Westerhoff and Edwards, *A Faithful Church*, 127.
2) 바나 리서치 그룹은 이런 안타까운 추세에 관한 조사 자료를 끊임없이 제시하고 있다. 그들의 웹사이트는 다음과 같다. http//www.barna.org.
3) 이 제목은 2009년 3월 10일에 마이클 스펜서가 CSMonitor.com에 게재한 논문 제목이다. 그 즈음에 복음주의 신자들의 숫자와 영향력이 쇠퇴하고 있는 현상을 다룬 논문과 특집 기사가 대중매체를 통해 미국 전역에 전파되었다. 스펜서의 논문은 데이비드 웰스가 20세기 말부터 21세기 초에 걸쳐 복음주의 개신교의 정체성 상실을 개탄하며 저술했던 책들을 생각나게 한다. 웰스는 미국의 복음주의 개신교 신자들이 현대주의, 세속주의, 실용주의, 다원주의, 개인주의, 포스트모더니즘과 같은 강력한 문화 세력에 맥없이 굴복하고 있다고 지적했다. 그의 책을 몇 권 소개하면 다음과 같다. *No Place for Truth: Or, Whatever Happened to Evangelical Theology?* (Grand Rapids: Eerdmans, 1993); *God in the Wasteland: The Reality of Truth in a World of Fading Dreams* (Grand Rapids: Eerdmans, 1994); *Losing Our Virtue: Why the Church Must Recover Its Moral Vision* (Grand Rapids: Eerdmans, 1999); *Above All Earthly Pow'rs: Christ in a Postmodern World* (Grand Rapids: Eerdmans, 2005); *The Courage to Be Protestant: Truth-Lovers, Marketers, and Emergents in the Postmodern World* (Grand Rapids: Eerdmans, 2008).
4) Westerhoff and Edwards, *A Faithful Church*; Green, *The Christian's ABC*; William J. Harmless, *Augustine and the Catechumenate* (Collegeville, MN: Liturgical Press, 1995).
5) 2장에서 살펴본 대로 신약성경 시대에 몇몇 교회 안에서는 이미 일종의 교리 학교를 운영하고 있었다.
6) 아우구스티누스는 교리 교사는 구도자에게 성경의 위대한 이야기, 곧 하나님의 웅장한 인류 구원의 역사를 가르쳐야 한다고 주장했다.
7) 우리는 사도신경이 약 7세기경에 현재의 형태로 완성되었다고 알고 있다. 하지만 그보다 몇 세기 이전에 지금과 같은 형태를 거의 갖추었을 가능성을 배제할 수 없다. 예루살렘 신조와 옛 로마 신조(둘 다 4세기경에 등장했다)는 사도신경보다 앞서 사용되었던 신앙고백이다.
8) Augustine, *Confessions*, trans. R. S. Pine-Coffin (New York: Penguin, 1961), 164.
9) 다음 자료에서 인용했다. Harmless, *Augustine and the Catechumenate*, 69.
10) Ibid.
11) Ibid., 313.
12) 존 번연의 『천로역정』은 신앙 여정의 개념을 강력하게 전달한다. 이 책은 청교도 교리 사역의 놀라운 지혜를 드러내는 고전이다.
13) 존 메옌돌프의 말이다. 다음 책에서 인용했다. Constance J. Tarasar, "The Orthodox Experience," Westerhoff and Edwards, *A Faithful Church*, 242.
14) Ibid.
15) David C. Steinmetz, "Luther and Formation in Faith," John Van Engen, ed., *Educating People of Faith: Exploring the History of Jewish and Christian Communities* (Grand Rapids: Eerdmans, 2004), 256.
16) William P. Haugaard, "The Continental Reformation of the Sixteenth Century," Westerhoff and Edwards, *A Faithful Church*, 109.
17) Steinmetz, "Luther and Formation in Faith," 263. 루터의 교리 사역을 통찰력 있게 분석한 내용을 원하거든 다음 자료를 참조하라. Timothy J. Wengert, *Martin Luther's Catechisms: Forming the Faith* (Minneapolis: Fortress, 2009).
18) Theodore Tappert, ed., *The Book of Concord* (Minneapolis: Augsburg Fortress, 1989), 357.
19) Ibid., 338.
20) T. F. Torrance, *The School of Faith: The Catechisms of the Reformed Church* (Eugene, OR: Wipf and Stock, 1959), xi.
21) Ibid., viii.
22) 다음 자료에서 인용했다. Haugaard, "The Continental Reformation of the Sixteenth Century," Westerhoff

and Edwards, *A Faithful Church*, 119.
23) Tappert, *The Book of Concord*, 356.
24) Josef Andreas Jungmann, *The Good News Yesterday and Today*, ed. and trans. William A. Huesman (New York: W. H. Sadlier, 1962), 102.
25) *Didache* 1:1.
26) Tappert, *The Book of Concord*, 363.
27) 이 세 가지 요소가 건강한 영성에 얼마나 큰 영향을 미치는지를 더 자세히 알고 싶거든 다음 자료를 참조하라. Packer, *Rediscovering Holiness: Know the Fullness of Life with God* (Ventura, CA: Regal, 2009), 155.
28) *Our Hearts Were Burning Within Us* (Washington, DC: USCCB, 1999), 34. 인용문은 다음 자료에서 발췌했다. *General Directory for Catechesis* (Washington, DC: USCCB, 1997).
29) I. John Hesselink, *Calvin's First Catechism: A Commentary* (Louisville: Westminster John Knox, 1997), 40.
30) 사람들이 루터가 생각했던 '율법의 첫째 용도', 즉 복음적인 용도를 나중에는 '율법의 둘째 용도'라고 일컬었다. 루터가 말한 교리 교육에 관한 '율법의 첫째 용도'에 관해 더 알고 싶거든 다음 자료를 참조하라. Wengert, *Martin Luther's Catechisms*, 4-9. 대다수 개신교 신자들은 '율법의 첫째 용도'를 국가를 통치하는 용도(즉, 안전하고 선한 사회를 만들기 위해 하나님의 계명을 적용하는 것)로 생각한다.
31) 『하이델베르크 요리 문답』을 저술한 우르시누스는 요리 문답 해설의 서론에서 율법의 이중 용도를 언급했다.
32) *Reliquiae Baxterianae* [백스터의 자서전] (1696), II. xli. 180. 백스터는 『참 목자상』의 헌사에서 이렇게 말했다. "나는 경험을 통해 이것이 반드시 개혁해야 할 사역이라는 점을 발견했다. 이 사역은 널리 만연된 무지를 쫓아내고……공중 설교의 성공을 촉진하며, 하나님의 은혜로 속된 것을 거룩하게 만드는 데 기여한다. 나는 우리가 어둠의 왕국을 무너뜨릴 가장 올바른 방법을 지금까지 도외시했다는 사실을 깨달았다." 이 글은 다음 자료에서 인용한 것이다. William Black, *Reformation Pastors*, 190.
33) J. C. Ryle, *Light from Old Times* (Hertfordshire, UK: Evangelical Press, 1980), 328.
34) Ibid.
35) Ibid.
36) Ibid.
37) Ibid., 328-29.
38) Ibid., 329.
39) Ibid.
40) J. I. Packer, "Introduction," Baxter, *The Reformed Pastor*, 12.
41) Ibid., 12-13.
42) Ibid., 13.
43) Ibid., 12.
44) Ibid.
45) 매사추세츠 선교사 존 엘리엇에게 보낸 편지에서 인용했다. 다음 자료를 참조하라. N. H. Keeble and G. F. Nuttell, *Calendar of the Correspondence of Richard Baxter* (Oxford: Clarendon Press, 1992), 2:70, no. 768.
46) 백스터의 교리 사역 방식을 회복하려고 했던 최초의 노력에 관해 자세히 알고 싶거든 다음 자료를 참조하라. Wallace Benn, *The Baxter Model: Guidelines for Pastoring Today* (Lowestoft, UK: Fellowship of Word and Spirit, 1993).
47) *The Heidelberg Catechism: A New Translation for the 21st Century*, trans. Lee C. Barrett III (Cleveland, OH: The Pilgrim Press, 2007), 8.
48) Torrance, *The School of Faith*, xvii.
49) 한 대형 교회가 스스로 잘못을 인정한 사례를 살펴보려면 다음 자료를 참조하라. Greg L. Hawkins and Cally Parkinson, *Reveal: Where Are You?* (Barrington, IL: Willow Creek Resources, 2007).
50) David B. Barrett, Todd M. Johnson, and Peter F. Crossing, "Missiometrics 2008: Reality Checks for

Christian World Communions," International Bulletin of Missionary Research 32.1 (January 2008): 30. http//www.gordonconwell.edu/ockenga/globalchristianity/resources.php. 이 정보를 우리에게 알려준 게리의 동료 토드에게 감사한다.

51) 5, 6번 항목의 내용을 구성하도록 도와준 게리의 연구 보조원 장 데이비드 킴에게 감사한다.

4장

1) Martin Luther, "Letter to George Spenlein, April 8, 1516," *Luther's Works*, ed. Jaroslav Pelikan and H. T. Lehmann (St. Louis: Concordia: Philadelphia: Fortress, 1966-1986), 48:12.
2) 우리는 여기에서 '요리 문답'이라는 용어를 사용할 때, 인쇄된 요리 문답 책자를 가리키는 의미가 아니라 교회에서 가르쳐야 할 성경의 교리를 모두 포괄하는 의미로 사용한다.
3) 여기에서 보수주의자와 진보주의자라는 용어는 지시적 의미가 아니라 암시적 의미로 사용되었다. 다시 말해, 이들 용어는 특정한 사상 노선을 지지하는 사람이 아니라 일반적 경향을 가리킨다.
4) 이들 다섯 가지 원천을 명확하고 권위 있는 교리 교육의 원천으로 받아들여서는 곤란하다. 우리는 권위 있는 원천은 오직 성경뿐이라고 확신한다. 아울러 요리 문답의 네 가지 요소는 하나님의 영감으로 권위 있게 기록된 성경의 가르침을 대변한다. 이런 점에서 우리의 접근 방식은 성경, 거룩한 전통, 교도권(教導權)을 교리 교육의 세 가지 원천으로 삼는 로마 가톨릭과는 사뭇 다르다. 세 가지 원천 가운데 처음 두 가지, 즉 성경과 전통은 가톨릭 문서에서 하나로 묶여 종종 '하나님의 말씀' 그 자체로 인정된다(*General Directory for Catechesis*, 90). 물론 둘의 관계에서 성경이 우위를 차지하지만, 전통 역시 "주 예수 그리스도와 성령께서 사도들에게 부탁하신 하나님의 말씀을 전달하는" 역할을 하는 것으로 인정된다(*Catechism of the Catholic Church*, [Washington DC: USCCB, 1995], 31). 아울러 교도권은 이 말씀을 충실히 보존하고, 해석하고, 제시하는 교회의 권위와 의무를 가리킨다(*Catechism of the Catholic Church*, 91).
5) J. I. Packer, "Saved by His Precious Blood," *A Quest for Godliness: The Puritan Vision of the Christian Life* (Wheaton, IL: Crossway, 1994), 125-48. 인용문은 이 책 130페이지에 있다.
6) 이 네 가지 요소에 관해서는 다음에 이어지는 내용에서 자세히 설명할 예정이다. 이 자료의 출처는 다음과 같다. Gary A. Parrett and S. Steve Kang, *Teaching the Faith, Forming the Faithful: A Biblical Vision for Education in the Church* (Downers Grove, IL: IVP Academic, 2009).
7) *National Directory for Catechesis*, 83.
8) Ibid.
9) James B. Torrance, *Worship, Community, and the Triune God of Grace* (Downers Grove, IL: InterVarsity, 1997), 30.
10) 이 이야기를 전해 준 사람은 4세기 말경에 활동했던 순례자 에게리아다. 그는 스페인(또는 갈리아 남부)에서부터 성지 순례의 길을 가는 동안 이러한 관습을 목격하고 관찰했다. 다음 자료를 참조하라. Harmless, *Augustine and the Catechumenate*, 62-65.
11) James Choung, *True Story: A Christianity Worth Believing In* (Downers Grove, IL: InterVarsity, 2008).
12) 이런 식의 표현 방식이 발견되는 성경 구절을 몇 군데 소개하면 다음과 같다. 욥 5:19; 잠 6:16, 30:15, 18, 21, 29.
13) 『공동 기도서』에 포함되어 있는 1549년과 1662년 요리 문답에 적용되었다. 1662년 요리 문답을 1962년에 개정한 캐나다판 요리 문답은 교회와 교회의 사역 및 성인 신자의 삶의 법칙을 아울러 포함한다.
14) 이 순서는 1995년 가톨릭교회의 요리 문답에 적용되었다. 이 요리 문답은 진리의 '네 기둥'을 다른 여러 가지 가르침을 다루고 있는 네 개의 항목에 포함시켰다. 이들 항목에는 각각 '믿음의 고백', '기독교 신비의 기념', '그리스도 안에서의 삶', '그리스도인의 기도'라는 제목이 붙었다.
15) Jungmann, *The Good News Yesterday and Today*, 103.
16) 아우구스티누스는 자신의 『교본』에서 십계명 전체를 설명하지 않았다. 하지만 대신 유대교와 기독교가 십계명의 요약으로 간주하는 사랑의 이중 계명을 다루었다.

17) J. I. Packer, *Growing in Christ* (Wheaton, IL: Crossway, 1994).
18) "Anglican Catechism in Outline (ACIO): The Interim Report of the Global South Anglican Theological Formation and Education Task Force," January 6, 2008, http//www.globalsouth anglican.org/sse/aciointerimreport_1.pdf.
19) 대부분의 영어 성경은 이 구절의 의미를 온전히 전달하고 있지 않지만 초대 교회 신자들의 세 번째 활동을 문자 그대로 옮기면 '떡을 떼는 것'이었다. 많은 학자가 여기에서 말하는 '떡'이 사도행전 2장 46절에서 말하는 '집에서 떡을 떼는 것'과 같은 일상 활동이 아니라 성만찬을 기념하는 것을 가리킨다고 믿는다. 아울러 네 번째 활동인 '기도'도 단수 형태가 아니라 복수 형태인 '기도들'로 번역된다. 따라서 이 네 번째 활동 역시 일반적인 의미에서의 기도가 아니라 성례나 예전에 사용된 기도를 가리킬 가능성이 매우 높다.
20) 대요리 문답 서문에서 인용했다. 출처는 다음과 같다. Tappert, *The Book of Concord*, 363.
21) Jungmann, *The Good News Yesterday and Today*, 103.
22) Packer, *Growing in Christ*, xi.
23) 다음 자료에서도 이와 똑같은 표현이 사용되었다. Parrett and Kang, *Teaching the Faith, Forming the Faithful*, 118-19.
24) 이 가운데 마지막 대조 표현은 다음 자료에 근거한다. E. Stanley Jones, The Way: 364 Adventures in Daily Living (Nashville: Abingdon, 1946). 아울러 '길이 아닌 것'이라는 표현은 다음 자료의 제목이자 논제이기도 하다. Cornelius Plantinga Jr., *Not the Way It's Supposed to Be: A Breviary of Sin* (Grand Rapids: Eerdmans, 1995).
25) 예를 들어, 그는 이렇게 말했다. "따라서……그리스도, 특별히 십자가에 못 박히신 그리스도를 배우라. 그분께 찬양을 드리고, 절망 가운데서도 '주님, 주님은 저의 의이십니다'라고 말하는 법을 배워라." Martin Luther, "Letter to George Spenlein: 'Learn Christ……The Crucified,'" *Luther's Spirituality*, ed. and trans. Philip W. Key and Peter D. S. Krey, CWS (New York: Paulist, 2007), 4. 게리에게 루터가 이런 사상을 가지고 있었다는 정보를 알려준 사람은 고든 아이작이다. 그에게 감사한다.

5장 1) Robert W. Mounce, "Kērygma," *The International Standard Bible Encyclopedia* (Grand Rapids: Eerdmans, 1982), 6:84.
2) 하지만 '케리그마'와 '디다케'의 개념을 지나치게 구분하는 시도는 신약성경의 지지를 받지 못한다. 왜냐하면 이 두 용어가 서로 번갈아 사용되는 듯이 보이는 경우들이 있기 때문이다.
3) 다음의 자료도 복음의 의미를 이런 식으로 요약한다. Parrett and Kang, *Teaching the Faith, Forming the Faithful*, 102-3.
4) 신약성경의 저자들은 구약성경의 다른 예언보다 이사야 53장을 더 많이 인용하거나 암시한다. 몇 군데 예를 들면 다음과 같다. 행 8:31-35; 요 12:38; 롬 10:16; 벧전 2:24-25.
5) Parrett and Kang, *Teaching the Faith, Forming the Faithful*, 103.
6) J. I. Packer and Mark Dever, *In My Place Condemned He Stood: Celebrating the Glory of Atonement* (Wheaton, IL: Crossway, 2008), 25.
7) Parrett and Kang, *Teaching the Faith, Forming the Faithful*, chap. 4.
8) Eddie Gibbs and Ryan K. Bolger, *Emerging Churches* (Grand Rapids: Baker Academic, 2005). 이 자료는 이 운동에 참여한 지도자들의 생각을 일목요연하게 정리하고 있다. 하지만 '이머징 교회'에 대해 지나치게 일반적인 평가는 자제하는 편이 좋다. 왜냐하면 이 운동은 아직도 매우 활발하게 진행되고 있을 뿐 아니라 개개의 지도자들이 운동에 참가했다가 탈퇴하는 일이 거듭 반복되고 있기 때문이다. '이머징'이라는 명칭을 받아들이는 자들과 거부하는 자들을 구별하기가 쉽지 않다. '이머징'이라는 이름 아래 행해지는 활동 가운데는 다소 위험한 것들도 있지만 때로는 칭찬할 만한 일도 없지 않다. 이는 '복음주의'라는 명칭을 어떤 의미로 사용하는지를 더러 명확히 구별할 수 없는 상황과 비슷하다.
9) 다음 자료에 익명으로 인용된 말이다. Gibbs and Bolger, *Emerging Churches*, 54.

10) Packer and Dever, *In My Place Condemned He Stood*, 18.
11) Charles Spurgeon, *The Treasury of David* (Grand Rapids: Kregel, 2004), 453. 여기에서 '던컨'은 에든버러 프리처치 칼리지에서 한동안 교수로 활동했던 존 랍비 던컨을 가리킨다.
12) Packer and Dever, *In My Place Condemned He Stood*, 21.
13) 이번에는 이른바 '명제적' 복음주의자들과 사회 활동에 치중하는 포스트모던 시대의 후기 복음주의자들이 대결을 벌이는 양상을 띨 것으로 추정된다.
14) D. A. Carson, *Becoming Conversant with the Emerging Church: Understanding a Movement and Its Implications* (Grand Rapids: Zondervan, 2005); Doug Pagitt and Tony Jones, eds., *An Emergent Manifesto of Hope* (Grand Rapids: Baker, 2007).
15) 이 운동을 '새로운 관점'으로 일컫는 것은 온당하지 못할 수도 있다. 왜냐하면 '새로운 관점'에 관심을 보이는 학자들 사이에 다양성이 크기 때문이다. 따라서 여기에서 간단히 제시한 내용만으로는 충분한 논의가 이뤄질 수 없다. 이 문제를 다양한 각도에서 바라본 책들이 많다. 각자 그런 책들 가운데 몇 권을 골라 읽어 보는 것이 좋을 듯하다. 다양한 관점에 근거한 논의를 개괄적으로 살펴보려면 다음 자료를 참조하라. Guy Prentiss Waters, *Justification and the New Perspectives on Paul: A Review and Response* (Phillipsburg, NJ: P&R, 2004); Stephen Westerholm, *Perspectives Old and New on Paul: The "Lutheran" Paul and His Critics* (Grand Rapids: Eerdmans, 2003); N. T. Wright, *Paul: In Fresh Perspective* (Minneapolis: Fortress, 2006).
16) 다음 책의 제목이다. N. T. Wright, *What Saint Paul Really Said: Was Paul of Tarsus the Real Founder of Christianity?* (Grand Rapids: Eerdmans, 1997).
17) 이들은 각각 다음을 의미한다. '오직 성경으로', '오직 그리스도로', '오직 은혜로', '오직 믿음으로', '오직 하나님의 영광을 위해.'
18) John Murray, *Redemption Accomplished and Applied* (Grand Rapids: Eerdmans, 1984).
19) D. A. Carson, Peter O'Brien, and Mark Seifrid, eds., *The Complexities of Second Temple Judaism*, vol. 1, *Justification and Variegated Nomism* (Grand Rapids: Baker Academic, 2001); *The Paradoxes of Paul*, vol. 2, *Justification and Variegated Nomism* (Grand Rapids: Baker Academic, 2004).
20) E. P. Sanders, *Paul, the Law, and the Jewish People* (Minneapolis: Augsburg Fortress, 1985).
21) Steve Jeffery, Michael Ovey, and Andrew Sach, *Pierced for Our Transgressions: Rediscovering the Glory of Penal Substitution* (Wheaton, IL: Crossway, 2007).
22) Packer and Dever, *In My Place Condemned He Stood*, 35.
23) C. J. Mahaney in ibid., 16.
24) Ibid., 138.
25) 켈러는 세 부분으로 구성된 요리 문답을 개발했다. 그의 요리 문답은 30주에 걸쳐 진행되는 내용으로, 하나님의 백성이 복음 안에 뿌리를 내리고 그 안에서 성장하게 하는 데 초점을 맞춘다. Tim Keller, *Gospel Christianity* (New York: Redeemer Presbyterian Church, 2003). 이 교육 과정의 견본과 개요를 원한다면 켈러의 교회 웹사이트를 참조하라. http://www.redeemer2.com/websamples/GC1Sample.pdf.
26) 복음을 다림줄의 개념으로 파악하는 것은 다음 장에서 자세히 다룰 예정이다.
27) 마틴 로이드 존스는 우리 자신에게 복음을 전하라고 권고했다. D. Martyn Lloyd-Jones, *Spiritual Depression* (Grand Rapids: Eerdmans, 1965), 21. 존 파이퍼도 이 문제를 이렇게 언급했다. "복음을 우리 자신에게 전하는 순간 우리는 삶의 모든 영역에서 참으로 거대한 도전을 느끼지 않을 수 없다." John Piper, *When I Don't Desire God* (Wheaton, IL: Crossway, 2004), 82.
28) "The Gospel Way," Arthur Bennett, ed., *The Valley of Vision: A Collection of Puritan Prayers and Devotion* (Carlisle, PA: Banner of Truth, 1975).
29) 1221년에 작성된 프란체스코 규칙 제17장. 다음 웹사이트를 참조하라. http://www.amerieancatholic.org/e-News/FriarJack/fj092302.asp#F2.
30) 율법폐기주의는 '그리스도인의 삶에 하나님의 율법이 필요하지 않다는 견해'로 정의할 수 있다. Donald

K. McKim, *Westminster Dictionary of Theological Terms* (Louisville: Westminster John Knox, 1996), 13.
31) 물론 소수의 복음주의자들은 빌리 그레이엄의 초교파적 접근 방식에 크게 호응하지 않았다.
32) 아우구스투스 몽테규 토플레디의 '만세 반석 열리니'.
33) 이방인에 대한 사랑을 뜻하는 'Xenophilia'라는 단어를 설명하고 있는 영어 사전은 비교적 드물다. 다음 자료는 이 단어를 이렇게 정의했다. "이 말은 낯선 것, 특히 외국인의 이색적인 습관이나 태도를 선호하는 성향을 가리킨다." *The American Heritage Dictionary of the English Language*, 3rd ed. (New York: Houghton Mifflin, 1992). 따라서 이 말은 '외국인 혐오'를 뜻하는 'xenophobia'와 정반대의 의미를 지닌다. 오늘날 외국인을 무작정 혐오하는 죄를 쉽게 저지르는 교회가 적지 않다. 게리는 이 용어를 1990년대 후반부터 사용하기 시작했다. 두문자 형식에 초점을 맞춘 다음의 책도 이 용어를 사용하고 있다. Leonard Sweet, Brian D. McLaren, and Jerry Haselmayer, *A Is for Abductive: The Language of the Emerging Church* (Grand Rapids: Zondervan, 2003).

6장 1) Thomas à Kempis, *Of the Imitation of Christ*.
2) 다음 자료를 참조하라. Parrett and Kang, *Teaching the Faith, Forming the Faithful*, 110.
3) 프레드릭 레만의 '그 크신 하나님의 사랑.' 이 찬송가 가사는 11세기에 마이르 벤 이삭 네호라이가 아람어로 쓴 시집 『아크다무트』의 서시를 참고한 것이 분명한 듯하다. 아이러니하게도, 이 시의 배경은 유대인들을 적대시하며 공격적인 태도를 취했던 기독교의 십자군 운동이다.
4) ESV는 디도서 2장에 "바른 교리를 가르쳐라"라는 제목을 붙였다. 그보다는 다른 주요 번역 성경의 제목이 좀 더 낫다. 예를 들어, NIV는 "다양한 그룹의 사람들에게 가르쳐야 할 진리"라는 제목을, NASB는 "나이든 신자들과 젊은 신자들의 의무"라는 제목을 각각 선택했다.
5) 여기에 사용된 헬라어를 문자 그대로 옮기면 '옳게 발을 내디딘'을 뜻한다. 이는 복음의 길을 똑바로 걸어간다는 의미를 담고 있다.
6) 다음 장에서 자세히 설명할 예정이다.
7) 다음 자료를 참조하라. Parrett and Kang, *Teaching the Faith, Forming the Faithful*, chap. 10.
8) 6장의 나머지 내용은 다음 자료에 소개된 개념을 좀 더 확대한 것이다. Pattett and Kang, *Teaching the Faith, Forming the Faithful*, chap. 4.
9) 패커는 다른 곳에서 이 세 가지를 '기독교 교육에서 항상 중심을 차지했던 세 가지 공식'이라 일컬었다. *Growing in Christ*, xi.
10) 윌리엄스는 다음 자료에서 이 문제에 대해 도발적이면서도 종종 통찰력이 엿보이는 내용을 제시하고 있다. *Evangelicals and Tradition: The Formative Influence of the Early Church* (Grand Rapids: Baker Academic, 2005).
11) 제프리 웨인라이트는 다음 자료에서 이 문제에 대해 폭넓고 유익한 정보를 제공한다. *Doxology: The Praise of God in Worship, Doctrine, and Life* (New York: Oxford University Press, 1980). 특히 7장과 8장을 참조하라.
12) Heschel, *God in Search of man*, 31. 헤셸은 처음에는 1) 세상과 사물들 안에서 하나님의 임재를 의식하는 길, 2) 성경에서 하나님의 임재를 의식하는 길, 3) 거룩한 행위에서 하나님의 임재를 의식하는 길로 표현했다.
13) '모임의 장소'를 뜻하는 히브리어 '베이트 크네세트'는 회당을 가리킨다. 그 밖에도 회당은 '베이트 미드라시' (연구의 장소)나 '베이트 테필라' (기도의 장소)로 불리기도 한다.
14) Brueggemann, *The Creative Word*.
15) 'cultus'는 종교 의식을 가리킨다. 우리는 '의식'을 언급할 때 이 말보다는 살아 계신 하나님과의 교제를 의미하는 'communion'을 선호한다.
16) Augustine, *Confessions*, 43.
17) Blaise Pascal, *Pensées*, trans. W. F. Trotter (Mineola, NY: Dover, 2003), 65.

18) C. S. Lewis, *Surprised by Joy: The Shape of My Early Life* (New York: Harcourt, 1955), 5.
19) Marva Dawn, *Is It a Lost Cause? Having the Heart of God for the Church's Children* (Grand Rapids: Eerdmans, 1997), 18-19.
20) John Stott, *Between Two Worlds: The Challenge of Preaching Today* (Grand Rapids: Eerdmans, 1994), 151.
21) Gene Edward Veith, *The Spirituality of the Cross: The Way of the First Evangelicals* (St. Louis: Concordia, 1999).
22) 철학의 분류법에는 존재론을 형이상학으로 대체하는 경우도 있다. 이 또한 초월을 갈망하는 인간의 성향을 보여 주는 좋은 증거다.
23) '길'은 히브리어로 '데렉' 이다.
24) 구약성경에서 '길'을 언급하고 있는 구절들을 좀 더 살펴보면 길이 생명(잠 10:17, 12:28 참조) 및 구원(시 50:23 참조)과 밀접하게 관련되어 있는 것을 알 수 있다. 사람들이 길을 거부해 온 탓에(사 59:8 참조) 하나님은 사자들을 보내시어 회개를 촉구하시고 장애물을 없애 길을 준비하게 하셨다(사 40:3, 57:14 참조). 하지만 하나님이 친히 장애물을 없애시고(사 62:10-12 참조) 사람들에게 구원을 베푸셔야만 했다(사 51:5 참조). 그 결과 마침내 구속함을 입은 자들과 속량함을 받은 자들 가운데 거룩한 길(사 35:8 참조)이 생겨났다. 하나님이 친히 강림하시기 전에 길을 준비하는 사역은 예수님 앞에서(막 1:1-11 참조) 그분의 길을 예비했던 세례 요한의 사역(말 3:1 참조)을 통해 가장 분명하게 드러났다.
25) '생명'은 헬라어로 '조에'라고 한다.
26) *ESV Study Bible* (Wheaton, IL: Crossway, 2008), 사도행전 5장 20절 각주 참조.
27) 이 표는 다음 자료를 참고로 했다. Parrett and Kang, *Teaching the Faith, Forming the Faithful*, chap. 4.

7장

1) Ralph Venning, *Learning in Christ's School* (Carlisle, PA: Banner of Truth, 1999), 4. 1675년에 베닝이 쓴 이 책은 요한일서 2장 12-14절에 언급된 '아이들', '아비들', '청년들' 이라는 세 가지 표현을 근거로 영적 성장의 단계를 연구한 내용이다.
2) 이들 이론가와 그들의 사상이 기독교 교육에 미친 영향을 살펴보려면 다음 자료를 참조하라. Parrett and Kang, *Teaching the Faith, Forming the Faithful*, chaps 8 and 9.
3) Charles Spurgeon, *A Puritan Catechism*. 다음 웹사이트를 참조하라. http://www.spurgeon.org/catechis.htm.
4) 게리는 이 표현을 2007년 5월에 고든 콘웰 신학교에서 이루어진 로비 캐슬의 강연에서 들었다. 그녀의 책을 참조하라. *Parenting in the Pew: Guiding Your Children into the Joy of Worship* (Downers Grove, IL: InterVarsity, 2002).
5) Ibid., xxvii-xxviii.
6) Ibid., xxix-xxx. 아이러니하게도 우리 시대에 가장 눈에 띄는 교리 사역 회복을 위한 노력 가운데 하나인 '선한 목자의 교리 교육'은 트랜스가 경고한 '끌어내는'(educare) 비전에 많은 초점을 맞추고 있다. 히브리인 성경학자인 소피아 카발레티가 1950년대 중반에 시작한 이 사역은 현재 30개국이 넘는 나라에 퍼져 있으며, 가톨릭교회와 개신교 교회를 가리지 않고 여러 곳에서 활용되고 있다. 공식 웹사이트에서, 이 사역은 "성경과 교회의 예전과 마리아 몬테소리의 교육 원리에 근거한다"라고 밝힌다(www.cgsusa.org).
7) Venning, *Learning in Christ's School*, 4.
8) 이 흥미로운 구절에 관해 좀 더 알고 싶거든 다음 자료를 참조하라. Howard Marshall, *The Epistles of John*, NICOT (Grand Rapids: Eerdmans, 1978), 134-38.
9) *Rite of Christian Invitation of Adults* (Collegeville, MN: The Liturgical Press, 1988), 16. 가톨릭교회의 중요한 교리 교육 자료 몇 가지를 더 소개하면 다음과 같다. Pope John Paul II, *Catechesis Tradendae*, *The General Directory for Catechesis*, *The National Directory for Catechesis*, *The Catechism of the Catholic Church*.
10) Robert Webber, *Journey to Jesus: The Worship, Evangelism, and Nurture Mission of the Church*

(Nashville: Abingdon, 2002).

11) 이들 네 단계의 명칭은 '나를 따르라', '내 제자가 되라', '성령 안에서 행하라', '자신의 은사를 발견하라'다. *Follow me!, Be My Disciple!, Walk in the Spirit!, and Find Your Gift!* (Wheaton, IL: IWS Resources, 2001).

12) '알파 코스'에 관해 좀 더 알고 싶거든 다음 웹사이트를 활용하라. www.alphana.org/Group/Group.aspx?ID=1000016933. '알파 코스'는 '가치 있는 삶'이라는 공식 양육 프로그램으로 개발되었다. 이 프로그램은 빌립보서를 중심으로 한다. 또 다른 양육 프로그램을 하나 더 소개하면 다음과 같다. Michael Green, *After Alpha: You've been on an Alpha Course-What Now?* (Colorado Springs: David C. Cook, 2004). '기독교 신앙 연구'에 관해 좀 더 알고 싶거든 다음 웹사이트를 활용하라. www.christianityexplored.org. '기독교 신앙 연구'도 빌립보서를 근거로 '제자직 탐구'라는 제목의 양육 프로그램을 아울러 갖추었다.

8장

1) 이 격언을 남긴 사람에 대해서는 여러 가지 추측이 있다. 아우구스티누스의 말이라고 하는 사람들도 있고, 청교도 리처드 백스터의 말이라고 하는 사람들도 있다. 아우구스티누스는 이 격언의 취지에 동의를 표할 것이 분명하고, 백스터는 이 격언을 널리 유행시키는 데 일조했지만, 정작 이 말을 한 장본인은 루페르트 멜데니우스일 가능성이 가장 높다. 루페르트 멜데니우스는 17세기에 아우구스부르크에서 활동했던 루터파 신학자 피터 마이데를린의 가명이다.

2) 패럿과 강은 다음 자료에서 이들 네 가지 표현 가운데 처음 세 가지를 다루었다. *Teaching the Faith, Forming the Faithful*, chap. 14.

3) 다음 자료를 참조하라. James Cutsinger, ed., *Reclaiming the Great Tradition: Evangelicals, Catholics and Orthodox in Dialogue* (Downers Grove, IL: InterVarsity, 1997); Charles W. Colson and Harold Fickett, *The Faith: What Christians Believe, Why They Believe It, and Why It Matters* (Grand Rapids: Zondrvan, 2008).

4) J. I. Packer and Thomas C. Oden, *One Faith: The Evangelical Consensus* (Downers Grove, IL: InterVarsity, 2004).

5) 패커와 오덴은 자신들의 책에서 이들 열여섯 주제를 각 장에서 하나씩 다루었다.

6) 하지만 일부 현대 복음주의자들은 '오직'으로 시작하는 이들 슬로건 가운데 한두 가지를 원하지 않을 것이 분명하다. 예를 들어, 소위 '바울에 관한 새로운 관점'을 지지하는 사람들은 '오직 믿음으로'라는 교리를 반대하거나 진지하게 다시 정의하자고 주장할지도 모른다. 또한 '오직 성경으로'를 '복음주의 근본 교리'로 간주하는 입장을 마땅치 않게 생각할 사람들도 있을 것이다. 두어 가지 대표적인 예를 들면 다음과 같다. D. H. Williams, *Evangelicals and Tradition*; Craig D. Allert, *A High View of Scripture? The Authority of the Bible and the Formation of the New Testament Canon* (Grand Rapids: Baker Academic, 2007). 하지만 우리는 '오직'으로 시작하는 다섯 가지 슬로건에 모두 찬동한다. 우리는 이 가운데 단 하나라도 양보할 수 없다. 우리가 이 다섯 가지 슬로건을 포기하지 않아야 하는 이유는 사실 그것들 안에 여섯째의 '오직', 즉 '오직 하나님'이 함축되어 있기 때문이다. 하나님 외에는 선한 이가 아무도 없다. 이는 우리 모두가 우리 자신이 아니라 다른 누군가가 베푸는 구원 사역을 절실히 필요로 하는 상태라는 사실을 암시한다. 우리 안에는 선한 것이 없기 때문에 우리 자신의 공로가 아니라 오직 그리스도(의로우신 유일한 구원자)를 믿는 믿음으로만 구원을 받는다. 하나님이 이 진리를 성경의 증언을 통해 계시하지 않으셨다면 우리는 구원의 길을 발견할 수 없었을 것이다. 따라서 우리의 구원은 오직 은혜(곧, 하나님이 우리에게 값없이 베푸시는 선물)로만 가능하다. 결국 모든 영광은 오직 하나님만 받으셔야 한다(오직 하나님만이 영광을 받으실 자격이 있으시다. 그분은 자신의 영광을 다른 존재에게 내주지 않으실 것이다). 부록에 이들 '오직' 슬로건을 노래한 찬송가, '하나님 외에는 선한 이가 없도다'를 소개했으니 참조하기 바란다.

7) Gary Parrett, "The Wondrous Cross and the Broken Wall," Elizabeth Conde-Frazier, S. Steve Kang, and Gary A. Parrett, *A Many Colored Kingdom: Multicultural Dynamics for Spiritual Formation* (Grand Rapids: Baker Academic, 2004), 75-78.

8) 이 표현은 니케아 신조에서 비롯됐다. 그 밖에 여러 가지 역사적 신앙 고백에서도 이와 동일한 표현이 흔히

발견된다.
9) 여기에서 '강좌'라는 용어를 사용한 이유는 단지 혼하고 익숙한 용어이기 때문이다. 따라서 이 용어가 강의식이나 학교식 교육 환경을 가리킨다고 생각할 필요는 없다. 사실 학습 경험의 형태를 결정하는 요소는 매우 다양하다. 즉, 그러한 경험은 주제, 교사, 학습자, 장소, 일정 등에 따라 달라진다.
10) Rev. Constas H. Demetry, *Catechism of the Eastern Orthodox Church*. 다음 웹사이트를 참조하라. www.christusrex.org/ www1/CDHN/catechis.html.
11) *National Directory for Catechesis*, 215.
12) 다음 웹사이트를 참조하라. http://www.barna.org.

9장
1) 다음 자료에서 인용했다. Harmless, *Augustine and the Catechumenate*, 381-82.
2) 5장 각주 34를 참조하라.
3) 복음주의 교육학자 로버트 파즈미노는 다음 자료에서 우리가 언급하는 교육의 세 가지 형태에 관해 유익한 논의를 전개한다. Robert Pazmiño, *Principles and Practices of Christian Education* (Grand Rapids: Baker, 1992), 62-65.
4) Eliot Eisner, *The Educational Imagination: On the Design and Evaluation of School Programs*, 3rd ed. (New York: Macmillan, 1994).
5) 『하이델베르크 요리 문답』을 소개하는 유익한 안내 정보를 원한다면 다음 자료를 참조하라. Kevin DeYoung, *The Good News We Almost Forgot: Rediscovering the Gospel in a 16th Century Catechism* (Chicago: Moody, 2010).
6) 어떤 사람들은 '신비 의식', 즉 세례와 성만찬의 의미에 초점을 맞춘 공식 교리 교육을 여기에 포함시킬지도 모른다. 그런 교육은 세례나 입교 의식이 끝난 뒤나 성만찬을 처음 경험하기 직전에 할 수 있다.
7) 다음 자료를 참조하라. Andy Crouch, *Culture Making: Recovering Our Creative Calling* (Downers Grove, IL: InterVarsity, 2008).
8) 『웨스트민스터 소요리 문답』에 관한 청교도의 해설이나 주해에 관심이 있거든 다음 자료를 참조하라. Thomas Watson, *Body of Divinity* (Carlisle, PA: Banner of Truth, 1957); Thomas Vincent, *The Shorter Catechism Explained from Scripture* (Carlisle, PA: Banner of Truth, 1980).
9) *The Mission of an Evangelist* (Minneapolis: World Wide Publications, 2001), 37-38.

10장
1) Torrance, *The School of Faith*, xi.
2) 다음 자료는 성경에 근거한 교육 사역의 목적을 자세히 논한다. Parrett and Kang, *Teaching the Faith, Forming the Faithful*, chap. 2.
3) 문항 4-7을 또 다른 각도에서 살펴보려면 다음 자료를 참조하라. Parrett and Kang, *Teaching the Faith, Forming the Faithful*, chap. 5.
4) 다음 웹사이트를 참조하라. http://www.barna.org.
5) 다음 책에서 인용했다. Frederic W. Farrar, *Lives of the Fathers* (London: Adam and Charles Black, 1970), 2:197.
6) Paul J. Grime, "Luther and the Church Song," http://www.lifeoftheworld.com/lotw/article.php?a_num=3&m_num=1&m_vol=8.
7) 게리는 예배 찬송가를 여러 편 작사했다. 그 가운데는 교리 교육에 사용할 목적으로 작사한 찬송가도 더러 포함된다. 부록에 몇 곡을 소개했으니 참고하기 바란다. 찬송가를 신앙 교육에 활용하는 것에 관해 좀 더 자세히 알고 싶거든 다음 자료를 참조하라. Parrett and Kang, *Teaching the Faith, Forming the Faithful*, chap. 12.

8) Torrance, *The School of Faith*, xxv-xxvi.

부록 1) 골로새서 1장 28절을 근거로 하는 이 찬송가는 교리 사역의 유일한 초점이 그리스도를 선포하는 데 있다는 점을 일깨워준다. 부록에 소개된 찬송가는 대부분 다음 자료에 실려 있다. Gary Parrett and Julie Tennent, *Psalms, Hymns and Spiritual Songs* (Chicago: MorgenBooks, 2009).
2) 이 찬송가 역시 그리스도를 선포하는 것에 초점을 맞춘다. 이 노래는 이야기식으로 진술했다. 처음 네 절은 '피카디' 곡조(이 곡조는 '세상이여 깨어 일어나라'를 통해 널리 알려졌다)에 맞춰 불러야 하고, 나머지 네 절은 곡조를 약간 달리해 '라우다 아니마' 곡조(이 곡조는 '내 영혼아 찬양하라'를 통해 널리 알려졌다)에 맞춰 불러야 한다.
3) 하나님의 온전한 선물이신 그리스도를 묵상하고 있는 이 찬송가는 정통 교리에 입각한 영광송에 해당한다.
4) 구원의 놀라움을 노래하고 있는 이 찬송가는 '과거와 현재와 미래'의 관점에서 구원의 전체적 의미를 밝히고 있을 뿐 아니라, 우리의 구원이 전적으로 성삼위 하나님의 사역에서 비롯했다는 사실을 강조한다.
5) 앞에서 설명한 '믿음의 세 가지 측면'을 묵상하는 찬송가다.
6) 종교 개혁의 '오직' 슬로건을 노래하는 이 찬송가는 데이비드 웰스를 기리기 위해 작곡되었다. 우리는 그에게 이 책을 바쳤다. 곡조는 대다수의 신자들에게 익숙한 '내 주는 강한 성이요'다.

생명의말씀사

사 | 명 | 선 | 언 | 문

> 너희가 흠이 없고 순전하여……세상에서 그들 가운데 빛들로
> 나타내며 **생명의 말씀**을 밝혀 (빌 2:15-16)

1. 생명을 담겠습니다.
만드는 책에 주님 주신 생명을 담겠습니다.
그 책으로 복음을 선포하겠습니다.

2. 말씀을 밝히겠습니다.
생명의 근본은 말씀입니다.
말씀을 밝혀 성도와 교회의 성장을 돕겠습니다.

3. 빛이 되겠습니다.
시대와 영혼의 어두움을 밝혀 주님 앞으로 이끄는
빛이 되는 책을 만들겠습니다.

4. 순전히 행하겠습니다.
책을 만들고 전하는 일과 경영하는 일에 부끄러움이 없는
정직함으로 행하겠습니다.

5. 끝까지 전파하겠습니다.
모든 사람에게, 땅 끝까지, 주님 오시는 그날까지
복음을 전하는 사명을 다하겠습니다.

생명의말씀사 서점안내

광화문점 110-061 종로구 신문로1가 58-1 구세군 회관 2층
TEL.(02) 737-2288 / FAX.(02) 737-4623

강 남 점 137-909 서초구 잠원동 75-19 반포쇼핑타운 3동 2층 전관
TEL.(02) 595-1211 / FAX.(02) 595-3549

구 로 점 152-880 구로구 구로 3동 1123-1 3층
TEL.(02) 858-8744 / FAX.(02) 838-0653

노 원 점 139-200 노원구 상계동 749-4 삼봉빌딩 지하1층
TEL.(02) 938-7979 / FAX.(02) 3391-6169

분 당 점 463-824 경기도 성남시 분당구 서현동 269-5 서원빌딩 4층
TEL.(031) 707-5566 / FAX.(031) 707-4999

신 촌 점 121-806 마포구 노고산동 107-1 동인빌딩 8층
TEL.(02) 702-1411 / FAX.(02) 702-1131

일 산 점 411-370 경기도 고양시 일산구 주엽동 83번지 레이크타운 지하 1층
TEL.(031) 916-8787 / FAX.(031) 916-8788

의정부점 484-010 경기도 의정부시 금오동 470-4 성산타워 3층
TEL.(031) 845-0600 / FAX.(031) 852-6930

인터넷서점

http://www.lifebook.co.kr